国家社科基金
GUOJIA SHEKE JIJIN HOUQI ZIZHU XIANGMU
后期资助项目

# 技术创新与产业演化：理论及实证

## Technical Innovation and Industrial Evolution: Theoretical and Empirical Research

孙晓华　著

中国人民大学出版社
·北京·

# 前　言

在世界经济发展的历程中，每一次产业的重大发展都是以科学技术的重大突破为契机的。以蒸汽机的发明及广泛应用为标志的第一次工业革命，实现了工业生产从手工工具到机械的转变，之后产业革命深入到化学、采掘、冶金、机器制造等部门，使主导产业从农业转变成工业；以电气技术的应用为主导，以化工技术、钢铁技术和内燃机技术的全面突破为基础的第二次工业革命，使原有重工业部门有了进一步发展，且形成了电力、电器、化学、石油、汽车和飞机制造等新的工业部门，主导产业从轻工业转向重工业，从劳动密集型工业转向资本密集型工业；以原子能、电子计算机、空间技术和生物工程的发明与应用为主要标志的第三次工业革命，极大地促进了高分子合成、电子计算机、核工业、半导体、生物工程等新工业部门的出现及快速发展，主导产业由重工业转向知识、技术密集型产业。可以说，产业发展归根到底受科学技术水平的影响，技术创新是决定产业演化的根本性因素。

一般来说，产业演化是产业在发展过程中结构和内容不断变化及自我更新的过程，在数量上提高了经济规模和总量，在质量上改进了经济效益和素质。自 20 世纪 70 年代后期以来，产业演化成为产业经济学研究的重点内容，经过多年的发展，产业演化已拓展为两个层面的含义：一是指广义上国家或地区的产业结构及其内容不断变化的过程，包括产业结构的调整和主导产业的变化、更替；二是狭义的单个产业进化过程，即某一产业中企业数量、产品或者服务数量的变动情况。本书中的产业演化主要为后一种含义。

改革开放以来，随着社会主义市场经济体制的逐步建立和现代企业制度的形成，我国三次产业尤其是制造业发展迅猛，已经基本进入工业化进程的后半阶段，并跻身世界工业大国和贸易大国的行列，成为拉动世界经济增长的重要力量。然而，在融入全球价值链分工体系的过程中，"中国制造"大多处于价值链低端，产业创新能力薄弱，产品技术含量和附加值较低，在国际竞争中处于十分被动的地位。在外向型经济发展战略的背景下，中国企业的生产主要以劳动力、资源和能源等低价生产要素为核心竞争力，出口贸易多以中低档次产品为主，这虽然带来了大量贸易顺差，但在全球价值链的利益分配中处于微利化和边缘化地位，始终无法攀升到价值链的高端环节。

中国经济经历了近 30 年的高速增长之后，在劳动力成本不断升高和资源环境的约束下，依靠劳动力、资源和能源等要素投入的粗放型增长开始遭遇储蓄率与劳动力红利的瓶颈，产业竞争力逐渐消退和丧失，亟须向依靠技能和科技驱动的集约型增长转变，而技术创新则成为促进经济发展方式转型和产业国际竞争力持续提升的根本途径。那么，探讨技术创新与产业演化之间的内在关系，针对我国企业技术创新能力薄弱和研发动力不足的现状，研究影响企业技术创新的主要因素，进而探求利用后发优势实现技术追赶甚至技术赶超的途径和机制，就具有重要的理论价值和现实意义。

本书将以演化经济学的核心思想与基本理论为依据，探讨技术创新推动产业演化的内在规律，在演化经济学的分析框架下，分别从异质性、需求规模、需求结构、买方特征、市场势力和溢出效应等角度研究技术创新的影响因素，进而提出有利于产业技术创新的公共政策选择，希望能够对目前多数产业普遍存在的创新激励不足问题给予有力解释，并为政府制定相关科技和产业政策，以推动我国技术创新能力提升及产业升级提供可资借鉴的依据。

本书是国家社会科学基金后期资助项目"技术创新与产业演化：理论及实证"（10FJL011）的研究成果，在书稿的完成过程中，我的硕士研究生田晓芳、杨彬、郑辉、周玲玲、秦川、王昀和周旭参与了资料收集、数据处理、部分章节写作和校对工作，在此对他们的辛勤劳动表示感谢。

孙晓华

2012 年 5 月于大连

# 目　　录

**第1章　技术创新与产业演化的理论基础**⋯⋯⋯⋯⋯⋯⋯⋯ 1

　1.1　基本概念的界定 ⋯⋯⋯⋯⋯⋯⋯⋯⋯⋯⋯⋯⋯⋯⋯ 1

　1.2　技术创新与产业演化的理论关系 ⋯⋯⋯⋯⋯⋯⋯⋯ 6

　1.3　技术创新与产业演化的研究进展 ⋯⋯⋯⋯⋯⋯⋯⋯ 19

　1.4　全书架构与主要内容 ⋯⋯⋯⋯⋯⋯⋯⋯⋯⋯⋯⋯ 27

**第2章　技术创新与产业演化的研究视角：基于演化经济学**⋯⋯⋯⋯ 33

　2.1　演化经济学的核心范畴与基本假设 ⋯⋯⋯⋯⋯⋯⋯ 33

　2.2　演化经济学的分析框架和工具 ⋯⋯⋯⋯⋯⋯⋯⋯⋯ 36

　2.3　演化经济学的研究领域 ⋯⋯⋯⋯⋯⋯⋯⋯⋯⋯⋯⋯ 38

　2.4　演化经济学在技术创新研究中的应用 ⋯⋯⋯⋯⋯⋯ 41

**第3章　异质性条件下技术创新推动产业演化的理论机制**⋯⋯⋯⋯⋯ 49

　3.1　异质性的内涵及衡量方法 ⋯⋯⋯⋯⋯⋯⋯⋯⋯⋯⋯ 49

　3.2　异质性推动产业演化的理论模型 ⋯⋯⋯⋯⋯⋯⋯⋯ 54

　3.3　技术创新驱动产业演化的机制及实证检验 ⋯⋯⋯⋯ 61

**第4章　异质性与技术创新** ⋯⋯⋯⋯⋯⋯⋯⋯⋯⋯⋯⋯⋯ 67

　4.1　异质性与技术创新的理论关系 ⋯⋯⋯⋯⋯⋯⋯⋯⋯ 67

　4.2　企业异质性与产业创新能力 ⋯⋯⋯⋯⋯⋯⋯⋯⋯⋯ 70

　4.3　消费者异质性与企业创新策略 ⋯⋯⋯⋯⋯⋯⋯⋯⋯ 74

**第5章　需求规模、需求结构与技术创新** ⋯⋯⋯⋯⋯⋯⋯⋯ 84

　5.1　需求规模对技术创新的影响 ⋯⋯⋯⋯⋯⋯⋯⋯⋯⋯ 84

　5.2　需求规模与技术创新的互动关系检验 ⋯⋯⋯⋯⋯⋯ 94

　5.3　双重需求结构与技术创新 ⋯⋯⋯⋯⋯⋯⋯⋯⋯⋯ 100

**第6章　买方特征与技术创新** ⋯⋯⋯⋯⋯⋯⋯⋯⋯⋯⋯ 105

　6.1　买方特征对技术创新的影响 ⋯⋯⋯⋯⋯⋯⋯⋯⋯ 105

　6.2　政府采购驱动技术创新的机制 ⋯⋯⋯⋯⋯⋯⋯⋯ 114

　　6.3　技术创新取向的政府采购制度国际比较及借鉴 ·················· 119

**第7章　市场势力与技术创新** ········································· 127
　　7.1　市场势力与技术创新的理论关系 ···························· 127
　　7.2　卖方市场势力与技术创新关系的实证检验 ··············· 131
　　7.3　买方市场势力与技术创新关系的实证 ····················· 139

**第8章　产业间技术进步的溢出效应：基于两部门模型** ········· 148
　　8.1　产业间技术溢出的理论基础 ································· 148
　　8.2　技术进步溢出效应的两部门模型 ·························· 154
　　8.3　技术进步溢出效应的实证检验 ···························· 160

**第9章　技术溢出与研发策略** ········································· 170
　　9.1　溢出效应与技术创新关系的理论依据 ····················· 170
　　9.2　存在技术溢出的三阶段古诺竞争模型 ····················· 173
　　9.3　技术溢出与研发投资模式选择 ···························· 178

**第10章　技术创新的公共政策设计** ································· 185
　　10.1　产业技术创新模式分类：基于研发投入—市场化
　　　　　收益的标准 ··············································· 185
　　10.2　产业创新过程中的市场失灵 ······························ 189
　　10.3　有利于技术创新的公共政策设计 ·························· 192

**第11章　产业演化中技术与制度的协同演进** ···················· 196
　　11.1　产业演化驱动因素的相关理论 ···························· 196
　　11.2　基于技术与制度协同提升的产业演化过程 ··············· 198
　　11.3　来自中国水电行业的案例分析 ···························· 202

参考文献 ································································ 208

# 第1章 技术创新与产业演化的理论基础

　　回顾近现代世界经济发展的历史，技术创新对一国或地区经济增长的作用和贡献日益突出。20世纪中叶以来，伴随着第三次技术革命，新兴产业部门不断出现、成长与壮大，给全球经济发展不断注入新的活力，也使得全球性的经济增长已远远超过过去所有年代经济增长的总和。可以说，技术创新已经成为支撑经济增长和产业发展的重要力量与动力源泉。本章将从技术创新和产业演化的基本概念入手，分析技术创新与产业演化的理论关系，结合现有理论研究的最新进展，提出本书的研究框架和主要研究内容。

## 1.1　基本概念的界定

### 1.1.1　技术创新的内涵

　　熊彼特（J. A. Schumpeter）在1912年出版的《经济发展理论》中指出，技术创新是指把一种从来没有过的关于生产要素的"新组合"引入生产体系，这种新的组合包括：引进新产品；引用新技术；采用一种新的生产方法；开辟新的市场；控制原材料新的来源，不管这种来源是已经存在，还是第一次被创造出来；实现任何一种工业中的新的组织，例如，生成一种垄断地位或打破一种垄断地位。

　　自熊彼特之后，经济学家们从不同角度对技术创新的概念进行了拓展。厄特巴克（J. M. Utterback）在《产业创新与技术扩散》中认为："与发明和技术样品相区别，创新是技术上的实际采用或首次应用。"缪尔塞（R. Mueser）对学者们在技术创新概念与定义上的主要观点和表述做了较为系统的整理，指出"当一件新思想和非连续性的技术活动，经过一段时间后发展到实际和应用程序时，就是技术创新"是普遍观点。在此基础上，缪尔塞做了如下定义：技术创新是以其构思新颖性和成功实现为特征的有意义的非连续性事件。这一定义表达了两方面的特殊含义：第一，技术创新活动的非常规性，包括新颖性和非连续性。第二，技术创新活动必须获得最后成功实现。也就是说，将技术发明所阐明的技术新思想转变成可以投入市场的产品和工艺，进而通过功能、结构、市场三方面的分析，将技术原理上的可行性转变为具有一定的能够占有市场的可行性，完成这个过程就是技术创新。

　　同时，部分经济组织和研究机构进一步完善了技术创新的内涵。按照经济合作与发展组织（OECD）的定义，技术创新包括新产品和新工艺，以及原有产品和工艺的显著技术变化，如果在市场上实现了创新，或者在生产工艺中应用了创新，那么技术创新就完成了。美国国家科学基金会（National Science Foundation of U. S. A. ）从 20 世纪 60 年代开始兴起并组织对技术变革和技术创新的研究，迈尔斯（Mayers）和马奎斯（Marquis）作为主要的倡议者与参与者，在 1969 年的研究报告《成功的工业创新》中将创新定义为技术变革的集合，认为技术创新是一个复杂的活动过程，从新思想、新概念开始，通过不断解决各种问题，最终使一个有经济价值和社会价值的新项目得到实际的成功应用。到 20 世纪 70 年代后期，美国国家科学基金会在更宽的范围上界定了技术创新的概念，认为技术创新是将新的或改进的产品、过程或服务引入市场，明确地将模仿和不需要引入新技术知识的改进作为最终层次上的两类创新而划入技术创新定义范围中。

　　进入 21 世纪，信息时代的到来和互联网技术的广泛应用改变了企业传统生产方式，也大大加快了技术进步的速度，在信息技术推动下知识社会的形成及其对技术创新的影响进一步被认识，科学界重新思考技术创新的内涵。《复杂性科学视野下的科技创新》在对科技创新复杂性分析的基础上，指出科技创新是各创新主体、创新要素交互复杂作用下的一种复杂的涌现现象，是技术进步与应用创新的"双螺旋结构"共同演进的产物。信息通信技术的融合与发展推动了社会形态的变革，催生了知识社会，使得传统的实验室边界逐步融化，推动了科技创新模式的变迁。在新形势下，科技创新体系的完善需要构建以用户为中心、以需求为驱动、以社会实践为舞台的共同创新、开放创新的应用创新平台，实现技术进步与应用创新的并驾齐驱。

综合现有文献的有益观点，我们认为技术创新是一个从产生新产品或新工艺的设想到市场应用的完整过程，它包括新设想的产生、研究、开发、商业化生产及扩散这样一系列活动，本质上是一个科技、经济一体化的过程，是技术进步与应用创新共同作用催生的产物，包括技术开发和技术应用两大环节。

## 1.1.2 产业演化的内涵

产业演化的思想渊源可以追溯到马歇尔（Alfred Marshall）的《经济学原理》，而后熊彼特的创新理论将产业演化纳入经济演化研究中来，20世纪80年代兴起的演化经济学为产业演化的研究奠定了更为广阔的分析框架。

### （一）马歇尔的产业演化思想

尽管马歇尔在经济学研究中引入了物理学的机械类比——"均衡"，然而自始至终，马歇尔都认为并指出，产业的均衡仅仅是产业发展过程中的一个环节，对产业发展的完整分析应该包括产业的创生、选择、均衡和失衡等过程。更为重要的是，马歇尔提到了产业发展的生命周期过程。马歇尔的产业演化研究的基石在于对企业组织多样性和异质性的重视。尽管马歇尔是新古典经济学的开创者，但是他始终没有放弃对经济生物学的向往和对斯密理论的尊重。斯密理论对劳动分工与组织异质性曾有过精彩论述，马歇尔显然注意到了这一点。马歇尔认为产业发展的动力在于报酬递增倾向与递减倾向的相互作用，报酬递增的来源是组织的演进，而组织的改进也提高了劳动和资本的使用率。后来被广泛应用的内部和外部经济性在马歇尔的理论中是这样被规定的：内部经济性来源于产业内部的个别企业的资源及其经营管理效率，外部经济性则主要是指产业间的关系或产业总体发展带来的效率。同时指出，产业的发展主要依赖内外部经济性的共同作用，这种洞见实际上可以理解为：产业的演化是产业所处环境和产业内部个体演化共同作用的结果。此时马歇尔对产业发展的推断虽然稍显粗糙，却道出了产业动态发展的本质。

代表性企业是新古典经济学最重要的概念之一，然而其缔造者马歇尔的本意却并非抹杀企业组织的多样性和异质性。相反，马歇尔对企业组织的异质性是极为重视的。马歇尔认为，由于偶然或人为因素，任何产业内部都会存在一些好企业和差企业。为了更好地解释产业层面的供给均衡与企业层面的非均衡问题，马歇尔创造了代表性企业的概念。代表性企业能够获得一定总量的内部经济性与外部经济性，具有固定规模和正常利润。代表性企业的概念最初只是作为一种研究方法的过渡，却被后来者当做核心观点而一再引申和深化。

**（二）熊彼特的产业演化思想**

熊彼特对经济演化思想的重要贡献不仅在于对创新的透彻分析，更重要的是将产业的演化问题纳入经济演化的研究中来，并着重阐述了创新与产业演化的相互关系。熊彼特认为，创新与产业演化是相互作用、互为反馈的。产业演化影响创新的形成，创新的产生和扩散促进了产业演化。

创新与产业演化之间的互动反馈关系在若干年后才重新被经济学者们重视起来，这些研究继承了熊彼特思想的精髓，重点强调创新在产业演化中的核心作用，同时采用动态的视角和方法分析经济过程。部分研究将历史学派的观点纳入分析当中，通过对不同产业技术和地区的产业演化数据进行比较分析，认为在不同的产业和地区之间，创新与产业演化的相互作用并非完全一致，而是普遍存在差异的，技术因素、社会文化因素和区域因素将对其产生不同的影响。

另有部分研究从创新和产业动态发展之间关系的角度对熊彼特的观点进行了深化。许多研究将企业进入、创新与成长的关系、企业规模分布的稳定性程度、企业绩效差异化的持续性程度等作为产业演化的因素表征，并强调产业集中度、企业年龄分布和创新特征在不同的产业中存在显著的差异。技术变革与产业动态发展的互动关系从创新理论发展的开端就引起了人们的重视。在随后的理论发展中，实证数据支持了这样的结论：技术变革影响产业动态，而产业动态又会影响技术变革的速度和方向。二者之间的影响关系是具有时滞性的，同时会对经济系统的结构产生巨大影响。技术变革对产业演化的影响既有水平的也有垂直的。对竞争者来说，水平影响即技术变革带来的竞争优势的变化更为重要，垂直影响则主要指技术变革给客户和供应商带来的直接与间接影响。产业演化的特征被总结为：产业演化具有特定的知识背景和制度环境，是企业与个体学习过程的结果，也是具有异质性的行动者在网络中通过互动生成的，在这一过程中将产生技术创新（产品和生产工艺）和制度演进（行动者、关系、制度和知识）。

从熊彼特的开创性研究以及随后进行的带有实证数据支持的深入研究中，可以看出创新与产业演化的多维度联系。创新促使产业特征不断地演化，包括知识、学习、行动者的特征和能力、产品类型和制度等。同时，产业内市场结构以及个体之间互动网络的变迁也会影响创新和产业绩效。

### （三）演化经济学的产业演化研究

演化经济学主要围绕对正统经济学企业理论相关内容的批判发展而来。完全理性观点是演化经济学首先推翻的假设。西蒙（Simon）对有限理性概念的论述影响了演化经济学者，这一概念也成为演化经济学理论的基础。任何个体和组织都不可能做到对如此复杂而又处于不断变化中的世界的所有可能性的完全认知，哈耶克（Hayek）的进化理性主义也认为社会的发展必须为人类的无知留有空间。基于这种认识，就不难得出完全理性与完备信息不可得的结论。即使为了研究之便，这种假设也是错误的，将会导致与现实大相径庭的结论。而利润最大化原则也更加虚无缥缈。一方面，有限理性和有限信息使得企业组织无法确定最大化利润的具体数据；另一方面，如果企业组织现存战略尚能满足对适度利润目标的追求，企业通常将不会选择进行改变。

演化经济学将生物学隐喻纳入其理论体系中，将生物学研究中的基因复制与遗传机制转化为差异、选择和复制三大机制，认为其决定了经济演化的进程。差异指企业组织在结构及战略上的不同。演化经济学者提出企业组织的差异性主要来源于内在的知识基础。企业组织的知识一般来说包括两个方面：一个是通用知识，另一个是专用知识。通用知识通过一般性的书本学习或行业沟通等渠道即可获得；专用知识则是不能以成文的规范形式加以传授，甚至只可意会不可言传的知识。专用知识由于主要来源于企业组织成长过程中的经验教训等，是企业组织独有的，而成为企业组织异质性的来源。这种异质性是企业组织相对稳定的特征，也是企业组织与环境相互作用的选择机制顺利运行的基础。

选择即为生物学中的自然选择，也就是环境对个体优胜劣汰的选择作用。进化生物学认为，物种与其生存环境相适应是达成生存目标的前提条件。演化经济学者指出，作为经济演进个体的企业组织同样适用这个结论。选择机制在组织演进中是基于企业盈利能力发生的：能够实现利润者生存下来，而遭遇亏损者将逐渐消失。企业组织对环境的适应过程可以划分为主动适应与被动适应，主动适应是通过主动学习和创新在组织演进中引入正反馈机制，带来短期内激进式组织形态变化；被动适应强调环境中惰性因素的制约，通过特定的负反馈机制决定了系统的稳定性和渐进式变革。选择机制的基础是企业组织的多样性和差异性。资源与核心能力较强的能够跟上环境变化的企业，得以成长，而较弱的、对环境变化适应能力较差的企业组织则将被逐步淘汰。

复制的概念则来源于进化生物学中的基因传承。演化经济学者将基因的概念引入经济演化研究，而企业的"基因"就是组织惯例。由于企业组织的行为大多数是可预测和重复的，所以这种行为模式也就是惯例。组织惯例决定着企业的行为，同时也具有可遗传性。企业组织通过对成功惯例的复制得以延续，在许多情况下极大地缩短了企业组织适应环境的时间。然而，也有部分学者认为，惯例的存在将使得企业组织适应环境的过程受到一定限制，甚至造成对环境变化的适应成为不可能，使企业组织陷入"适应陷阱"。

如果在演化经济学框架下对产业演化的机制进行总结，就会发现这样的联系：企业组织的差异性来源于不同的组织惯例，环境将选择能够适应的企业组织，使之生存下来，而这些企业组织的惯例也因此而被保留，也就是被复制。由此描述的产业演化仍旧是一个静态的被选择过程，然而企业组织是存在改变现状从而获得持续生存的动机和可能的。因而，需要引入拉马克主义的变异产生机制，即只要环境压力足够大，企业就会主动介入一个搜寻过程，寻找能提高自身同环境适应程度的渠道。不能获得满意利润率的企业会比利润率高于平均水平的企业更有搜寻的动力。而只有在选择的结果被环境肯定而获得合法性后，才能够形成新的惯例，从而引入反馈效应的影响。

应该说，演化经济学的发展不仅为产业演化研究提供了新的概念、工具和方法，而且提供了更为全面和新颖的分析视角，大大拉开了产业演化研究的帷幕。

## 1.2 技术创新与产业演化的理论关系

### 1.2.1 产业演化的阶段划分

作为分析产业演化阶段的一种重要理论，产业生命周期理论是在产品生命周期理论基础上发展而来的。1966年弗农（Vernon）提出了产品生命周期理论，随后威廉·J·阿伯内西（William J. Abernathy）和厄特巴克等以产品的主导设计为主线，将产品的发展划分成流动、过渡和确定三个阶段。1982年，戈特（Gort）和克莱珀（Klepper）强调产业不同发展阶段市场中厂商数目的变化，对来自托马斯美国企业名录（Thomas

Register of American Manufacture）的 46 个产品最多长达 73 年（1887—1960 年）的时间序列数据进行了考察，建立了产业经济学意义上第一个产业生命周期模型。

　　产业生命周期是单一产业所经历的一个由成长到衰退的演变过程，是指从产业出现到完全退出社会经济活动所经历的时间，一般分为初创、成长、成熟和衰退四个阶段，呈现出 S 形生产曲线形态（如图 1—1 所示）。一个产业往往集中了众多相似产品，从某种意义上说，其生命周期是所有这些产品各自生命周期的叠加，故产业生命周期曲线比单个产品更加平缓。下面就根据产业生命周期的 S 形曲线模型，对各阶段产业发展的特征进行分析。

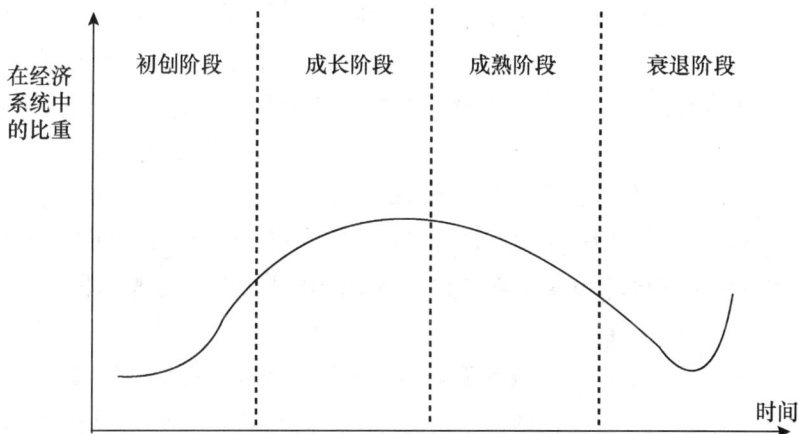

图 1—1　产业生命周期的 S 形曲线模型

**（一）初创阶段**

　　在初创阶段，由于新产业刚刚诞生或初建不久，而只有为数不多的企业投资于这个新兴产业，由于初创阶段产业的创立投资和产品的研究、开发费用较高，而产品市场需求狭小，销售收入较低，因此多数企业财务上可能不但没有盈利，反而普遍亏损。同时，由于生产成本和产品价格较高、市场需求较小，创业企业面临很大的投资风险，甚至有因财务困难而引发破产的危险。从产业发展角度看，初创期的市场增长率较高，需求增长较快，技术变动性较强，产业中各细分行业的用户主要致力于开发新用户和占领市场，技术上存在很大的不确定性，在产品、市场、服务等方面留有很大的发展空间。由于企业规模较小且发展不成熟，市场竞争强度相对较弱，企业进入壁垒较低。在初创阶段后期，随着生产技术水平的提高、生产成本的降低和市场需求的扩大，整个产业逐步由高风险、低收益的初创阶段转向高风险、高收益的成长阶段。

## （二）成长阶段

在成长阶段，产品经过广泛宣传和消费者的试用，逐渐以其特点赢得了消费者的欢迎，市场需求开始上升。与市场需求变化相适应，供给方面出现了一系列的变化：由于市场前景良好，投资于新产业的厂商大量增加，产品也逐步从单一、低质、高价向多样、优质和低价方向发展，市场竞争强度开始上升。同时，相互协作、相互补充、配套生产的厂家群体出现。在成长阶段，市场增长率很高，需求高速增长，技术渐趋定型，产业竞争状况和用户特点已比较明朗，企业进入壁垒开始提高，产品品种和竞争者数量明显增多。尽管企业利润增长很快，但所面临的竞争风险也非常大，由于经营不善或由于新进企业产品成本较高或不符合市场需要等原因存在被淘汰或被兼并的风险，破产率与合并率相当高。根据产业特性不同，成长阶段会持续数年或者数十年不等。在成长阶段的后期，由于产业中生产厂商与产品竞争优胜劣汰规律的作用，市场上生产厂商的数量在大幅度下降之后便开始稳定下来。随着市场需求趋于饱和，产品的销售增长率减慢，迅速赚取利润的机会减少，整个产业开始进入成熟阶段。

## （三）成熟阶段

在成熟阶段，经过激烈竞争生存下来的少数大厂商垄断了整个市场，每个厂商都占有一定比例的市场份额。由于彼此势均力敌，市场份额变化程度较小。厂商与产品之间的竞争逐渐从价格手段转向各种非价格手段，如提高质量、改善性能和加强售后维修服务等。产业利润由于一定程度的垄断而达到了较高水平，新企业难以打入成熟期市场，因此市场风险较小，产品价格较低。在产业成熟阶段，产业增长速度降到一个更加适度的水平。在某些情况下，整个产业的增长可能会趋于停止甚至会下降，而某些细分行业由于技术创新的原因，也可能出现新的增长。处于成熟阶段的产业特征，突出表现为：市场增长率不高，需求增长率不高，技术上已经基本成熟，产业竞争状况和用户特点比较清楚与稳定，产业盈利能力下降，新产品和产品的新用途的开发较为困难，行业进入壁垒很高。

## （四）衰退阶段

产业发展在经历过较长时间的成熟阶段以后，就步入了老态龙钟的衰退阶段。一个产业是否进入衰退阶段，有三个标志：综合生产能力的大量过剩；主要产品开始滞销和长期积压；部分厂家开始退出这一产业。至于一个产业何时消亡，则是难以预见的。也就是说，经济中很少存在对某一种产业完全不需要的情形，尽管该产业的市场需求严重萎缩，但仍能延续一定的时间。如果出现了根本性的技术革新或者市场需求发生剧烈变化，某些产业会再次显现出成长阶段或成熟阶段的一些特征，否则，进入衰退阶段的产业迟早会消亡，只是消亡的形式不一定就是绝迹，可能并入其他产业中，不再具有产业的独立性。

由于产业生命周期的 S 曲线是一条抽象化了的典型曲线，各产业按照实际发展情况绘制出来的曲线形式远不是这样光滑规则的，因此单纯就曲线的特征简单判断产业发展处于哪一阶段是困难的，需要借助更为科学精确的产业演化阶段识别方法来加以分析。

## 1.2.2　产业演化阶段的识别方法

### （一）识别方法回顾

准确地对产业演化阶段进行定位，有利于根据产业演进规律，科学合理地制定产业政策以促进产业健康发展。综观国内外文献，学者们主要从产业组织和产业规模的视角对产业演进阶段进行了研究。国外学者多以产业组织理论为依据研究具有阶段性和规律性的产业内企业行为改变过程，以识别产业演进阶段。克莱珀和格莱狄（Graddy）对 G-K 模型进行了技术内生化拓展，根据厂商数目的改变将产业生命周期重新划分为成长、淘汰和稳定三个阶段，强调过程创新产生的成本竞争效应。阿格沃尔（Agarwal）和戈特就 25 个产品更长期限（从首次进入市场到 1991 年）内的企业进入与退出情况加以考察，对产业生命周期进行了更为细致的划分，并通过引入风险率分析产业生命周期的阶段性对厂商进入与退出的综合影响。特瑟（Tether）和斯托里（Storey）发现产业就业人数会随着产业内企业数目发生阶段性变化，根据就业人数和企业数两个维度对高技术产业的演进阶段进行了定位，认为由就业人数变化可确认产业生命周期的所属阶段。迪恩斯（Deans）把衡量产业集中度的 $CR_3$ 和 $HHI$ 指标应用于产业演进阶段的定位中，综合分析了 53 个国家、24 个行业、25 000 家上市公司的信息，得出所有产业都遵循同样路径进行整合的结论，并以 25 年作为产业演进周期，将产业演进曲线划分为初创、规模化、集聚以及平衡和联盟四个阶段。

国内研究方面，由于企业层面样本数据的缺失无法满足产业组织识别方法的需要，多数文献从产业规模视角对产业演进阶段加以识别，研究方法主要包括产出增长率法、普及率法和生长曲线法三种。产出增长率法利用某产业年平均产出增长率相对于所有行业平均增长率的变化来判断产业演进阶段，其核心是比较目标产业在两个相邻时期的增长率与同时期所有产业的平均增长率。范从来分析了 15 个行业上市公司 1987—2000 年间产出增长率与同时期所有产业平均增长率（以 GDP 增长率代替）的关系，将各行业分别归入成长性、成熟性或衰退性行业。普及率法常见于耐用消费品生命周期的识别，鉴于人们对耐用消费品的需求数量有限，不如日用生活消费品需求多、购买频率高，普及率法更能反映耐用消费品产业市场需求的满足程度，同时也能够反映耐用消费品产业演进阶段特征的良好性质。古松结合普及率法分析了我国"十五"期间电信业所处的发展阶段，根据我国电话普及率 2000—2005 年的变化情况，得到"十五"是电信业快速成长时期的结论。生长曲线法根据产业生命周期各阶段产出或销售增长率一般符合由缓慢到快速、再由快速到缓慢的特点，将产业演进曲线总结为具有 S 形规律，并运用数学模型对产出或销售的时间序列进行拟合，以曲线的拐点作为生命周期阶段的分界点，定位产业演进阶段和预测演进趋势。韩杨基于逻辑曲线方程对中国绿色食品产业 1996—2007 年的数据样本进行了拟合，发现 2003 年是中国绿色食品产业形成期与成长期的"临界点"，中国绿色食品产业已跨越产业形成期，处于成长期向成熟期的过渡阶段。

综上，产业组织视角的识别方法依据行业内企业的进入和退出行为判断产业演进阶段，较为注重产业演进的微观基础，将企业行为看做产业生命周期的内在表现；产业规模视角的识别方法则基于所有企业的整体绩效判断产业发展趋势，从宏观层面审视产业演进各阶段全行业销售额或者利润的变化。比较而言，前者能够更为精确地反映不同阶段中产业内部组织结构和竞争状况的变化，后者有助于从全行业角度把握产业演进的总体特征。鉴于普及率法适用性相对较低，我们将分别对产业演进阶段的二维识别法、产出增长率法和生长曲线法进行阐述，并以我国电子及通信设备制造业为例验证三种方法的有效性。

### （二）二维识别法

二维识别法由特瑟和斯托里提出，他们在分析某一产业发展过程中就业人数和企业数的关系时，发现就业人数会随着企业数发生阶段性变化，进而结合这两个维度对产业演进阶段进行了定位。图 1—2 显示了二维识别法对产业演进阶段和演进路径的判别过程，横轴表示产业内的企业数目，纵轴为产业就业人数，矩阵对角线上产业平均就业人数保持不变，沿着对角线产业内的企业数和就业人数变化一致，对角线以上区域就业人数增加更快或减少更慢，对角线以下区域则刚好相反，其中类型1、类型2和类型3所处的区域分别对应于克莱珀和格莱狄定义的产业成长阶段、淘汰阶段和稳定阶段。

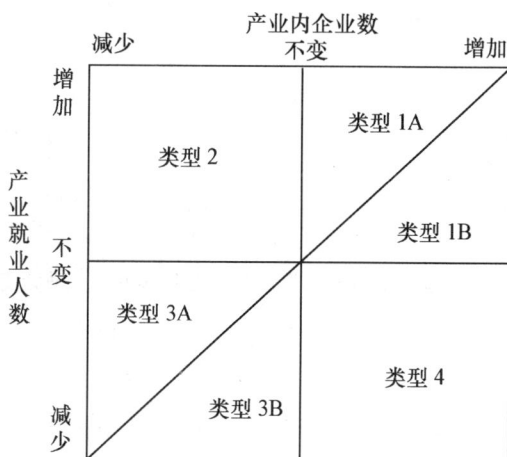

**图1—2  基于二维识别法的产业演进路径**

　　一个新兴产业开始出现时，无论是产业内的企业数还是就业人数都呈上升趋势，属于典型的类型1产业。随着市场需求趋于稳定，产业逐步走向成熟，表现为企业数目开始减少而就业人数仍继续增加，产业进入类型2产业阶段。当市场需求出现下降的时候，产业进入稳定时期，企业数和就业人数皆出现下降趋势，对应于类型3产业。类型4产业阶段的特征是就业人数减少而企业数目增加，尽管与早期产业演进的生命周期模型并不一致，但是欧洲的高技术制造业部门普遍存在此种情形，一些小型高技术企业的出现使产业内企业数目增加，而大型企业的减少导致产业就业人数下降。

　　为了检验不同方法的适用性和可靠性，我们利用电子及通信设备制造业1987—2008年的数据对其演进阶段加以识别，所需数据来源于1988—2009年《中国工业经济年鉴》。由于1991、1995、1996、1998、2007、2008年的数据缺失，为保持数据完备性，我们采用加权平均法计算出上述六年的数据。图1—3列出了电子及通信设备制造业的企业数和全部职工年平均人数两个指标的变化情况。可以看出，1987—1997年间企业数处于上升趋势，1997年亚洲金融危机导致行业内一些中小企业破产倒闭，

1998—1999 年的企业数略有下滑，1999 年之后又恢复到稳步上升阶段。从就业人数来看，整个时期年均职工人数都在递增，从 2001 年开始，由于宏观经济形势向好，从业人员增速加快。

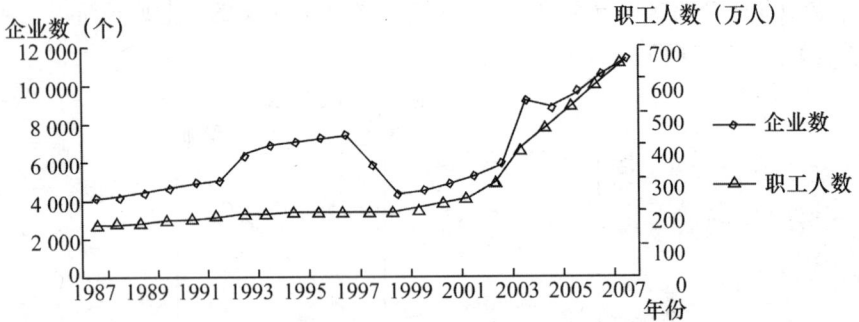

**图1—3　电子及通信设备制造业的企业数和职工人数的变动趋势**

根据各年度数据可算出两个指标的增长率，进而以每三年为一个时段得到增长率的平均值，将其标在产业演进的二维识别图中（如图 1—4 所示）。可以发现，所描出的 7 个点中有 6 个位于第一阶段，只是在 1997—1999 年出现了异常，企业数和就业人数均下降，跳到第三阶段，其原因在于亚洲金融危机给国内电子及通信设备制造业造成的影响，但此后随着宏观经济复苏，又恢复到企业数和就业人数平稳增加的状态。根据二维识别法，能够判断出我国电子及通信设备制造业在 1987—2008 年间处于产业生命周期中的成长阶段。

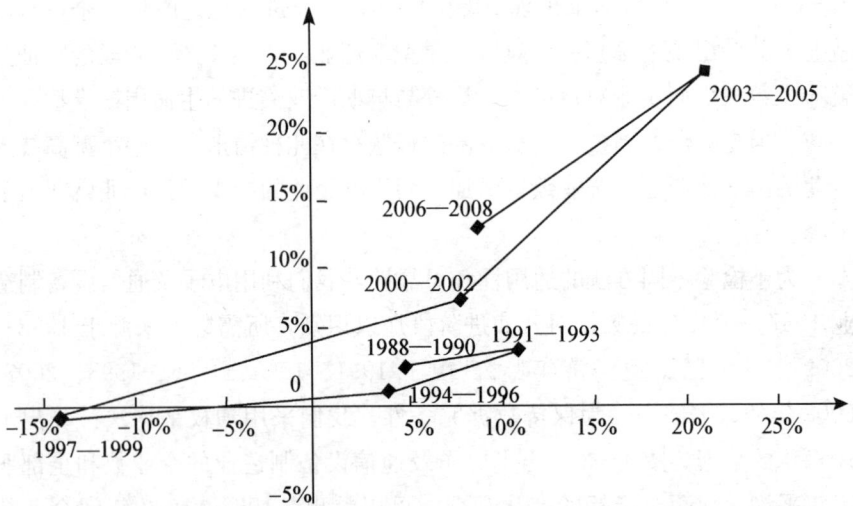

**图1—4　电子及通信设备制造业演进路径的二维识别图**

## （三）产出增长率法

产出增长率法从产业规模视角对产业演化阶段进行识别，将产业生命周期划分为成长、成熟和衰退三个阶段，通过比较所考察产业年产出增长率与国民经济所有行业平均增长率来判断产业演进阶段。如果该部门的产出增长率在两个时期均高于平均增长率，则处于成长阶段；若前一时期高于平均增长率，而后一时期低于平均增长率，则处于成熟阶段；如果两个相邻时期的增长率都低于平均增长率，则处于衰退阶段（如表 1—1 所示）。

表 1—1　　　　　　　　产出增长率法的判别标准

| 增长率比较 | | 产业所处阶段 |
|---|---|---|
| 前一时期 | 后一时期 | |
| 产业部门增长率＞平均增长率 | 产业部门增长率＞平均增长率 | 成长阶段 |
| 产业部门增长率＞平均增长率 | 产业部门增长率＜平均增长率 | 成熟阶段 |
| 产业部门增长率＜平均增长率 | 产业部门增长率＜平均增长率 | 衰退阶段 |

下面利用产出增长率法对电子及通信设备制造业的演进阶段进行识别。表 1—2 列出了电子及通信设备制造业 1988—2008 年间产出增长率和同时期的 GDP 增长率。根据产业统计口径的不同标准，以 1988—1998 年这前 11 年和 1999—2008 年这后 10 年作为相邻的两个时期来观察，用 GDP 增长率代替各行业平均增长率。通过数据分析可知，在 1988—1998 年和 1999—2008 年两个相邻时期内，除 2002 年外，电子及通信设备制造业产出增长率均高于同期 GDP 增长率。由此判定，在 1988—2008 年这段时期内，电子及通信设备制造业处于成长阶段。

表 1—2　　1988—2008 年电子及通信设备制造业产出增长率与 GDP 增长率比较

| 时间 | GDP 增长率 | 电子及通信设备制造业产出增长率 | 时间 | GDP 增长率 | 电子及通信设备制造业产出增长率 |
|---|---|---|---|---|---|
| 1988 | 11.30% | 46.74% | 1999 | 7.60% | 19.59% |
| 1989 | 4.10% | 10.81% | 2000 | 8.40% | 29.47% |
| 1990 | 3.80% | 5.98% | 2001 | 8.30% | 74.43% |
| 1991 | 9.20% | 29.51% | 2002 | 9.10% | −14.28% |
| 1992 | 14.20% | 22.78% | 2003 | 10.00% | 40.32% |
| 1993 | 14.00% | 39.85% | 2004 | 10.10% | 40.53% |
| 1994 | 13.10% | 53.94% | 2005 | 10.20% | 21.27% |
| 1995 | 10.90% | 47.94% | 2006 | 11.60% | 22.54% |
| 1996 | 10.00% | 16.27% | 2007 | 11.90% | 18.39% |
| 1997 | 9.30% | 13.99% | 2008 | 9.00% | 15.53% |
| 1998 | 7.80% | 24.35% | | | |
| 均值 | 9.79% | 28.38% | 均值 | 9.62% | 26.78% |

产出增长率法是一种相对衡量方法，采用此方法进行产业演进阶段识别时，不论经济增长抑或下降，都可以排除国民经济整体状况对具体行业产出增长的短期冲击。需要指出的是，产出增长率法判断标准本身并不十分明确，尤其是针对那些产出增长率与所有行业平均增长率相差不大的产业来说，演进阶段的判别需要结合产业发展情况做具体分析，由此可能产生因主观因素而导致的结论差异。但在进行产业演进阶段的识别时，该方法仍然不失为一种可行的选择。

**（四）生长曲线法**

尽管二维识别法和产出增长率法能够大致判断某一时期产业演进所处的阶段，但定位并不十分明确，为此学者们引入了更为精确的生长曲线法。生长曲线法根据产业生命周期各阶段产出或销售增长率一般符合由缓慢到快速、再由快速到缓慢的特征，总结出产业演进曲线的S形规律，并运用计量经济工具对某一产业产出或销售的时间序列进行拟合，以曲线拐点作为产业生命周期阶段的分界点，定位产业阶段。当然，由于产业属性的差别，各类产业S形成长图式并不是由唯一函数表达，包括逻辑斯蒂（Logistic）曲线、龚伯兹曲线、限制性指数曲线和对数抛物线等。我们选择多数学者采用的逻辑斯蒂曲线对生长曲线法加以说明，假设 $X$ 为某产业的产品销售收入，则产品销售收入的增长速度方程为：

$$\frac{dX}{dt}=\alpha X(N-X) \tag{1—1}$$

其中，$\alpha$ 为产业成长速度系数（$\alpha>0$），与产业系统的要素投入结构、生产率和投资相对盈利率等因素有关；$N$ 代表某产业产品销售收入的饱和值（$N>0$），即产品市场需求的极限，该参数取决于产品需求收入弹性、产品价格等。$X$ 称为动态因子，随时间推移而增加，（$N-X$）为减速因子，随时间推移而减少，也就是说，模型假定一个产业的成长速度与状态变量 $X$ 正相关，但同时会随着接近于增长极限而减弱，说明产业系统的演化机制是非线性的，存在正负反馈机制。经过对式（1—1）分离变量和积分等求解过程，可得通解：

$$X=\frac{N}{1+c\exp(-\alpha t)} \tag{1—2}$$

式（1—2）即为逻辑斯蒂曲线方程，其中 $c$ 为常数，由产业系统演化的初始条件决定。表 1—3 列出了逻辑斯蒂曲线的基本特征：有两个对称拐点 $\left(t_1, \dfrac{\alpha N}{6}\right)$ 和 $\left(t_2, \dfrac{\alpha N}{6}\right)$，对应的销售收入为 $\dfrac{N}{3+\sqrt{3}}$ 和 $\dfrac{N}{3-\sqrt{3}}$，第一个拐点为形成期和成长期的分界点，第二个拐点为成长期和成熟期的分界点。当然，这里只考虑上升阶段，没有研究衰退时期。

进一步地，对式（1—2）两边求对数变换，得

$$\ln\left(\frac{N-X}{X}\right) = \ln c - \alpha t \tag{1—3}$$

令 $Z = \ln\left(\dfrac{N-X}{X}\right)$，$A_0 = \ln c$，$A_1 = \alpha$，则式（1—3）可转化为线性模型：

$$Z = A_0 - A_1 t \tag{1—4}$$

**表 1—3**　　　　　　　　　　**逻辑斯蒂曲线的基本特征**

| 产业成长阶段 | 时间段 | 产业成长速度 | 产业特征变量状态 |
|---|---|---|---|
| 形成期 | $0 \rightarrow t_1$ | $0 \rightarrow \dfrac{\alpha N}{6}$ | $0 \rightarrow \dfrac{N}{3+\sqrt{3}}$ |
| 成长期早期 | $t_1 \rightarrow t_{0.5N}$ | $\dfrac{\alpha N}{6} \rightarrow \dfrac{\alpha N}{4}$ | $\dfrac{N}{3+\sqrt{3}} \rightarrow 0.5N$ |
| 成长期后期 | $t_{0.5N} \rightarrow t_2$ | $\dfrac{\alpha N}{4} \rightarrow \dfrac{\alpha N}{6}$ | $0.5N \rightarrow \dfrac{N}{3-\sqrt{3}}$ |
| 成熟期 | $t_2 \rightarrow \infty$ | $\dfrac{\alpha N}{6} \rightarrow 0$ | $\dfrac{N}{3-\sqrt{3}} \rightarrow N$ |

在式（1—4）中，$A_0$、$A_1$ 为常参数，$Z$ 含有参数 $N$，因此与普通线性方程不同，不能直接用最小二乘法求参数 $A_0$、$A_1$，需要先估计产业销售收入的饱和值 $N$。对于饱和值 $N$ 的估计，有非线性回归法、三点法、四点法和拐点法等四种方法可供选择。为了得到更为精确的估计值，可以基于四点法[1]估计出参数 $N$，利用线性回归方法求出 $c$ 和 $\alpha$ 的估计值，

---

[1]　四点法的具体步骤是选取实测数据序列的始点（$t_1$, $X_1$）、中间点（$t_2$, $X_2$）、（$t_3$, $X_3$），以及终点（$t_4$, $X_4$），代入下式中，得到 $N$ 的估计值。

$$N = \frac{X_1 X_4 (X_2 + X_3) - X_2 X_3 (X_1 + X_4)}{X_1 X_4 - X_2 X_3}, \quad t_1 + t_4 = t_2 + t_3$$

再以此估计值为初始值进行非线性回归拟合，通过迭代最大限度地提高曲线方程的拟合精度。下面运用逻辑斯蒂曲线对电子及通信设备制造业 1987—2008 年间的成长轨迹进行分析，以说明生长曲线法的识别过程。

首先，用四点法估计 $N$ 参数的值，取 $t=1991$、1994、2003 和 2006 四个年份的数据序列（原始数据略），得到 $N=110\,638.4$（亿元）。然后，用 EVIEWS 6.0 对历年产品销售收入的统计数据进行拟合，得到线性回归拟合曲线：

$$Z_t=2.45-0.112t+0.59Z_{t-1} \tag{1—5}$$

方程的拟合程度较好，$R^2=0.996$，DW 值为 1.839，不存在序列自相关。根据回归结果，可得 $A_0=2.45$，$A_1=0.112$，$c=e^{2.45}=11.59$，$\alpha=0.112$。

进而，以 $c=11.59$，$\alpha=0.112$，$N=110\,638.4$ 为初始数据，进行非线性回归，得到的参数估计值见表 1—4，相应的生长曲线方程如下：

$$X=\frac{105\,257}{1+474e^{-0.267t}} \tag{1—6}$$

式中 $t=$ 年份－1986

表 1—4　　　　　　　　　非线性回归的参数估计值

| 参数 | 估计 | 标准误 | 95％置信区间 | |
| --- | --- | --- | --- | --- |
| | | | 下限 | 上限 |
| $c$ | 473.933 | 70.619 | 326.127 | 621.740 |
| $\alpha$ | 0.267 | 0.020 | 0.225 | 0.308 |
| $N$ | 105 256.774 | 21 926.681 | 59 363.703 | 151 149.846 |

因为逻辑斯蒂曲线模型是采用拐点法来划分阶段，两个拐点对称位于产量状态演化曲线的 $\frac{N}{3+\sqrt{3}}$ 和 $\frac{N}{3-\sqrt{3}}$ 处，位于最大饱和值 $N$ 的 21％和 71％处。由 $N=105\,257$，可得拐点值为 22 104，结合电子及通信设备制造业产品销售收入数据（如图 1—5 所示），可知拐点年份为 2004 年。也就是说，电子及通信设备制造业在 2004 年进入成长期早期阶段。

产品销售收入（亿元）

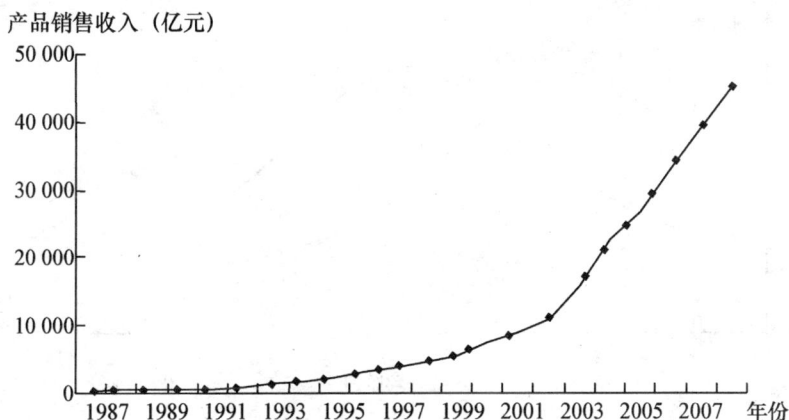

图 1—5　电子及通信设备制造业历年产品销售收入

### 1.2.3　技术创新与产业演化的 A-U 模型

技术创新是产业演化的根本动力。熊彼特最早基于技术与经济相结合的角度构建了旨在解释创新和经济发展内在规律性的创新理论，他从论证技术变革对经济非均衡增长及社会发展非稳定性的影响出发提出了创新的概念，认为创新是经济增长和发展的动力，创新促进了产业变迁与结构转变，并借用生物学上的术语，把"不断地从内部革新经济结构，即不断地破坏旧的，不断地创造新的结构"的过程称为"产业突变"。之后，学者们拓展了熊彼特的创新理论，对技术创新与产业演化之间的关系进行了考察。尤其是 20 世纪 80 年代以来，随着演化经济学的发展，部分学者开始从动态、演化的视角对技术创新促进产业演化的过程与机制加以讨论。其中，最为典型的是阿伯内西和厄特巴克提出的产业创新动态过程模型。

1978 年，哈佛大学的阿伯内西和麻省理工学院的厄特巴克提出了描述产业技术创新分布形式的 A-U 创新过程模型（如图 1—6 所示）。阿伯内西和厄特巴克在对以产品创新为主的持续创新过程的研究中，指出创新类型和创新程度取决于产业的成长阶段。一般情况下，产品创新、工艺创新及产业组织的演化可以划分为三个阶段，即不稳定的流动阶段、转移阶段和稳定的专业化阶段，它们分别与产品生命周期相对应，形成了以产品创新为中心的产业技术创新分布规律。

在不稳定的流动阶段，厂商为满足潜在的市场需求，预先进行产品创新，产品原型的创新频率很高，往往会出现许多个性化的产品创新方案和构想。但是，由于设计思想缺乏一致性，新技术较为粗糙且存在很大的不

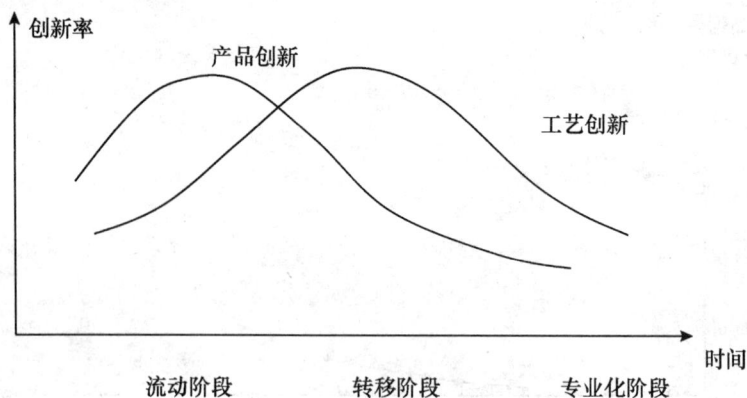

图 1—6　A-U 模型

确定性，多种产品设计进入市场后频繁变动，产品在性能上也缺乏稳定性，生命周期极短，主导设计尚未确定。在该阶段，产品创新彻底失败的危险最大，产品和市场的变化都是最为频繁的。

在转移阶段，经过一段以不断"尝试、纠错"为特点的技术创新发展与变动的时期，工艺创新的频率开始升高，在产品设计和技术方案之间的激烈竞争之后，出现一个将技术资源与市场需求联结起来的、具有稳定结构和技术优势的产品主导设计，并逐渐向一种主导产品设计和大批量生产的模式转化，这种转化加剧了价格和产品性能方面的竞争，由此带来的成本竞争导致生产工艺的彻底变革，从而大幅度地降低了生产成本。

在稳定的专业化阶段，主导设计的出现使产品设计、生产程序与工艺日趋标准化和成熟化，产品设计与基本结构已经定型，彻底的产品创新和工艺创新频率都很低。在该阶段，市场需求比较稳定，价格竞争越来越激烈，为了生产出高度标准化的产品，生产流程也越来越自动化、集约化、系统化和专业化，制造效率得以大大提高，企业由此享受到规模经济带来的边际成本递减的好处。发展创新的焦点也转移到为创造更高效益而进行的渐进式工艺改进中，只有引入彻底创新，才能再次焕发出产业的发展活力。

A-U 模型为我们理解技术创新和产业生命周期之间的关系提供了线索，它不仅考虑了产品创新与工艺创新之间的关系，而且指明了在单一产业发展的不同时期应如何对创新资源进行优化配置，以及如何通过技术创新促进产业变迁。

## 1.3　技术创新与产业演化的研究进展

在技术创新与产业演化的研究方面，A-U 模型反映了行业成长的创新分布规律，为理解技术创新与产业演化之间的关系提供了重要线索。此外，阿瑟（Arthur）认为技术创新导致收益递增的内在机制，使得技术在产业演化过程中起着关键的作用，在技术与产业共同演化的过程中，多元化行为主体之间的关系通过市场竞争加以协调，伴随着选择机制，有的技术被淘汰，有的技术生存下来并成为主导技术，形成技术创新的路径依赖。帕维特（Pavitt）提出技术创新模式的产业依赖模型，证明了不同产业之间的技术创新实践存在着广泛差异，特定产业环境影响和制约着企业技术创新行为，而创新行为对产业环境也具有一定的反作用。进入新世纪以来，信息技术与互联网的迅猛发展改变了传统的企业生产方式和消费者行为模式，到底哪些因素影响着技术创新进而推动产业演化显得更加复杂，有必要从全新的角度研究技术创新与产业演化问题。西方学者关注到这些新的变化，从需求、知识和协同演化三个视角对技术创新与产业演化问题进行了大量研究，取得了较为丰富的研究成果。

### 1.3.1　需求视角

尽管技术创新过程的"供给推动"模型和"需求拉动"模型提出时间较早，但以往多数文献侧重于如何改变技术创新的供给以推动产业演化，忽略了需求方的作用。近几年，一些国外学者从需求空间、需求异质性、需求条件和需求约束等方面就如何促进技术创新进而推动产业演化的问题进行了深入分析。

阿德内尔（Adner）和莱温特（Levinthal）从需求空间角度阐述了技术创新的动态过程，利用异质性门槛的概念解释了技术发展与需求环境的作用关系，认为异质性门槛包括性能门槛和净效用门槛两方面。由于消费者偏好和自身支付能力的差别，不同消费者眼中同一产品的性能门槛和净效用门槛具有较强的异质性。当消费者对性能方面的基本要求得到满足后，高于性能门槛的那部分产品功能给消费者带来的边际效用递减，导致其为多余功能支付的欲望降低，但是厂商为应对市场的激烈竞争，仍会尽量提高产品质量。在产品特性主要表现为性能和价格的情况下，产品创新有利于提高性能，也会增加成本，而工艺创新有利于降低生产成本，但对产品性能没有影响。

在假设企业能够预测出消费者对产品变化的反应，但无法准确估计消费者潜在需求的条件下，阿德内尔和莱温特对需求空间驱动技术创新与产业演化的过程进行了数学模拟，将产业演化进程分为三个阶段：一为"属性均衡"（attribute equalization）阶段，在该阶段厂商的主要目标是找到能够满足市场需求的功能与价格的平衡点，产品创新占主导；二是"市场扩张"（market penetration）阶段，在该阶段厂商将通过降低价格扩大市场份额，过程创新占主导；三为"需求成熟"（demand maturity）阶段，在该阶段产品创新与过程创新达到均衡，产品价格稳定，功能稳步上升。阿德内尔和莱温特基于异质性市场需求得到的技术创新与产业演化关系的结论，与 A-U 模型是吻合的。

消费者的选择常常取决于个人的需求层次和偏好，由此产生的需求差异影响着厂商的技术创新速度，从而决定着产业演化进程。萨维奥蒂（Saviotti）提出了临界收入（critical income）的概念，即消费者购买某一产品必须达到的最低收入水平，认为临界收入会随着产品档次的提高而上升，而产品档次越高，消费模式差异性越大。萨维奥蒂指出，除了临界收入外，消费者对商品的认知程度和商品的适用性同样决定着商品能否被购买，也就是说，消费者不会迅速形成对新产品的偏好，即使是适用性非常高的新产品也不会立即被采用，只有当条件都满足时，消费者才会接受新产品。在新产品与旧产品竞争的过程中，市场规模的变动起着重要作用，萨维奥蒂构建了三个复制动态方程，分别衡量了产品需求规模的变化、购买某产品的花费占总收入的比重以及与某产品存在替代关系的产品需求规模。通过模型分析发现，新旧产品能否存在于市场中，受各自市场规模、产品内竞争和跨产品竞争的影响。在产品需求规模相同的情况下，如果产品内竞争强度大于跨产品竞争，则新旧两种产品能够共存，且产品趋于多样化，其原因在于：一方面，即使新产品的性能优于旧产品，消费者存在的认知差距也会导致性能高的产品无法完全替代性能低的产品；另一方面，当新旧两种产品的差异化程度高到不能互相替代时，二者可以共存。由此可以推论：消费者认知差距和产品差异的存在会削弱竞争，而市场竞争强度减弱的好处是产品更加多样化。可以设想，如果新产品能够完全替代旧产品，那么具有更好适用性的产品将把其他产品排除市场，导致产品多样性减少，经济发展空间受到极大限制。所以，按照萨维奥蒂的观点，正是由于消费者认知和不同产品功能存在着一定差异，产业才得以持续健康发展。

对于新产品如何能进入并占领市场，马莱尔巴（Malerba）从需求角度进行了探讨，并提出了主导技术实现更替及推动产业演化的需求条件。马莱尔巴认为，产业演化的各个阶段与不同主导技术的更替联系在一起，在每一阶段内市场是趋向于集中的，而上一阶段向下一阶段的变迁则源自新技术的引入，尽管新技术具有市场潜力，但并不比旧技术成熟，使得很多情况下在位企业并不会采纳新技术。不过，由于存在着旧技术不能很好地为用户服务的利基市场，新进企业可以在利基市场使用新技术。这就意味着，新进企业不会在旧企业擅长的市场与其进行正面竞争，而是寻找旧企业没有很好满足消费者需求的新市场来扩展新技术。在位企业没有满足消费者需求的利基市场的存在是新技术进入市场的重要条件，依靠这些利基市场，新进企业才得以进入并参与到行业竞争中，从而给产业演化带来深远影响。马莱尔巴分析了网络外部性和攀比效应给新技术替代旧技术造成的障碍，通过数据模拟考察了试验型用户和多样性偏好这两种需求条件在产业演化过程中的作用，认为如果喜欢尝试新事物的试验型消费者占全体消费者的 10%，新技术可以存活并逐步被市场领导者所采纳；若该比例达到 20%，就会占有相当的市场份额；若超过 30%，则采用新技术的市场进入者将迅速成为市场领导者。同时，具有多样性偏好的消费者形成了不与主要市场发生竞争关系的利基市场。随着新产品市场份额的扩大，利基市场逐步发展甚至影响到核心市场，市场中的领导企业将产生改进原有技术的动力，新技术最终将被采用。

消费者能否接受新产品或新服务，不仅取决于产品性能及服务效果，还与消费者选择的偏好、收入和时间等约束条件密切相关。梅特卡夫（Metcalfe）对决定消费者选择的因素进行了研究，认为预算约束不是影响消费者购买的唯一因素，即使消费者收入水平得到提高，也可能由于没有时间消费而放弃购买。时间作为一种稀缺资源，在决定消费者购买过程中发挥着重要作用，如果把时间因素考虑在内，可以将消费者选择的约束条件表示为：

$$h + x_0 + t_1 x_1 + t_2 x_2 = T \qquad (1—7)$$
$$c_1 x_1 + c_2 x_2 = hw + A \qquad (1—8)$$

其中，$T$ 为消费者拥有的总时间，$h$ 指花费在工作上的时间，$x_0$，$x_1$，$x_2$

代表可供选择的三种消费活动，$x_0$ 活动只消耗时间，不需花费金钱，而消费每单位 $x_1$，$x_2$ 则分别需要时间 $t_1$，$t_2$。$w$ 为工资，$c_1$，$c_2$ 为 $x_1$，$x_2$ 的价格，$A$ 代表非劳动所得。在预算和时间双重约束下，即使拥有足够的收入，消费者也可能由于时间的限制而不使用某一商品。因此，从突破需求约束的角度来说，技术创新既要在功能上适应消费者偏好，又要在价格制定上考虑消费者的购买能力，而且要有利于减少消费商品或服务的时间，即同时考虑收入约束和时间约束，这样才能被消费者所接受。梅特卡夫以航空运输业为例，指出 20 世纪 40 年代起步的航空运输业的快速发展不仅仅是因为机票价格的大幅下降，还依赖减少飞行时间以满足消费者在便利性方面的需求，对收入约束和时间约束的共同突破使得航空运输业比铁路运输业更具竞争性。

此外，一些学者从其他角度研究了需求影响创新与产业演化的问题。魏特（Witt）认为，消费者多样性需求难以满足的状况为技术创新提供了空间，也为新产业形成创造了条件。阿德内尔指出，技术替代的发生是由于现有企业的主流产品供给过多，给新产品留下了一定的发展机会。安东内利（Antonelli）以 IT 产业为例，认为用户的需求创新是技术创新的动因，需求创新带来原有产业系统的分化，即新产业出现和旧产业衰退，从而使得产业得以不断演化。

### 1.3.2　知识视角

知识在创新与产业演化中具有重要地位，新知识的创造是新技术和新发明的源泉，知识的传播是促进技术进步和产业发展的主要途径。学者们从知识表示、知识溢出、知识边界和知识网络等角度分析了技术创新与产业演化问题。

在贾菲（Jaffe）具有开创性的研究之前，知识溢出过程被认为是无形的，难以探查其轨迹。贾菲最先用专利引用数据来代替知识流，通过追踪专利间的引用与被引用关系，将无形的知识溢出过程显性化。但是，这种依靠专利引用数据替代知识流的方法是否有效受到很多学者的质疑。贾菲在随后的研究中指出，专利引用关系反映了知识前后传承的关系，引用专利的知识往往来源于被引用专利，专利引用记录了知识的流动和溢出过程，因此可以作为衡量知识流动的指标。贾菲将 150 多个专利发明人分成专利引用者和被引用者两组进行问卷调查，调查结果显示：25% 的专利引用关系与知识溢出过程相符，50% 的专利引用关系与知识溢出过程不相符，其余 25% 存在相符的可能性。为了进一步验证专利引用数据替代知识流的有效性，贾菲将问卷调查得出的结果与利用专利引用数据得出的结果进行对比，以检验用专利引用数据替代知识流的有效性，结果发现：一直被认为是无形的知识外溢过程，可以通过观察专利引用关系追踪其流动轨迹，专利引用数据能够反映知识流的信息和知识溢出的强度，专利引用作为替代指标是有效的，从而使知识外溢过程得以显性化。

知识具有外溢性，其重要价值部分体现在知识是可传递、可供学习和借鉴的，知识流动增加了企业间乃至产业间的交流，从而推动着技术创新和产业演化。在知识溢出过程显性化研究的基础上，部分学者从地理距离和社会距离两方面分析了知识溢出对技术创新的影响。在地理距离方面，贾菲搜集了美国、英国、法国、德国和日本五个国家 1963—1993 年的被引用专利数据及 1977—1994 年的引用专利数据（包括被引用专利 150 万项、引用专利 120 万项和 500 万个引用与被引用关系），以专利作为知识的替代，以专利引用作为知识流的替代，以专利引用的可能性近似表示有用知识流的可能性，以引用频率作为引用可能性的衡量指标，建立了这五个国家间的知识流动模型：

$$p(k, K) = [1 + \gamma D(k, K)]\alpha(k, K)\exp[-\beta_1(k, K)(T-t)]$$
$$[1 - \exp(-\beta_2(T-t))] \tag{1—9}$$

其中，$k$ 为被引用专利数，$t$ 为被引用时间，$K$ 代表引用专利数，$T$ 为引用专利的时间。$p(k, K)$ 是引用频率，用来衡量知识溢出。$\alpha(k, K)$ 为随着 $k$ 和 $K$ 变化的参数。$D(k, K)$ 是虚拟变量［当 $k$ 和 $K$ 为同类专利时，$D(k, K)=1$，否则 $D(k, K)=0$］。$\gamma$ 用来衡量当 $k$ 和 $K$ 为同类专利时的专利引用频率，$\beta_1$ 为技术陈旧的速率，$\beta_2$ 为技术扩散的速率。实证结果表明：五个国家间的知识跨国流动受地理分布、引用专利和被引用专利的种类及时间的影响，知识溢出具有本地化集中的特征；在较远的地理距离上，知识溢出受到了明显限制。在社会距离方面，布伦斯奇（Breschi）和利索尼（Lissoni）利用欧洲专利局数据库中意大利人申请专利的信息建立了数据库，该数据库记录了 1978—1999 年意大利人向欧洲专利局申请的专利和相应的专利引用信息，并用这些信息表示发明人之间的社会关系，以考察社会距离与地理距离及其相互关系在专利引用中的作用，得到如下结论：当发明人之间存在很远的社会距离时，地理距离很难解释专利引用模式；相反，当发明人之间的社会距离比较接近时，将有利于促进地理接近性在知识溢出中的作用。而后，汤普森（Thompson）对贾菲的研究方法进行了改进，在控制样本的选取上细分了技术类别，其余采用与贾菲大致相同的样本，结果发现知识溢出的确存在一定程度的本地集中化特征，从而在一定程度上佐证了贾菲的结论。

知识溢出的效果不仅取决于地理距离和社会距离，还受到反映组织间互动关系的知识边界的影响。布鲁索尼（Brusoni）以飞机发动机制造商和控制系统供应商的合作为例，探讨了知识边界的作用。在生产过程中，供应商根据部件知识生产发动机控制系统，制造商根据结构知识组装发动机，制造商与供应商之间基于知识划分和知识整合开展合作。知识划分要求组织间合作网络中的企业在特定技术领域内保持一定的知识域，企业的知识边界由此产生。布鲁索尼从飞机发动机制造商与其控制系统供应商的耦合关系入手，讨论了不同技术阶段企业知识边界的变化，以及上下游企业间的纵向关系与合作策略问题。在技术生命周期的早期阶段，新技术专用性强，技术标准不确定，知识边界明显，部件知识转移效率低下，发动机制造商对控制系统供应商的知识依赖程度较大，耦合关系紧密，企业实行纵向一体化策略。对于成熟技术，由于其具有较高的标准化程度，技术稳定性强，知识边界模糊，因此部件知识比较容易转移，发动机制造商对其控制系统供应商的知识依赖程度较小，耦合关系相对松散，企业将采取业务外包方式。表1—5列出了企业根据知识边界（对应于不同的知识转移效率和产品依赖性）选择耦合模式与合作策略的几种情况。可以看出，知识边界影响着知识转移效率，从而决定企业的纵向关系。

**表 1—5　　　　　　　　　　　知识边界与纵向关系**

| | | 产品依赖程度 | |
| :---: | :---: | :---: | :---: |
| | | 小 | 大 |
| 知识转移效率 | 高 | 关系：非耦合<br>策略：市场机制 | 关系：松散耦合<br>策略：一体化 |
| | 低 | 关系：松散耦合<br>策略：一体化 | 关系：紧密耦合<br>策略：纵向一体化 |

知识网络对知识的产生与传播也具有重要作用。考恩（Cowan）通过构建网络结构对知识增长的影响模型，研究了产业集群创新过程中不同网络结构对知识传播效率的作用，认为不同的网络结构下知识在企业间传播的路径和知识溢出效应是不同的。模型假定在每个时间点，随机选择企业进行技术创新以提高知识水平，某一时间点的知识水平为：

$$v_{i,t+1}=v_{i,t}(1+\beta_i) \qquad (1—10)$$

企业 $i$ 会将创新技术（更新的知识）传播给与企业 $i$ 有邻接点的企业 $j$，企业 $j$ 的知识水平为：

$$v_{j,t+1}=v_{j,t}[1+g(v_{j,t},v_{i,t+1})] \qquad (1—11)$$

知识的传播速度为：

$$g(v_{j,t},v_{i,t+1})=\max\{0;r_{i,j}(1-r_{i,j})\} \qquad (1—12)$$

考恩对知识传播的过程进行了模拟，把产业集群规模定为 $n=500$，集群内企业初始知识水平服从平均分布 $U[0,1]$，并引入两个重要参数 $p$ 和 $\gamma$。$p$ 为网络结构，$p\in[0,1]$，不同的 $p$ 值代表了不同的网络拓扑结构：当 $p=0$ 时，网络结构为规则的；当 $p=1$ 时，网络结构为随机的。$\gamma$ 代表知识溢出的选择性，$\gamma\in s[1,5]$；$\gamma$ 越小，知识溢出的选择性越小，从知识传播过程中获益的企业越多。通过模拟发现，在完全规则的网络结构（即 $p=0$）中，知识在企业间传播的路径较长，提高知识溢出的选择性有利于产业集群知识水平的持续提高；在完全随机的网络结构（即 $p=1$）中，知识在企业间的传播路径较短，降低知识溢出的选择性 $\gamma$ 有利于集群整体知识水平的提升。

### 1.3.3　协同演化视角

"协同演化"最早出现在生物和社会科学研究中，用于解释物种和文化的演进过程，后来逐渐被演化经济学家所采纳，应用于经济领域分析中。纳尔逊（Nelson）首先把制度分析纳入经济增长理论的视野，强调技术和制度的协同演化对经济增长的推动作用。此后，学者们分别就产业变迁过程中技术、制度、需求和知识的协同演化问题进行了研究。

纳尔逊通过惯例的概念将制度经济学和演化经济学联系在一起，认为惯例不仅包括生产中每一种分工的具体操作程序和技术，也包括劳动分工和分工之间的协调，可称前者为"物质技术"，后者为"社会技术"，社会技术涵盖企业组织制度和市场制度等。纳尔逊认为物质技术的进步仍然是经济增长和产业演化的主要推动力，作为社会技术的制度则通过推动物质技术的发展促进产业发展。具体来说，物质技术和社会技术是相互交织在一起的：一方面，物质技术的实施需要社会技术作为支撑和保证，物质技术的复杂结构决定其需要一个成员之间相互协调的团队来运用，这就需要社会技术来支撑，使成员间就如何有效理解和操作此种物质技术达成共识；另一方面，社会技术的创新以物质技术为基础，新的物质技术通常会带来新的社会技术，如新的理解、认知和规范等。因此，物质技术创新是社会技术创新的基础，而社会技术的创新为物质技术创新提供新的机会和线索。在技术创新驱动产业发展的过程中，技术和制度应该被理解为协同演化，技术创新的速度和特征受到支撑它的制度结构的影响，而新制度的实施也是以新技术在经济体系中是否被接受为条件的。纳尔逊以 20 世纪初美国大规模生产的快速发展为例，说明了技术与制度的协同演化对产业发展的重要作用。

培利坎（Pelikan）将制度的定义回归到诺斯（North）的"约束规则"，认为这比纳尔逊把制度定义为社会技术具有更强的解释力。制度被定义为约束规则后，可以把经济演化分为两类：一类是以技术为核心及其关联因素的演化，纳尔逊关于物质技术和社会技术的分析属于此种类型；另一类是制度本身的演化。培利坎阐述了技术创新和制度创新的协同演化机制。一方面，新技术对新制度的实施产生影响，技术创新对制度的影响主要通过以下两个途径：第一，有效利用新的生产方法或新的技术产品需要一种新制度来协调；第二，新技术可能会降低制度的实施成本，使得原本无法实施或者实施成本过大的制度得以推进。另一方面，新制度也影响着新技术的发展，制度变迁对技术创新的影响主要体现为四个方面：一是新制度中组织自由程度的变化将影响各种可能的技术创新；二是新制度对技术创新具有激励作用；三是新制度会给旧技术的黏性程度或消亡速度带来变化，从而影响技术的创新和扩散速度；四是新制度会影响技术选择的正确性。

默尔曼尼（Murmann）在《知识与竞争优势：企业、技术及国家制度的共同发展》一书中尝试性地将技术与制度协同演化的思想纳入产业动态研究中，认为当且仅当两个演化中的种群能够对对方的生存能力产生重大影响时，二者才是协同演化的。默尔曼尼通过对 19 世纪下半叶到第一次世界大战前英国、德国、法国、美国和瑞典五个西方国家合成染料产业发展历程的比较研究，探讨了一国产业变迁中技术与制度的协同演化过程，阐述了不同国家产业发展模式的差异，并分析了技术与制度的协同演化对于推动德国合成染料业快速成长所具有的重要作用：一方面，国家、产业和市场的制度对技术创新具有很强的推动力，成熟、规范的市场制度能够很好地将生产者和使用者联系起来，而产学研制度、大学教育和培训制度又能够为企业技术创新提供良好的智力支持；另一方面，技术进步反过来也会推动制度创新，由于新技术而获得超额利润的企业能够形成对制度创新的激励，从而有利于国家、市场和产业制度的进一步变迁。

帕拉斯科沃保罗（Paraskevoupoulo）突破其他学者把产业规制看做技术进步的障碍来解释二者关系的分析视角，将产业规制作为一种制度形式，研究了产业规制政策与技术创新的协同演化过程。帕拉斯科沃保罗认为，产业规制政策对于经济主体的作用不应该是单向关系，即政府部门制定、企业被动接受，二者实际上存在着互动关系，演化经济学为探究产业规制政策与技术创新的演进过程及其相似性提供了更为有益的理论框架。近50年来欧洲洗涤剂行业的发展经验表明，规制与技术创新之间呈现出一种循环、连续和互相促进的动态关系。政府规制政策颁布之后，积极主动的经济主体们会对其行为做出调整，包括参与政策制定、共享信息及相互合作等，从而在提高知识积累的同时增加技术创新的潜在可能性，并且增强了企业的讨价还价能力和影响制度环境的能力。从这个角度来说，良好的制度环境有利于企业技术创新，而企业技术创新能力的提升则有利于制度环境朝更好的方向发展，二者在推动产业发展过程中呈现出协同演化态势。

此外，阿罗拉（Arora）和加姆巴德拉（Gambardella）以化工行业为例，分析了产业发展中技术、创新组织和市场结构的长期协同演化机制。麦凯尔维（McKelvey）通过对制药和生物技术行业的研究，得到知识、技术、制度和国别因素共同推动产业演化的结论。

## 1.4　全书架构与主要内容

### 1.4.1　现有研究的不足

尽管西方学者从需求、知识和协同演化的视角围绕技术创新与产业演化问题进行了较为深入而广泛的探讨，运用数理模型、实证检验和案例分析等方法在部分领域取得了丰富的研究成果，但仍存在一些问题，有待进一步思考：

第一，需求视角下的现有文献注重需求空间给新技术带来的市场机会，以及如何利用需求条件发展新技术并推动产业演化，忽视了需求结构的存在和全球化背景下各国需求结构的差异及其潜在影响，没有考虑需求结构对于一国产品结构和在全球价值链定位中的作用。尤其是后发国家如何突破需求结构约束、促进技术创新和产业升级，这是值得探索的问题。而且，围绕需求因素的研究以静态分析为主，应将其纳入产业成长的动态过程中加以考察，特别体现为需求规模、消费者偏好和需求条件的改变对于产业演化作用的模型化表述。

第二，在知识视角的研究方面，知识流动过程的显性化表示为后续讨论奠定了基础，但主要围绕知识生成、知识传播及其影响因素展开，关于知识溢出规模与速度的衡量及其决定条件的文献并不多见，知识边界的分析也没有将产业内水平边界和产业间垂直边界两种情况同时考虑，无法得到有关知识边界对知识溢出效果、纵向关系影响的全面性分析。同时，知识视角下的文献过多集中于知识本身，应该把技术纳入，如知识转化为技术创新的约束和条件的分析，知识流动与新技术形成、产业演化关系的分析，并将社会网络等新理论和新方法应用于研究中。

第三，关于协同演化的研究没有体现出协同演化所具有的"互为因果关系"、"多层级与嵌入性"、"正反馈效应"和"路径依赖"等特征，而且现有研究主要为技术与制度的协同演化，可以将更多因素考虑其中，当然这意味着需要考虑更多的内生变量，会加大理论建模的难度。随着演化经济学的发展，技术创新与产业演化问题的研究需要更多地融入自然选择、路径依赖等演化经济思想，借鉴自组织理论和演化博弈等方法，并尝试使用计量经济分析工具对更多产业演化与技术进步的历史数据进行实证检验，以得到更具普遍意义的研究结论。

### 1.4.2　全书架构

全书共分为 11 章，其基本思路是：首先，以演化经济学的范畴、假设、研究工具为依据，从理论上探索技术创新推动产业演化的基本规律；然后，在演化经济学的分析框架下，分别从企业异质性、需求规模、需求结构、买方特征、市场势力和溢出效应等角度研究影响技术创新的主要因素；进而，基于创新模式的划分，提出有利于技术创新的公共政策目标和建议；最后，从技术和制度协同演进的视角讨论了产业演化的过程（如图1—7 所示）。

```
┌─────────────────────────┐   ┌─────────────────────────┐
│ 第1章 技术创新与产业演化   │   │ 第2章 技术创新与产业演化的 │
│ 的理论基础               │   │ 研究视角：基于演化经济学   │
└─────────────────────────┘   └─────────────────────────┘
              │                           │
              └─────────────┬─────────────┘
                            │
          ┌─────────────────────────────────┐
          │ 第3章 异质性条件下技术创新推动     │
          │ 产业演化的理论机制                │
          └─────────────────────────────────┘
                            │
          ┌─────────────────┴─────────────────┐
          │                                   │
┌──────────────────┐              ┌──────────────────┐
│ 第4章 异质性与     │              │ 第7章 市场势力     │
│ 技术创新           │              │ 与技术创新         │
└──────────────────┘              └──────────────────┘

┌──────────────────┐              ┌──────────────────┐
│ 第5章 需求规模、需  │              │ 第8章 产业间技术进  │
│ 求结构与技术创新    │              │ 步的溢出效应：基于  │
│                   │              │ 两部门模型         │
└──────────────────┘              └──────────────────┘

┌──────────────────┐              ┌──────────────────┐
│ 第6章 买方特征     │              │ 第9章 技术溢出与   │
│ 与技术创新         │              │ 研发策略           │
└──────────────────┘              └──────────────────┘
          │
          └─────────────┬
                        │
          ┌─────────────────────┐
          │ 第10章 技术创新的     │
          │ 公共政策设计          │
          └─────────────────────┘
                        │
          ┌─────────────────────┐
          │ 第11章 产业演化       │
          │ 中技术与制度的协      │
          │ 同演进               │
          └─────────────────────┘
```

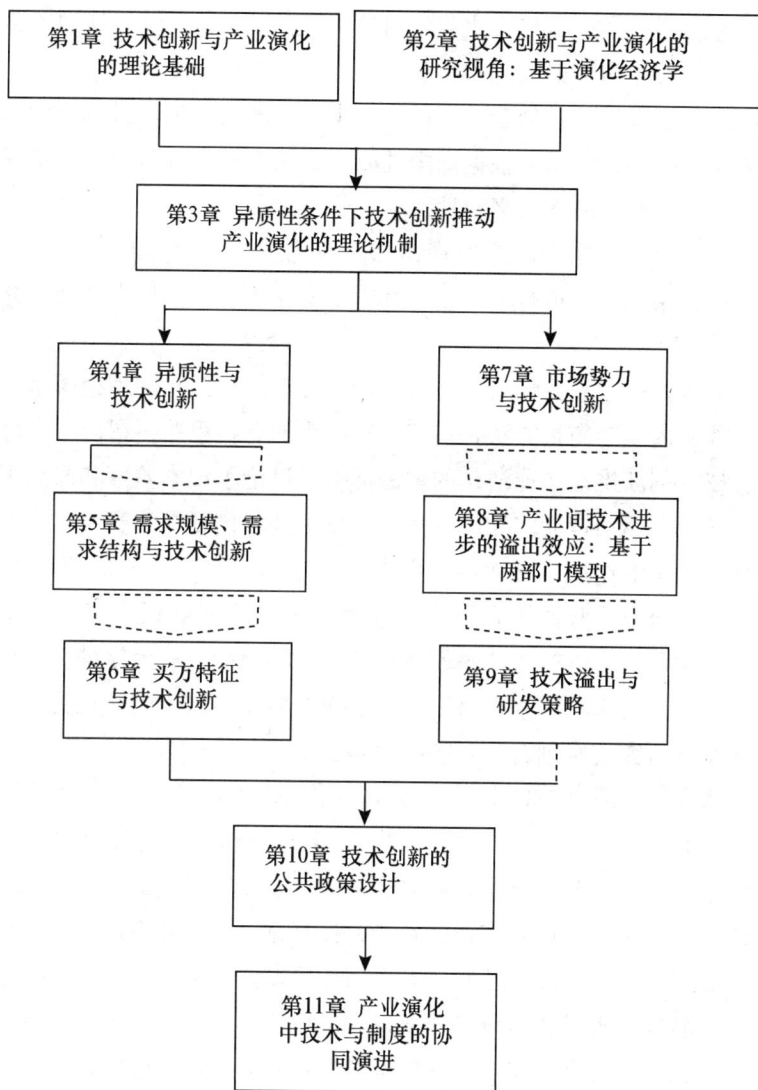

图1—7　全书的逻辑结构

### 1.4.3　主要研究内容

在逻辑关系上，前三章通过从理论层面对技术创新与产业演化的关系、研究视角的阐述，探讨了异质性条件下技术创新推动产业演化的机制，从而确定了技术创新在产业演化过程中的核心地位。第4章至第9章在演化经济学视角下围绕技术创新的影响因素问题进行了详细研究，得到了如何通过促进技术创新进而推动产业演化的结构性方案。第10章从制度层面考察了技术创新与产业演化问题，提出了公共政策设计的思路与建议。各章的具体内容如下：

第1章通过对技术创新、产业演化相关概念的界定，讨论了技术创新与产业演化的理论关系，根据国内外研究现状，提出从演化经济学视角分析技术创新与产业演化的必要性。

第2章提出了本书的研究视角，对演化经济学的核心范畴、基本假设、分析框架及工具进行了介绍，分析了演化经济学在技术创新研究中的应用领域。

第3章提出了异质性条件下技术创新推动产业演化的理论模型。分析了异质性的内涵与衡量方法，借鉴现有研究的有益思路，提出一个分析异质性、技术创新推动产业演化的理论框架，讨论了成本差异和产品多样性条件下异质性驱动产业演化的过程，考察了技术创新在生产成本降低和产品质量提升中的作用。进而，利用中国高技术产业1997—2007年间数据进行了实证研究，验证了企业异质性和技术创新能够促进产业演化的结论。通过对我国重点行业技术创新制约因素的分析，认为促进技术创新是推动产业演化的核心因素，对于中国这样的后发国家，应该在更为合理的理论框架下研究技术创新的影响因素问题。

第4章"异质性与技术创新"。选择修正后的欧氏距离法对我国工业行业中企业的异质性加以测算。以2006年36个工业行业的统计数据为样本，就企业异质性与产业创新能力之间的关系进行了实证检验，得到如下研究结论：企业异质性对产业创新能力具有显著的正效应，异质性程度越高，产业创新能力越强；控制变量方面，研发投入和市场结构对技术创新能力的影响也比较显著，研发强度越大，行业内企业数量越多，越有利于产业创新能力的提升。同时，分析了消费者异质性偏好的特征，讨论了异质性偏好下的市场细分以及企业技术创新策略的选择。

第5章"需求规模、需求结构与技术创新"。以"市场换技术"战略为背景，从开放经济的视角扩展了有效需求规模的概念，分析需求规模驱动技术创新的理论机制，对有效需求规模与产业技术创新的因果关系进行检验。同时，考察产业演化过程中需求规模与技术创新激励之间的互动关系，进而在全球价值链理论框架下分析以装备制造为代表的典型行业的双重需求结构特征及其对研发投入的影响。

第6章"买方特征与技术创新"。在以重大技术装备为代表的典型产业中，由于产品性能和可靠性无法准确预知，业主有强烈的风险厌恶倾向，由此表现出的买方特征将影响其购买决策。因此，以重大装备制造业为对象，通过构建风险厌恶约束下的买方购买决策模型，分析买方特征对企业需求规模的影响，讨论了由此导致的技术创新市场失灵问题以及第三方介入的时机与方式。进而，考察了作为突破买方风险厌恶主要方式的政府采购驱动技术创新的机制，分析了西方发达国家政府采购过程中的创新取向。

第 7 章 "市场势力与技术创新"。通过构建由技术创新、广告强度和市场力量三个方程组成的联立模型，从产业层面对市场力量和技术创新之间的内生性问题进行了实证检验。结果表明：市场力量与技术创新存在双向因果关系，市场竞争有利于企业创新活动的开展，而创新能力的增强能够加剧行业竞争程度。同时，以纵向关联度较强的汽车工业为例，对买方市场势力、资产专用性与上游厂商技术创新之间的关系进行了实证检验，发现技术创新行为不仅取决于企业自身规模和所处的市场条件，还与作为买方的下游行业市场竞争状况有关，买方市场势力的增强有利于上游企业技术创新活动的开展；企业资产专用性对技术创新具有显著的负效应，固定资产比例越高，研发投入越少。

第 8 章 "产业间技术进步的溢出效应：基于两部门模型"。技术创新具有公共物品的属性，某行业的技术进步将溢出到相关行业并带动其技术水平的提升。将整个工业分为装备制造和非装备制造两类部门，把装备制造业技术进步纳入非装备制造部门的生产函数中，通过构建两部门模型，研究装备制造业技术进步与其他工业部门产出增长之间的关系，并以2000—2007 年我国 31 个省份的面板数据为样本进行了实证检验。结果表明，装备制造业技术进步对非装备制造部门存在显著的溢出效应，装备制造业对整个工业的带动作用十分明显。

第 9 章 "技术溢出与研发策略"。研发利益主体进行研发（R&D）投资时，不能排除其他利益主体通过自由使用研发投资产生的技术知识获得收益，且获得收益者不必为研究与开发活动所产生的技术知识的使用支付费用，从而产生了技术溢出效应，进而作用于企业研发决策。本章构建了纳入水平和垂直技术溢出的三阶段古诺竞争博弈模型，根据逆向归纳法求得的均衡解考察了不同合作研发模式下技术溢出对企业研发投资的影响，发现除了在不合作的情况下，企业研发投资总是随着垂直溢出的提高而增加；当采取混合与水平合作时，研发投资随着水平溢出的提高而增加。进而，根据研发投资的外部性，就不同合作研发模式进行了比较，发现当技术溢出水平较低时，垂直合作能够最大化研发投入；当技术溢出水平较高时，混合合作是促进企业研发投资的最优选择．

第 10 章"技术创新的公共政策设计"。以研发投入—市场化收益为标准，将产业技术创新划分为自发型、实验型、应用型和系统型四种基本模式。针对不同产业创新模式下市场失灵的成因与表现，揭示市场失灵产生的关键环节，进而提出公共政策设计的思路与方法：自发型创新应实行公开招投标机制与税收政策激励，实验型创新应促进创新成果与需求的有效连接，应用型创新应推动合约研发与产学研合作网络建设，系统型创新应构建研发联盟与公共创新平台。

第 11 章"产业演化中技术与制度的协同演进"。在协同演化框架下分析了技术创新与制度创新的互动关系：技术创新可以改变原有制度安排下的成本和收益，扩大制度安排的选择集，构成制度创新的选择机制；制度能够为技术创新提供先期的诱导与激励，为技术创新提供约束与保障，推动技术扩散，从而促使技术创新上升为产业创新。在互动关系研究的基础上讨论了基于技术和制度协同提升的产业演化过程，并以中国水电行业的发展作为案例研究对象，考察了技术与制度的互动性及其在产业发展中的协同作用。

# 第2章 技术创新与产业演化的研究视角：
## 基于演化经济学

在经济全球化、技术迅速变迁和高强度质量竞争的环境中，以经济人偏好、生产技术和制度约束、可供使用资源禀赋三项基本假定为出发点的古典经济学不仅无法解释自产业革命以来人们生活水平的持续提高和结构转变等重要现象，也无法为知识经济的发展提供理论依据。演化经济学借鉴生物进化的思想方法和自然科学多领域的研究成果，将创新作为经济现象背后的根本力量，以技术创新和制度变迁为核心研究对象，以动态、演化的理论来分析和理解经济系统的运行与发展，形成了解释经济现实的全新范式。演化经济理论的发展可以分为三个阶段：以斯密、马克思、马歇尔和凡勃伦（Veblen）为代表的萌芽期；以熊彼特为代表的用演化思想来研究资本主义的旧演化经济时代；以纳尔逊和温特（Winter）的《经济变迁的演化理论》为标志的现代演化经济学时期。经过多年的发展，演化经济学的核心范畴、基本假设、分析框架及工具逐渐被众多经济学流派所接受和吸收，并且在技术创新与产业演化、制度变迁和经济增长等方面得到了成功应用。

## 2.1 演化经济学的核心范畴与基本假设

### 2.1.1 演化经济学的核心范畴

在大量运用生物隐喻与生物进化论思想后，演化经济学逐渐完善了以惯例、新奇与搜寻、选择过程为核心范畴的理论基础。

**（一）惯例**

在演化经济学中，企业被看做有机体，能够在竞争中运用自身知识做得比竞争者更好的企业将被看做"适者"，而被市场淘汰的企业则是"自然选择"的结果。给企业带来竞争性适应能力的是其拥有的组织和技术，这些特征支撑着产品设计和生产方法。正如生物基因一样，制度和组织结构等作为历史的载体，通过模仿而传递，凡勃伦观察到制度与惯例具有相对稳定和惰性的品质，发挥着生物学中基因进化的作用。

纳尔逊和温特基于有限理性与知识分散性明确提出了"惯例"的概念，指出企业是以日常惯例为基础的，而不是随时计算最优的解决方案，惯例是企业的组织记忆，执行着传递信息和技能的功能。同时，将惯例设想为一种"组织基因"，每个企业的惯例可以看做企业知识与经验的载体，惯例之间存在一定的差异性，构成了企业间不同的特征。费尔德曼（Feldman）则认为惯例是研究组织和经济变迁的中心分析单元，惯例与组织结构、技术创新、社会化及决策制定存在一定关系。

### （二）新奇与搜寻

惯例决定了行为主体的日常性习惯化行为。而新奇主要强调种类和多样性，诸如遗传基因的变异并导致行为的变化。经济系统内的新奇事先是不可预测的，在经济系统内不断产生，不仅是经济系统演化的核心，也是演化经济学与新古典经济学在研究纲领上的根本区别。纳尔逊和温特指出，变异是对惯例的破坏，现实中经受的挫败推动了对新奇或变异的搜寻，"搜寻"与评价现有惯例有关，搜寻过程可以看做企业发生变异的过程。搜寻产生的变异或新奇是多样化的前提条件，是联系基因类比物或选择单位与选择过程的桥梁。

魏特认为，如果"未知的范围"所包含的认识论约束得到承认，演化理论就能划分为事前显露分析和事后显露分析，界线是新奇内容的显露。事前显露分析解释新奇如何出现和为什么出现，事后显露考虑的是当新奇的内容被知晓后如何去阐释新奇扩散的原因、时间和方式。新奇创造取决于两个因素：个体认知模式的不同和社会制度是否鼓励创新，前者来自个体偏好或知识的主观性质，后者则是"流行的思想习惯"。

### （三）选择过程

对于社会经济系统来说，新奇或变异产生后，其他个体对创新者是模仿还是反对取决于市场选择。在阿尔钦（Alchian）看来，选择机制的核心是市场竞争，在自然选择的压力下，只有能够获得最多资源的行为主体才能存活下来。纳尔逊和温特意识到选择机制不能忽视主体能动性因素，指出主体满意、惯例刚性等因素对选择具有决定性作用。弗罗门（Jack

J. Vromen）则主张在"外在市场的选择"和"主体自己的选择"间作出区分，认为适应性学习和市场选择是并列共存的选择机制，而且选择性学习既是变异机制也是选择机制。

哈耶克指出，选择是多层次的，包括个体生理性意义上的遗传选择、智力和知识演进过程的选择、在直觉和推理之间起关键作用的文化演化。通过选择过程，可以解释经济系统目前所处的状态，也可以预测经济系统未来可能的演进方向。费舍尔（Fisher）提出了模仿者方程，其目的是反映并将达尔文生物进化论思想进行模型化表述。模仿者方程运用分布中的群体动差来解释演化的变迁，该方法逐渐成为之后研究选择过程的主要工具。

### 2.1.2　演化经济学的基本假设

针对新古典经济学假设条件与经济现实不一致的缺陷，演化经济理论对其进行了大量批判，形成了更具现实性并符合演化逻辑的基本假设。

#### （一）经济主体的有限理性及满意假设

经济主体有限理性的概念最初由阿罗（Arrow）提出，他认为有限理性即指人的行为"既是有意识地理性的，而此种理性又是有限的"。20 世纪 40 年代，西蒙指出了新古典经济学理论的不现实之处，解释了其两个致命弱点：一是假定目前状况与未来变化具有必然的一致性，二是假定全部可供选择的"备选方案"和"策略"的可能结果都是已知的。按照西蒙的理论，有限理性表现为：决策者无法寻找到全部备选方案，也无法完全预测全部备选方案的后果，还不具有一套明确的、完全一致的偏好体系，以使其能在多种多样的决策环境中选择最优的决策方案。因此，人们在决策过程中寻找的并非"最优"标准，而只是"满意"标准。满意假设是演化经济学对新奇出现进行解释的逻辑起点。相对于可变抱负水平而言，对现状的不满意就成为人们搜寻新的、未知的选择的推动力量，最终收敛于当前可行的选择，搜寻动机消失。

#### （二）不确定性和多样性假设

相对于新古典经济学抽象、简化和确定性的世界观，演化经济学把经济世界看做复杂的层级系统，充满了不确定性和多样性。不确定性并不是指世界完全杂乱无章，而是指未知的新奇不断突现。演化经济学区分了经济世界中不同变量的变化速率：某些事物的变化是相对缓慢的，比如制度、习惯和惯例；某些事物的变化是相对较快的，比如价格、市场等。同时，演化经济学把多样性看做分析的基本起点，认为经济体系中多样性的

生成是经济过程的一个基本组成部分，经济行为者、人的心智和选择行为
等都具有多样性。多样性是演化赖以发生的基础，梅特卡夫从宏观角度将
演化的逻辑过程表述为多样性的再创生、多样性的减少（选择和路径依赖
过程）和减少了的多样性（出现稳定结构）三个阶段。在安德森、纳尔逊
和魏特看来，演化的社会经济系统中，新事象和创造性是多样性的主要来
源，也正是系统的多样性推动了演化进程。

**（三）时间的不可逆性**

演化意味着系统要素随时间的推移而改变。时间不可逆反映了演化理
论的重要信念：演化过程中的事件是准唯一的，社会经济系统是一个不可
逆的历史演化过程。多西（Dosi）和梅特卡夫认为，个人或组织行为者的
当前行动将对未来决策过程或系统的未来结构及其变化过程产生重大影
响，时间不可逆、结构转变和熵过程与"滞后"概念密切相关，系统如果
发生了变化，即使导致这种变化的力量弱化或已经消失，系统也不会完全
回到最初状态。早期演化经济学家曾论及不可逆现象，阿瑟关于报酬递增
和路径依赖的研究即是典型的例子。正是由于时间的不可逆性，微小的历
史事件才能通过正反馈效应导致某种可能并非最优技术的"锁定"，诺斯
后来把这种思想推广为对制度变迁的研究。

# 2.2　演化经济学的分析框架和工具

作为构建演化经济理论的技术手段，以自组织理论、演化博弈论为核
心的分析框架及工具直接影响到针对动态经济系统研究结果的有效性。

## 2.2.1　分析框架：自组织理论

演化经济学一直以达尔文的生物进化论为基础，但随着 1961 年雅各
布（Jacob）和莫诺（Monod）展示了基因库中大部分秩序是遗传排列自
组织的结果，以耗散结构理论为先导，以协同学、突变论、混沌和分形论
等为代表的自组织理论为研究社会经济系统的演化提供了强大的理论和方
法。考夫曼（Kauffman）指出，一旦自组织系统或子系统出现，自然选
择将对它们起作用，以区分出不同组织的适应性强弱。福斯特（Foster）
认为，自然选择无法对复杂系统的起源提供解释，并强调自组织理论是对
选择理论的替代。与福斯特的看法相反，霍奇逊（Hodgson）指出：演化

经济学者们并没有把自组织理论看做达尔文理论的替代，所涉及的只是对自然选择理论的修正而非否定，自组织是演化过程重要的组成部分，但并不能替代自然选择。之后，福斯特也改变了看法，不再否认所有的生物学类比，认为"由于进化生物学本身已把自组织作为演化过程的重要组成部分，类比性思考必须考虑其对经济演化理论的意义，统一的新熊彼特模型必须处理经济的自组织和经济的竞争选择"。

自组织理论强调经济系统的动态变化，而均衡作为系统发展目标的观念在持续不断变化的环境中将失去新古典经济学所赋予的重要意义。早在1982 年纳尔逊和温特就指出，均衡状况通过竞争（包括创新竞争）发生变化，经济均衡只能是暂时的，而不可能是长期的；企业行为和市场情况都随着时间推移而由动态过程决定，经济发展过程中还会有众多的随机因素。社会经济系统演化的根本力量在于系统内部的自组织力量。雅克·莱索尼（Jacques Letourneau）也认为，自组织理论打破均衡这一参照系，一开始就引入动态的概念，均衡除了表示动态过程结束之外别无他意。自组织理论强调小的扰动在一个系统轨道中的角色，表面上看起来微不足道的事件也许会不可避免地改变一个系统的发展道路，它是对经济现象进行的一种动态描述。

### 2.2.2　分析工具：演化博弈论

演化博弈论整合了理性经济学与演化生物学的思想，不再将人模型化为超级理性的博弈方，而是认为人类通常是通过试错的方法达到博弈均衡的，所选择的均衡是达到均衡的均衡过程的函数，因而历史、制度因素以及均衡过程的某些细节均会对博弈的多重均衡的选择产生影响。纳什（Nash）的"群体行为解释"被认为是包含较完整演化博弈思想的最早理论成果。纳什指出，均衡的实现并不一定要假设参与者对博弈结构拥有全部知识和复杂推理的愿望及能力，只需假定参与者在决策时能够从具有相对优势的各种纯策略中积累相关经验信息，经过一段时间的策略调整，仍可达到均衡状态。阿尔钦建议在经济分析中用自然选择的概念代替利润最大化概念，认为适度的竞争可以作为决定各种制度形式存在的动态选择机制，阿尔钦的演化观为演化博弈论的发展提供了一种思路。在这种选择机制下，即使不把行为主体看做理性的，来自社会的演化压力也将促使每个行为主体采取最适合自身生存的行动，从而使达到的演化均衡为纳什均衡。

演化博弈论的核心概念是演化稳定策略，由史密斯（Smith）和普瑞斯（Price）在研究生态现象时首次提出，后经史密斯在其著作《演化与博弈论》中进一步发展。同时，生态学家泰勒（Taylor）和乔克（Jonker）在考察生态演化现象时提出模仿者动态的概念，促进了演化博弈论的又一次突破性进展，模仿者动态与演化稳定策略分别表征演化博弈的稳定状态和向这种稳定状态的动态收敛过程。正如萨缪尔森（Samuelson）指出的，非均衡是短暂的，均衡行为才是持久的，对后者的研究可以为认识前者提供帮助，演化模型为纳什均衡提供了比完全理性模型更强有力的成因。在演化博弈论中，参与者能够通过模仿、试错和学习过程不断地调整自己的策略，博弈分析的核心不再是参与者的最优策略选择，而是基于有限理性假设，对博弈群体成员间的策略调整和受到干扰后重新恢复稳定均衡的探讨。

对于演化博弈论与演化经济学之间的关系，学者们的观点存在着一定分歧。黄少安认为，演化与博弈是在不同层面上对经济进行描述，二者具有不可通约性，演化博弈是传统博弈论的拓展而与演化经济学的发展无关。黄凯南指出，演化博弈不仅仅属于经典博弈论的拓展，演化博弈与演化经济学存在许多本质差异的同时也存在一定关联，体现为两种理论的互补性。也有学者将演化博弈论视为新古典与演化经济学的融合，并能够调和均衡与演化理论的范式冲突。更多的学者则较少研究两种理论关联，而是将演化博弈论作为演化经济学的一种分析工具，应用于社会习惯、规范、制度形成的影响因素及其过程解释的研究中。

## 2.3　演化经济学的研究领域

随着演化经济学的发展，经济学家们将其应用到技术创新与产业演化、制度变迁和经济增长等领域中，取得了卓有成效的研究成果。

### 2.3.1　技术创新与产业演化

对技术创新与产业演化的分析是演化经济学应用的一个重要成果。作为率先提出经济变革持续演化思想的经济学家，熊彼特在《经济发展理论》一书中将创新看做经济变化过程的实质，认为技术创新是一个非连续的不确定性过程。借用生物学术语，熊彼特把不断地从内部彻底变革经济结构，不断地毁灭旧产业、创造新产业称做"产业突变"。此后，学者们将生物系统和技术系统进行类比，对技术创新的起源和过程进行了阐述。纳尔逊和温特认为创新动力来源于解决问题的努力，"以现有惯例作为目标而开始的解决问题的努力，反而可能导致创新"，魏特也认为现实中经受的挫败推动了对新奇的搜寻，从而产生创新，其动力既可能源于企业内部不正常情况的出现，也可能源于外部环境的压力。对于环境压力推动下的企业技术创新，多西的"环境选择模型"证明技术创新动力来自环境选择，只有适应环境的技术才能避免被淘汰。纳尔逊运用进化论思想对技术创新过程进行了研究，认为创新是一个学习、搜寻和社会选择的过程，当作为企业知识和经验载体的惯例运行无法达到满意效果时，产生对现有惯例调整的搜寻活动（如研究开发），经过市场的自然选择，新惯例或惯例的新组合得以保留。此外，龙西尼（Leoncini）对长期性技术变迁的性质进行了考察；保罗·大卫（Paul David）将"路径依赖"概念纳入经济学研究中，用技术的相关性、投资的准不可逆性和正的外部性或规模报酬递增三种机制解释了技术创新的路径依赖现象。

对于技术创新与产业演化的互动关系，演化经济学形成了"选择—竞争—适应"的分析框架。阿瑟认为技术创新导致收益递增的内在机制，使得技术在产业演化过程中起着关键的作用。在技术与产业共同演化的过程中，多元化行为主体之间的关系通过市场竞争加以协调，伴随着选择机制，有的技术被淘汰，有的技术生存下来并成为主导技术，形成技术创新的路径依赖。帕维特提出创新模式的产业依赖理论模型，通过实证表明不同产业之间的创新实践存在着广泛差别，特定产业环境影响和制约着创新行为，而创新行为对产业环境也具有塑造和反馈作用。达斯古普塔（Dasgupta）和斯蒂格利茨（Stiglitz）提出了市场结构的内生性问题，认为不仅市场结构影响创新行为，创新行为也影响着市场结构的形成与演变。

### 2.3.2　制度变迁的演化理论

作为演化经济学的另一个重要应用领域，制度变迁及其演化的研究部分沿袭了凡勃伦-康芒斯传统，把制度看做一个复杂的和路径依赖的动态系统，从整体的、相互联系的、辩证发展的和历史的视角分析制度的变迁。新制度经济学的代表人物诺斯认识到早期古典经济学的一些分析工具无法适应制度演化分析的问题，通过修改古典经济学的理性人假设，提出了制度变迁中的不确定性、锁定、低效率选择和路径依赖等问题。诺斯指出，由于经济活动中当事人对世界的认知不完全，加之决策所面临环境的不确定性，要想获得对未来发展情况的明确认识，不能仅依靠现有信息和知识进行决策，而必须通过对人们心智模式的了解弱化不确定性，以稳定预期、协调社会行动和提高人类认识环境的能力。诺斯吸收了西蒙的有限理性假设，认为制度不再是新古典主义经济学下的最优化选择过程，而至少部分（非正式规则）是演进的结果，制度演化的评价效率只能是适应性的，其优劣取决于当事人通过各种正式规则或非正式规则来发现知识的能力。同时，诺斯强调个人学习和社会学习在制度演化中的作用，进而指出了制度变迁路径依赖的认知根源，即制度变迁的路径依赖先从认知层面开始，经过制度层面的过渡，最后到达经济层面。

哈耶克的自发秩序理论是一种典型的社会演化理论，该理论认为社会秩序不是来自某些人的理性设计，而是自然演化的结果。这种内生于社会制度系统之内、自然形成的社会扩展秩序，是人类社会制度向前演化的关键，其寓意是：试图有意识地对演化的社会秩序进行重新设计，将极有可能带来更差的甚至灾难性的后果。肖特（Schotter）将博弈论引入制度变迁分析中，形成具有转折意义的制度博弈工具，并且对哈耶克的自发秩序理论进行了形式化论证，认为社会制度最好是被描述为由某种特定成分对策的反复进行而形成的超对策非合作均衡，而不是一次性博弈的结果。青木昌彦（Masahiko Aoki）通过建立主观博弈模型说明其演化思想，形成了一种内生性对策均衡的制度观，认为制度可以理解为伴随着参与人的策略选择和对制度共同认知的变化，经济状态从一种均衡到另一种均衡的转移过程。青木昌彦在对制度变迁的演化博弈分析中指出，各种制度之间是互相关联和互补的，不仅存在共时关联性，还存在历时关联性，制度的演进机制是重复嵌入和相互捆绑的，广泛存在着蝴蝶效应和棘轮效应。

### 2.3.3　经济增长的演化理论

经济增长一直是经济学研究的重要问题，演化经济学则促进了经济增长理论的发展。与新古典增长理论不同，演化增长理论把微观过程与宏观现象结合起来：在微观基础方面，采用个体群方法和异质性假设，关注非最优化的选择结果；在宏观增长方面，演化增长模型以模仿者方程模拟选择过程，选择过程导致经济结构的变迁，而经济结构变迁则是经济增长的动力。纳尔逊和温特阐述了以技术进步为主要驱动力的经济增长演化过程，为说明这一过程，纳尔逊和温特构建了两种技术与一种可变投入下增长的演化分析模型，主要用于说明某种新技术在一个行业内取代旧技术的过程及其对行业生产率等变量的影响。继而，纳尔逊和温特又将模型推广到多种技术与可变投入下增长的演化分析模型，认为具有较高的生产率和盈利能力的技术对低生产率技术的替代存在两种机制：一是使用高生产率技术的企业自身得到较快的发展；二是该种技术被其他企业竞相模仿和采用。在纳尔逊和温特开创性工作的基础上，梅特卡夫和吉本斯（Gibbons）的演化增长模型关注新技术的扩散，对新技术引入中的随机因素进行了限制。多西和斯尔韦伯格（Silverberg）认为企业改进技术的方式不是通过独立的搜寻活动，而是通过与操作相关的学习。

以诺斯为代表的经济学家发展了强调制度变迁的演化增长理论，指出传统经济增长理论忽略制度的作用是导致其缺乏解释力的关键。诺斯把制度变迁、路径依赖与经济增长综合考虑，认为当经济进入一种好的市场机制时，由于经济的外部效应、学习效应和适应性预期形成有力的反馈机制，强化了原始轨迹，促使经济走向持续繁荣；如果进入一种无效的制度变迁，经济也会形成路径依赖，陷入长期混乱与萧条。纳尔逊利用惯例概念将制度经济学和演化经济学统一起来，提出技术和制度应该被理解为协同演化。纳尔逊指出，惯例是一种程序，生产中每一种分工的具体操作程序和技术可称为物质技术，而劳动分工和分工之间的协调即制度可称为社会技术，社会技术的概念涵盖企业组织的制度、市场制度和公共选择及行动。物质技术的进步仍然是经济增长的主要推动力，社会技术主要通过推动物质技术的发展来促进经济增长。

## 2.4　演化经济学在技术创新研究中的应用

从 20 世纪 50 年代开始，以微电子技术为核心的新一轮科技革命带动许多国家近 20 年的经济高速增长，这一现象无法用传统经济增长模型中的资本和劳动力要素加以解释，以技术创新为核心的经济发展理论及创新经济学理论体系得以确立，技术进步和创新因素由外生变量过渡为经济发展的内生变量，并逐步形成了新古典、新熊彼特、制度创新和国家创新系统等四大技术创新理论学派。20 世纪 80 年代以后，网络经济和信息技术革命的兴起驱动着新的经济活动方式与社会制度规则，技术创新被看做涉及研发、原型开发、制造、营销等因素的并行过程，人们对技术创新过程的认识逐渐从线性向非线性转变，演化经济理论被应用到技术创新的研究中。与新古典经济学所遵循的经典力学范式不同，演化经济学借鉴生物进化思想和自然科学多领域的研究成果，将技术变迁和创新看做经济发展的根本力量，以动态的、演化的理念来分析和理解经济系统的运行与发展。在技术创新的演化经济学研究中，学者们以生物学隐喻为基础，对技术创新过程的非线性和自组织性、技术变迁的路径依赖与技术轨道等问题进行了探讨。

### 2.4.1　技术创新的生物学隐喻

作为人类社会系统中的一部分，经济系统表现出与生物系统相当程度的相似性，生物学隐喻逐渐被应用到演化经济学的研究中。越来越多的经济学家开始将达尔文关于物种起源的解释运用于技术创新问题的探讨，力求在某种生物过程和技术创新过程之间进行结构类比，一些用生物学术语表示的创新概念逐渐有了其特定含义，如基因、遗传、变异、选择和生物群落等，当然，这些概念类比是在研究技术创新的动力、机制和过程中逐渐形成的。

在演化经济理论中，企业被看做有机体，给企业带来竞争性适应能力的是其拥有的"基因"。凡勃伦认为，制度和惯例具有相对稳定与惰性的品质，是社会有机体的基因组织，发挥着生物学中基因进化的作用。纳尔逊和温特基于有限理性与知识分散性明确提出了"惯例"的概念与生物基因类比，指出企业是以日常惯例为基础的，而不是随时计算最优解决方案，惯例是企业的组织记忆，执行着传递信息和技能的功能。纳尔逊和温特将惯例复制定义为技术创新的"惯例"在创新群落中被新的创新组织或创新单元所遵循的过程，企业遵循以惯例为基础的规则和行为方式，而不是随时计算最优的解决方案。惯例是企业知识和经验的载体，企业惯例之间的差别导致了企业的异质性特征。惯例是可遗传的，一旦企业获得满意的利润率，将自动遵循由知识和经验构成的惯例。

按照纳尔逊和温特的思想，惯例是具有刚性的，企业行为模式会在一定条件下保持稳定，但组织惯例及其行为同样具有适应性特征，会针对环境状况的变化或刺激作出反应。如果企业按照原有惯例运行可以达到"满意"的效果，则惯例不会发生变化，否则企业将可能对惯例进行调整，这种调整行为就是搜寻。魏特也认为是现实中经受的挫败推动了对"新奇"或"变异"的搜寻，从而导致创新的出现。多西的技术创新环境选择模型认为企业技术创新动力来源于环境选择，企业必须发展适应环境的技术，才能使这种技术不被淘汰。环境选择的压力直接体现在企业技术或者制度（惯例）的赢利能力上，如企业利润低得无法继续经营时，企业被迫搜寻新技术及新的组织形式，带来新奇或变异，由此导致企业技术创新的发生。

　　演化经济学认为人是有限理性的，因此在决策过程中寻找的并非"最优"标准，而只是"满意"标准，满意假设是演化经济学对"新奇出现"进行解释的逻辑起点。满意概念既能解释惯例复制现象，也能解释惯例创新现象。如果搜寻不能带来满意结果，企业会调整搜寻或学习规则，进入一个搜寻、试错、学习和适应的过程。企业的搜寻或学习行为具有多样性，考虑到外部环境的作用，采用高收益学习行为的企业更容易复制成功的学习行为，通过经济体系的自然选择过程保留下来，逐渐成为产业技术标准。与生物界自然选择主要产生群体层次上的改变不同，企业适应性学习强调个体内的改变，反映了演化经济学在进行生物学隐喻时注意到生物有机体与经济个体间的区别。至此，演化经济学已逐渐形成了以惯例、搜寻、新奇和自然选择等为核心的技术创新研究生物学隐喻框架（如图 2—1 所示）。

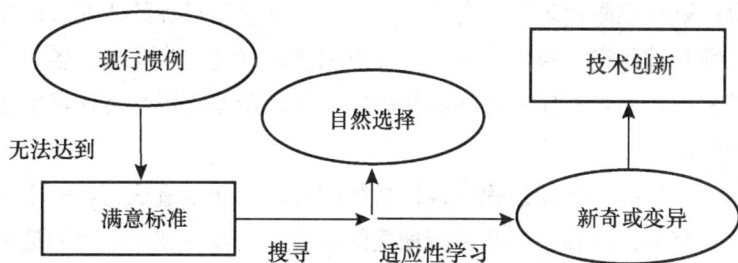

图 2—1　技术创新的生物学隐喻

## 2.4.2　技术创新过程的非线性与自组织性

### （一）技术创新过程的非线性特征

　　关于技术创新过程的研究，代表模型包括"技术推动"模型、"需求拉动"模型、"交互作用"模型、"一体化"模型和"战略集成与网络"模型等。其中，后三种技术创新过程模型突出强调创新过程各阶段与环节之间的交互作用，克服了"技术推动"和"需求拉动"模型单向传输的弊端，增加了下游部门对上游部门的反馈回路，从而使得创新系统内部诸要素之间的相互作用呈现出非线性特征。事实上，不仅企业技术创新系统内部要素间存在着非线性作用，系统与环境的相互联系也是非线性的，非线性机制贯穿于企业技术创新活动的始终。

技术创新是一个复杂甚至混乱的过程，线性模式过于简单而不充分，远不能涵盖所有的创新活动。斯蒂芬·J·克莱因（Stephen J. Kline）于1985年提出了技术创新过程的链环模型（chain-linked model），揭示了链接创新活动要素的五条创新活动路径，包括创新链、反馈环路、创新链与研究活动的联系、发明及设计活动与研究活动的直接联系、产品与研究之间的直接联系。根据链环模型，创新思维有多种来源，科学研究并不是技术创新的直接和唯一来源，创新有新产品、新设计等多种表现形态，创新活动涉及企业、大学、实验室等不同的参与者。1997年，斯托克斯（Stokes）提出了具有非线性特征的巴斯德象限模型，用来解释更复杂、更多元化的科学与技术创新之间的互动关系。该模型是一个二维坐标体系，横轴表示某项科学研究在多大程度上面向应用，纵轴表示某项科学研究在多大程度上面向认识世界。其中，第二象限代表纯粹由好奇心驱动的基础研究，称为玻尔象限；第一象限代表既受好奇心驱动又面向应用的基础研究，称为巴斯德象限；第四象限代表纯粹面向应用的研究，称为爱迪生象限；第三象限代表既没有探索目标也没有应用目标的研究。斯托克斯认为，纯基础研究（玻尔象限）与纯应用研究（爱迪生象限）各自沿着自身轨道发展，而带有应用目的的基础研究（巴斯德象限）是连接上述两个轨道的枢纽。

跃迁性是技术创新过程非线性特征的表现。纳尔逊认为，一个进化系统必须具有引进新颖机制和进行搜索的能力，企业在技术方面的搜索能力表现为技术进步的累积性。技术创新的进化过程不只是渐进的，随着许多具有自组织、自催化的新技术产生，创新过程可能会突然急剧强化。多西指出，市场、机构组织和其他社会因素共同起着"选择装置"的作用，技术创新过程中既有新旧技术范式的竞争，又有各种新技术范式之间的竞争，选择装置首先选择突变方向，之后以一种更达尔文主义的方式选择突变途径，在技术范式规定下沿技术轨道方向发展，技术创新是一种连续性变化和非连续性变化的动态过程。

此外，费许丁格（Feichtinger）通过建立一个非线性系统动力学模型探讨研发中的混沌问题，唐纳德（Donald）的模型解释了20世纪70年代中期以来电信产业成本提升与技术进步之间关系的复杂性演化。罗杰（Roger）在考虑技术人员学习与遗忘、设备耗损等因素的基础上，提出了一个用来决定如何以最低成本获得先进技术能力的非线性模型，从而为技术研究和管理人员寻求技术来源与使用技术提供了决策参考。

**（二）技术创新过程的自组织性**

20 世纪 60 年代，自组织理论为演化经济学研究技术创新和社会经济系统演化提供了强大的理论与方法支撑。龙西尼对长期技术变迁的性质进行了研究，定义了技术系统的相关概念，认为按照一定演变模式和选择机制向前发展的技术系统是分析技术创新行为的有用工具，并将创新的产生及其扩散纳入技术系统演化的框架中来考察。龙西尼认为技术系统包含四部分：一是大学、科研院所等产生科学与技术的机构，二是能够将知识转化为实际生产技术并使其专门化的组织，三是市场环境，四是制度规则。这四部分都是开放的子系统，相互交换信息以保持稳定，其行为是自组织机制下微观行为协同变化的结果。因此，技术系统具有开放特性和自组织特性，系统内部连续、平稳地交换物质和信息流，系统的进化是子系统之间相互作用的结果，系统结构的变化使交流突然中断，而结构的不稳定性导致信息和物质流的不稳定演变系列。

经济合作与发展组织在《国家创新体系》报告中指出，创新是不同要素和企业之间复杂的相互作用的结果，技术变革并不是以一个完美的线性方式出现，而是系统内部各要素之间的互相作用和反馈的结果。技术创新过程包含了从创新设想形成、创新目标确定，到研发试制和生产销售诸多环节，是企业、科研机构、政府、市场等相互作用的产物，使得技术创新系统具有复杂性特征，体现了自组织构成和进化的依据。斯尔韦伯格分析了在以经济体间技术和行为多样化为特征的演化环境中技术扩散过程的自组织性特征，认为企业间多样性是适应工业技术变革的基本特性，技术的不对称可以形成多样性，企业在不同的生产空间和市场部门中进行产品创新，由此带来的技术多样化也会导致企业多样性。斯尔韦伯格以自组织理论和方法为基础建立动态演化模型，阐述企业间不同能力、期望、策略和选择压力之间的相互作用，说明了技术创新及其扩散系统所包含的多维结构和行为可变性。

近年来，国内学者也开始对技术创新过程的自组织性进行研究。叶金国认为，企业技术创新以"创新惯例"为其行为基础，创新过程具有开放性、不可逆性和非平衡性，创新过程存在非线性和随机"涨落"的作用机制，是一种由旧结构失稳到新结构建立的自组织演化过程。技术创新系统内部各要素之间的非线性相互作用和创新过程体现出的非线性，为系统的自组织性和自组织进化提供了依据。刘少生从系统论角度分析了企业技术创新系统的自组织机制：开放和非平衡是前提条件，随机涨落是诱因，非线性相互作用则是根本作用机制。

### 2.4.3　技术变迁的路径依赖与技术轨道

#### （一）技术变迁的路径依赖

路径依赖概念最早来自自然科学领域中的生物学，瓦丁唐（Waddington）在研究物种进化时发现偶然性随机因素启动序列控制机制，使物种进化产生各种各样的路径，这些路径互不重合、互不干扰。古尔德（Gould）在研究生物进化中的间断均衡现象和熊猫拇指进化问题时，进一步提出了生物演进路径的机制和路径可能非最优的性质，并明确了路径依赖的概念。保罗·大卫在其著作《技术选择、创新和经济增长》中首次将"路径依赖"概念纳入经济学的研究范畴之中，并通过与阿瑟合作的一系列开创性研究，运用路径依赖分析方法对技术变迁进行了深入分析。阿瑟和保罗·大卫认为，技术演化进程依赖初始状态，初始状态影响和决定着技术最终发展方向，一旦某技术受偶然性因素作用而被采用，收益递增机制便会促使其进一步强化并呈现前后连贯、相互依赖的特征，难以被其他具有竞争性的更优技术所替代，从而使技术演化存在多重均衡而非传统经济学分析结构赖以存在的单一均衡。

保罗·大卫以技术相关性、报酬递增和投资的不可逆性三种机制为基础，解释了路径依赖现象；利用打字机键盘的例子说明了技术创新的路径依赖如何导致技术创新的低效率，认为标准的传统键盘保留至今是由于从一种设计标准转换到另一种设计标准的"转换成本"太高，致使效率较低的产品成为标准，保留下来，进而指出路径依赖会导致技术创新锁定于现有非最优、低效率的技术，并最终导致该路径上创新的低效率。阿瑟则着重强调报酬递增，尤其是在历史进程中的报酬递增所产生的规模经济对路径依赖的作用，认为报酬递增来源于规模经济、学习效应、适应性预期和网络效应四个方面。多西认为技术创新的路径依赖性源自技术的本质属性，技术不是一种公共信息，更多的是一种特殊知识，企业作为经济体所进行的技术创新活动带有必然的差异性，在企业技术创新过程中，除了问题解决所需要的知识库输入体现路径依赖性特征外，创新过程本身的技术学习也具有路径依赖性。

雷伯维茨（Leibowitz）和马格里斯（Margolis）对路径依赖的程度进

行了研究，认为一级路径依赖仅是决策的持久性或耐力的形成要素，与效率无关；二级路径依赖是指人们在没有完全信息的情况下决策，做出选择时没有认识到所选路径的缺陷，尽管后悔这种选择，但改变需要花费巨大的代价；三级路径依赖指具备有关无效选择的完全信息，但由于无法与别人协调、集体选择更为有效的替代物，缺乏效率的技术仍然被采用。罗伊（Roe）把路径依赖按照强度分为三种：弱型、半强型和强型路径依赖。弱型路径依赖只说明了相对效率，不需要对过程有太强的解释；半强型路径依赖引致了缺乏效率的路径，人们后悔路径依赖结果，但不会耗费成本去加以改变；强型路径依赖虽然也导致了缺乏效率的路径，也值得去改变，不过由于公共选择和信息问题带来的行动成本较高，只能维持现状。

20 世纪 90 年代后，以诺斯为代表的经济学家将路径依赖的思想扩展到制度变迁的研究中，并将复杂性科学的最近成果和演化博弈论加以应用，由强调需求、技术和制度之间的互动性，到研究技术与制度综合变迁过程中的路径依赖问题。

### （二）技术范式下的技术轨道

在研究技术变迁路径依赖问题的同时，学者们逐渐发现技术发展具有连续性、衍生性和有序性，技术发展的方向包含在技术轨道中。多西受库恩（Kuhn）"科学范式"的启发，在自然轨道思想的基础上，提出了技术范式的概念，即解决所选择的技术经济问题的一种"模式"，技术范式决定了技术研究的领域、问题、程序和任务，是解决一系列技术问题必须遵守的框架和方法，具有强烈的排他性。多西在引进技术范式概念的基础上提出了技术轨道的概念，认为技术轨道是根据技术范式解决问题的一种常规活动模式，规定了由技术范式中所隐含的对技术变化方向取舍的规定，是一组可能的技术方向，其外部边界由技术范式本身决定。

比昂迪（Biondi）和加利（Galli）根据人类对产品性能的追求和技术发展的现状，总结出了八条技术轨道：降低成本、资本成本的影响范围、更好的性能、更长的产品寿命、规模经济、市场分割、商品的体积、更有效地利用资源。帕维特在技术轨道理论和相关经验研究的基础上，以英国 2 000 例具有重要意义的创新案例为基础，提出技术轨道模型，发展了技术轨道过程中创新的产生和使用的部门分类法理论；并根据不同工业部门明显不同的技术创新方向和创新来源，按照技术来源、使用者类型、获取技术的方式和技术轨道类型把整个社会部门分为四种不同的技术轨道类型，用来解释和揭示整个社会不同工业部门的技术创新发展规律。

　　布伦斯奇区分了两种不同类型的技术轨道：熊彼特 1 型和熊彼特 2型。熊彼特 1 型的技术创新沿低技术机会、低的创新回报、低的技术积累和需要较少科学技术知识支持的轨道发展，此类技术创新大多源于以前没有创新经验的公司，属于"创造性破坏"，被称为"宽度"创新，技术轨道下的创新门槛较低，对于小公司或者新进入公司比较容易实现。熊彼特 2 型技术轨道下的创新则完全相反，"深度"创新需要公司原有的积累和集中的创新投入行为，主要包括交通工具和引擎、通信技术和半导体技术。马克（Mark）和斯蒂文（Steven）认为技术轨道有三个关键属性：能量、动力和不确定性的程度，其中能量和动力分别是指技术轨道对技术进步所产生的影响力与推动力。

　　此外，国内学者傅家骥认为行业技术轨道是在企业技术创新过程中同行企业不得不采取的近乎一致的技术选择方法、核心技术路线、产品主导设计模式、技术整合方式、产品和工艺技术标准、主流的制造流程，而科技的根本性进展、行业技术积累、市场需求的递进扩张以及品种发展决定着行业技术轨道的形成。和矛对行业技术轨道的形成机制进行了模拟，同时引入逻辑曲线对技术轨道的刚性和突破进行了探讨，进而对行业技术轨道的经济效率进行了评价。

# 第3章 异质性条件下技术创新推动
产业演化的理论机制

从 20 世纪 80 年代开始，演化经济学的发展使得企业异质性在产业演化中的作用越来越受到国外学者的关注。潘罗斯（Penrose）最早从企业内部知识积累的角度考察企业的本质和行为，指出不同企业在成长过程中所体现出的知识积累异质性决定了组织经济活动时效率水平的差异。纳尔逊和温特的研究表明，产业演化的过程就是企业自身特征变化以及与其他企业相互作用的过程。萨维奥蒂认为异质性、技术进步和经济发展之间存在着密切关系，列雷纳（Lierena）和奥尔特拉（Oltra）把依靠内部知识积累的增长型企业与依靠对外界知识学习的非增长型企业区分开，指出差异化的创新策略能够促进高新技术的产生。创新策略差异化程度越高，越有利于技术创新。蒙托比奥（Montobbio）认为，即使在没有技术进步的情况下，企业之间的差异也能够促进经济增长和产业演化。梅特卡夫将经济行为间的差异与市场作为一种协调机制的角色相联系，认为创新是企业行为差异的主要来源，而企业间的差异给竞争力和竞争优势带来影响，促进企业优胜劣汰并推动产业变迁。与国外研究相比，国内有关异质性与产业演化关系的文献还很少，更没有将技术创新与异质性联系在一起探讨产业演化问题。本章将提出一个从成本和质量角度分析异质性、技术创新驱动产业演化的理论框架，并以我国典型行业的统计数据为样本进行实证检验。

## 3.1 异质性的内涵及衡量方法

### 3.1.1 异质性的内涵

新古典经济学通过"经济人"假设，把企业看做完全同质的追求利润最大化的生产者，把个人看做完全同质的追求效用最大化的消费者，从而在根本上排除了不同企业对资源配置和不同个人对商品选择的差异性影响。亚当·斯密（Adam Smith）在《国民财富的性质和原因的研究》一书中最早以"经济人"假设为理论前提建立起古典经济学体系，大卫·李嘉图（Ravid Ricardo）等古典经济学家都广泛地借用这一假设；约翰·斯图亚特·穆勒（John Stuart Mill）明确定义了"经济人"的概念，认为"经济人就是会计算，有创造性，能寻求自身利益最大化的人"。而后，"经济人"被新古典经济学家进一步发展。按照新古典经济理论，"经济人"假设一般包括以下三方面内容：第一，完全理性。完全理性的个体能够列出全部备选方案，确定其中每一方案的结果，并对各种可能的结果进行评价，从而选出最优方案。第二，利益最大化。作为"经济人"，总是预先存在一个完全的、充分有序的利润函数或效用函数，追求选择行为的利润最大化或效用最大化。第三，完全信息。对于"经济人"来说，不仅完全了解并掌握外部的经济环境与未来的可能状况，而且具有完全的认识能力，可以不需付出任何代价而获取全部信息来保证行为的确定性和行为结果的可知性。有了上述三个假设，"经济人"所面对的世界是没有不确定性和风险的，"经济人"在面对不同备选方案时会做出理性的选择。而所谓理性，则是指在给定条件和约束的限度内实现指定的目标。当个体被看成理性的时候，其追求的目标是相互一致的，所使用的手段与所追求的目标也相互适应，生产者和消费者可以依靠价格机制实现生产者均衡与消费者均衡，以实现利润最大化和效用最大化。也就是说，在理性经济人的假设下，个体被看做同质的。

　　然而，丰富的现实生活与理想的经济人假设存在一定差距，传统经济学理论无法解释复杂经济生活中的许多问题，经济理论与现实之间产生了冲突，这种冲突促使经济学家创造和发展新的经济理论以适应现实，而寓于古典和新古典经济理论之中的"经济人"假设受到了大量批评与修正。西蒙首先提出了有限理性的概念，认为有限理性是指人的行为"即是有意识地理性的，但这种理性又是有限的"。有限理性的存在一方面源于环境是复杂的——在非个人交换形式中，人们面临的是一个复杂的、不确定的世界，而且交易越多，不确定性就越大，信息也越不完全；另一方面源于人对环境的计算能力和认识能力是有限的，人不可能无所不知。正是由于行为环境不确定、个体知识和理性能力的增加或价值观念的变化，经济人行为的目标会随之改变，从而经常性地调整决策行为。

从"经济人"假设到"有限理性经济人"假设，经济学关于人性的假设越来越接近现实。

"经济人"与"有限理性经济人"的假设体现了对经济主体的共性的描述，在这两个假设中，经济主体是同质的，就像竞争性市场中的产品一样没有差别，具有完全的可替代性。在同质性的前提下，个体的行为、性质或特征代表着整个人类的行为、性质或特征，因此经济学家不考察人与人之间的区别，或者说对个体与个体之间的区别是忽略不计的。然而，同质的经济人假设是不符合现实的，因为现实中的经济主体之间存在着同质的特征，而更多地体现为异质性。作为经济主体的企业由于经营规模、技术能力和人力资本等因素的差异，生产效率是不同的；作为经济主体的消费者由于遗传基因、教育和环境等因素的差异，个人偏好和选择是不同的。因此，经济主体是异质的，具体包括企业的异质性和人的异质性。

对于企业异质性产生的根源，经济学家们给出了不同的解释。潘罗斯从企业内生成长及其知识积累的角度考察了企业的本质和行为，认为每个企业的知识积累都是独特的，在企业将知识进行内部化和联合化的过程中，正规知识被转换为非正式的和非公开的隐性知识，即关联的和正式的知识以解决某一问题的最佳方式转化为程序化的与富有针对性的意会知识，这种知识积累的独特性决定了不同企业组织经济活动具有不同的效率水平。纳尔逊和温特指出，在不确定条件下企业追求利润的最大限制是知识和能力的不完全性，如果将企业看做在任何给定时间内具有一定能力和决策规则的生产者，即生产性知识和能力的集合，那么企业的知识和能力将随着外在环境和时间的变化而不断演变。可以看出，学者们普遍把企业内生性知识和能力的积累看做企业竞争行为的基础及利润的来源，知识和能力构成了企业的核心能力或核心竞争力。由于特定历史条件和社会复杂性的作用，每个企业内部长期积累的知识与能力都是独一无二的，尤其是那些只可意会不能言传的默示性知识必须建立在共同经历的基础之上，其他企业难以通过公开市场购买获得。因此，企业是异质的，这种异质性来源于组织内部长期积累的知识和能力的差异。

人类是大千世界和物质范畴的有机组成部分，人既具有共性，也具有个性。作为经济主体的人的异质性主要源自遗传基因的不同而导致的天赋异质性和影响后天素质形成的成长环境异质性。从消费者选择的角度来看，人的异质性着重体现为偏好异质性。人的偏好源自消费需要，从消费需要满足的顺序来看，可以分为基本生活需要和全面发展需要，前者能够维持劳动力再生产和保证人的生存，后者是在基本需要得到满足的基础上保证人的智力和体力得到充分自由的发展与运用。从消费需要的途径来看，可以分为个人消费需要和社会公共需要。从消费需要的实际内容来看，可以分为物质需要与文化需要。从消费需要的载体看，可以分为实物需要与劳务需要。正是基于人的消费需要的多样性，层次性和消费需要的实现途径、内容、载体等方面存在的差异性，作为消费者的人们在进行决策的过程中，便会产生偏好的异质性。

### 3.1.2　异质性的衡量方法

对于经济个体异质性的衡量，大概有两种方法：一是从宏观角度将整个经济体分成几类群体，通过不同群体所占比重的分布情况显示经济的异质性，分布越均匀就具有越强的异质性；二是从微观层面考察经济个体之间某些特征的差异化程度，以反映经济体内部的异质性。

#### （一）宏观角度的衡量方法

赫希曼-赫芬达尔指数多用来衡量产业集中度，指数范围为 [0，1]，越接近 1，表示产业集中度越高，则产业集中度越小。有学者用 1 减去赫希曼-赫芬达尔指数，表示经济体的异质性，公式为：

$$H_i = 1 - \sum_{j=1}^{n} e_{ij}^2 \tag{3—1}$$

式中，$H_i$ 表示经济体内部的异质性，$e_{ij}$ 为整个经济体 $i$ 中某类群体 $j$ 所占的份额，$n$ 为群体总数，该指数值越大，说明异质性越强。

也有学者在赫希曼-赫芬达尔指数的基础上，利用该指数的倒数来衡量经济体的差异化程度：

$$G_i = \frac{1}{\sum_{j=1}^{n} e_{ij}^2} \tag{3—2}$$

同样，$e_{ij}$ 为整个经济体 $i$ 中某类群体 $j$ 所占的份额，该指标值越大，表示经济体的异质性程度越高。

熵指标是经济多样性拟合优度类指标之一。区域经济学家从 20 世纪 70 年代开始使用熵指标来衡量经济多样化程度。熵指标为经济异质性的衡量提供了一个灵活而有力的分析工具。熵指标的计算方法如下：

$$EI_i = \sum_{j=1}^{n} e_{ij} \ln e_{ij} \qquad (3\text{—}3)$$

式中，$EI_i$ 表示异质性程度，$e_{ij}$ 为经济体 $i$ 中第 $j$ 类群体在总量中所占份额，$n$ 为群体总数。若整个经济体只有一类个体，即 $S_{ij}=1$，则熵指标值就为 0；若许多类群体均匀分布，则熵指标值最大，表示异质性程度最高。

### （二）微观角度的衡量方法

微观角度的异质性衡量方法在很大程度上受生物进化论的启发，从物理学和生物学角度展开，主要包括多元属性法、特征权重法和欧氏距离法三种。

内林（Nehring）运用多元属性法描述异质性，通过分离物种的不同特性来探索这些特性之间的差异，结果发现：物种某一特性出现的概率越小，该特性在种群中越不具有普遍性，从而形成了物种间的异质性。利用多元属性法衡量异质性的方程为：

$$V(S) = \lambda(\{A \subseteq X : A \bigcap S \neq \phi\}) = \sum_{A \subset X : A \cap S \neq \phi} \lambda_A \qquad (3\text{—}4)$$

式中，集合 $S$ 表示物种，其异质性 $V$ 由该物种所拥有的特性（A）出现的频率表示（$S \subseteq X$；$X$ 是物种的一个有限域）。函数 $\lambda : A \rightarrow \lambda_A$ 是指与异质性 $V$ 相关的衡量特性权重的函数，$\lambda_A$ 可以理解为特性（A）的相对重要性，$\{A \subseteq X : A \bigcap S \neq \phi\}$ 表示权重非零的特性的集合。由此，按照每一物种所独有的特性权重来判断该物种对种群异质性的贡献。

斯特林（Stirling）将子系统间的多样性、均衡以及差距加以考虑，提出衡量异质性的特征权重法，其公式为：

$$M = \sum_{ij} d_{ij} p_i p_j, \quad i \neq j \qquad (3\text{—}5)$$

式中，异质性由表征企业特性的不同指标之间差距的权重之和来测定，这些指标包括投资组合、科研费用支出等。不同指标之间的差异，通过 $d_{ij}$ 和两个权重 $p_i$，$p_j$ 来表示，$d_{ij}$ 表示差异组合，$p_i$ 是特征 $i$ 的相对权数，$p_j$ 为

特征 $j$ 的相对权数，$p_i$ 和 $p_j$ 分别代表两个特征平衡时的权重。

马丁·沃尔特（Martin Woerter）在上述两个模型的基础上，将企业规模、员工受教育程度、出口行为和科研强度等指标纳入企业异质性衡量中来，认为这些描述企业特性的指标之间的差异直接或间接地影响着企业惯例与创新行为，因而选择欧氏距离法测量行业的异质性：

$$DIV(S) = \sum_{j=1}^{m} \sqrt{\sum_{i=1}^{n} (X_i - Y_i)^2} \tag{3—6}$$

式中，$DIV$ 表示行业（S）的异质性，$j$ 表示任意行业内两个不同企业 $X$ 和 $Y$ 的所有可能组合，$X_i$ 和 $Y_i$ 分别表示两个企业的同一特性，由此计算某一行业中所有可能的企业特性组合之间的欧氏距离，欧氏距离之和即表示行业内企业之间的异质性。在现有三种衡量异质性的主要方法中，马丁的欧氏距离法相对更加合理且具有可操作性。

## 3.2　异质性推动产业演化的理论模型

在分析了异质性的概念之后，本节将构建基于成本差异和产品多样性条件下异质性推动产业演化的理论模型。

### 3.2.1　基于成本差异的产业演化模型

将一个产业看做由 $n$ 个企业组成的群体，假定每个企业生产同样的产品，企业之间的差异仅在于产品生产中单位成本的不同，在满负荷运作情况下企业正常的单位生产成本为 $h_i$，企业为其产品制定的价格为 $P_i$，每一单位产出所获得的利润为：

$$m_i = P_i - h_i \tag{3—7}$$

企业在生产能力的扩张过程中会拿出一定份额的利润用于投资，称之为积累倾向。积累倾向与资本劳动力比例、融资途径等因素有关，假定行业内所有企业的积累倾向相同（设为 $f$），则企业产出的增长率可以表示为：

$$\begin{cases} g_i = f(P_i - h_i) & P_i > h_i \\ g_i = 0 & P_i \leqslant h_i \end{cases} \tag{3—8}$$

根据产出增长率，可以把产业中的企业分成三类：第一类企业生产效率较低（$P_i < h_i$），因为亏损，必将导致破产或退出行业；第二类企业盈亏平衡（$P_i = h_i$），处于生存边缘，从而没有扩张能力；第三类企业具有盈利能力（$P_i > h_i$），会把部分利润用于扩大生产规模。在成本差异的条件下，竞争性选择是由个体企业生产效率所决定的，每一个体在总行业产出中的份额随生产效率的不同而不断变化。假设单一企业的市场份额为 $s_i$，个体群中所有幸存企业的总增长率为 $g$，则

$$g = \sum_i s_i g_i \tag{3—9}$$

当企业产出增长率存在差异时，市场结构将随之发生变化。若某企业的增长率超过或者低于个体群的平均增长率，其市场份额就会增加或者减少。我们把这种不同企业的市场份额随时间变化的变化率称为复制因子（replicator dynamic）：

$$\frac{ds_i}{dt} = s_i(g_i - g), \sum \frac{ds_i}{dt} = 0 \tag{3—10}$$

复制因子是反映产业演化的基本指标，表明产业内企业组成的个体群结构随时间发生改变的情况。当企业个体的产出增长率高于平均水平时，其市场份额将增加；当产出增长率低于平均水平时，市场份额将会减少。

从供给角度讲，企业产出的增长源于增强盈利能力和扩大规模的愿望；从需求角度讲，产品生产则是为了满足消费者需求，而市场环境等因素决定了产品的需求增长率。遵循菲尔普斯（Phelps）和温特的观点，消费者对某企业产品需求的增长速度一方面取决于行业的整体增长率，另一方面取决于消费者对竞争性产品的比较。行业整体增长率与宏观经济环境、需求收入弹性和产品生命周期等因素有关，而消费者对竞争性产品的选择则依赖企业间的价格差异和需求选择系数。由此，得到每一个企业的需求增长率方程：

$$g_{Di} = g_D + \delta(\bar{P} - P_i), g_D = \sum s_i g_{Di} \tag{3—11}$$

式中，$\bar{P} = \sum s_i P_i$，为平均市场价格。$g_D$ 是消费者群的共同需求增长率。$\delta$ 为需求选择系数，衡量了市场的完善程度。如果 $\delta$ 值较大，说明消费者在不同企业产品之间转换的壁垒较低，信息可以很快在消费者个体群之间

传递，并且消费者能够对此迅速作出反应。当 $\delta \to \infty$ 时，意味着任何要价高于平均价格的企业将失去原本拥有的全部市场份额。当 $\delta \to 0$ 时，市场处于垄断状态，消费者被锁定于现有的生产商，不能对其他企业的竞争性价格作出反应。在现实的市场环境中，竞争是不完全的，需求选择系数应处于 0 到 $\infty$ 之间。

有了企业产出增长和需求增长的表达式，就可以把供给和需求连接起来。演化经济理论认为，企业决策者不具有完全理性，并不时刻都以利润最大化为目标，但仍然假定企业是逐利的，其定价绝不会低于成本，产量扩张会尽量符合市场需求规模的变化，从而得到一个满意的利润水平。基于这样的思想，企业产出增长率应该与需求增长率相等，即 $g_i = g_{Di}$。将式（3—11）与式（3—7）联立，可得企业产品的正常价格：

$$P_i = \frac{g_D}{f+\delta} + \frac{\delta}{f+\delta}\bar{P} + \frac{f}{f+\delta}h_i \qquad (3\text{—}12)$$

由式（3—12），可知企业正常价格依赖市场需求的整体增长率，同时受平均市场价格和企业生产成本的影响，是三种因素的加权平均。进一步，将产品价格按企业的市场份额加总，得

$$\bar{P} = \frac{g_D}{f} + \bar{h_s} \qquad (3\text{—}13)$$

可以看出，平均市场价格是市场整体的需求增长率与单位平均生产成本的加权平均。将式（3—13）代入即式（3—12），替换平均市场价格，得

$$P_i = \frac{g_D}{f} + \frac{\delta}{f+\delta}\bar{h_s} + \frac{f}{f+\delta}h_i \qquad (3\text{—}14)$$

把式（3—14）代入单位毛利方程即式（3—7），得到销售毛利的另一种表示形式：

$$m_i = \frac{g_D}{f} + \frac{\delta}{f+\delta}(\bar{h_s} - h_i) \qquad (3\text{—}15)$$

由式（3—15），企业毛利不仅受行业需求整体增长率的影响，而且与企业自身生产成本有关。单位成本越低，产品的利润越高。将式（3—15）代入式（3—8），可得

$$g_i = g_D + \Delta(\overline{h_s} - h_i), \Delta = \frac{f\delta}{f+\delta} \qquad (3\text{—}16)$$

其中，$\Delta$ 代表市场选择系数，它随着积累倾向和市场完善程度的提高而递增，衡量了企业所面临的选择压力大小。由式（3—16）可知，如果企业 $i$ 的单位成本低于作为一个整体的企业个体群的平均水平，将比市场平均水平以更快的速度增长。比较式（3—10）和式（3—16），可以确定包含单位成本的市场份额变迁方程：

$$\frac{ds_i}{dt} = \Delta s_i(\overline{h_s} - h_i) \qquad (3\text{—}17)$$

根据式（3—17），只要企业 $i$ 的单位成本低于个体群的平均水平，其市场份额将随时间呈上升趋势，而那些单位生产成本高于个体群平均水平的企业，情况则恰好相反。可见，在企业间仅存在成本差异的条件下，市场在具有不同单位成本的企业间进行选择，产业变迁的结果是收敛到生产最有效率的企业上，而其他企业的市场份额最终都降为零。

进一步，根据费雪原理，假设个体群最初的增长率 $g_i$ 是给定的，那么个体群平均产出增长率（也可称之为平均适应性）的复制因子为：

$$\frac{dg}{dt} = \sum \frac{ds_i}{dt} g_i = \sum_i s_i(g_i - g)g_i = V_s(g) \qquad (3\text{—}18)$$

其中，$V_s(g)$ 是用 $s$ 加权的增长率方差。

由式（3—18）知，行业产出的整体增长率是由该行业内个体企业产出增长的差异所决定的。在成本作为企业异质性单一维度的情况下，企业成本差异越明显，行业产出增长越快。如果没有新企业进入或者创新导致的新的多样性的出现，随着低效率企业逐渐被淘汰出市场，基于成本差异的企业异质性将逐渐降低，行业产出的增长率也将逐渐降低，选择过程将趋于停止。

由于以上分析假设单位成本是决定企业异质性的唯一要素，因此有必要考察行业平均成本的变化情况。同样假定个体群最初的单位成本 $h_i$ 是给定的，可得：

$$\frac{dh_s}{dt} = \sum_i \frac{ds_i}{dt} h_i = \sum_i s_i(g_i - g)h_i = C_s(g, h) \qquad (3\text{—}19)$$

其中，$C_s(g, h)$ 为单位产品的生产成本与产出增长率之间的协方差。将

式（3—19）代入式（3—16）中，得

$$\frac{dh_s}{dt} = \sum_i \frac{ds_i}{dt} h_i = -\Delta \sum_i s_i(h_i - \overline{h}_s)h_i = -\Delta V_s(h) \qquad (3—20)$$

根据式（3—20）可知，平均单位成本的下降速率与个体群单位成本的方差正相关。企业间的成本差异越大，行业平均单位成本下降得越快，行业整体生产效率提升得越迅速。

### 3.2.2　产品多样性条件下的产业演化模型

在上面的讨论中，我们假定企业异质性只存在于单位产品的生产成本一个维度上，但现实世界中企业之间在许多维度上都是不同的，其中一个重要方面是产品质量的差异，具体表现为产品的多样性。由于企业是在相同的市场环境中接受评价的，与利用价格衡量单位成本差异类似，所以对于产品的多样性特征，可以为每一个企业定义一个产品质量指标 $q_i$。在这里，$q_i$ 是经过产品质量调整的价格，产品质量越高，该值就越大，$\overline{q}$ 则代表了行业内所有企业产品的平均质量。

同样，把产出增长率作为对经济适应性的衡量指标。产出增长是企业生产能力扩张和市场规模扩大协调作用的结果。在供给方面，企业生产能力的增长仍然由积累倾向和单位产品的利润决定，如式（3—8）所示。从需求角度来说，在仅有成本差异的单一维度下，消费者将主要考虑产品的价格，增加了质量维度后，消费者会同时比较不同企业产品的质量和价格，会将其需求转移到那些能给其带来更大效用，即质量更高、价格更低的产品上。因此，市场需求的增长率可以表示为：

$$g'_{Di} = g_D + \delta\left[\overline{(P_s)} + (q_i - \overline{q})\right] \qquad (3—21)$$

式（3—21）说明：对单一企业而言，没有经过质量调整的价格 $P_i$ 越低，质量 $q_i$ 越高，则需求增长率越大。将其与式（3—7）联立，可得产品的正常价格：

$$P_i = \frac{g_D}{f+\delta} + \frac{\delta}{f+\delta}\overline{P}_s + \frac{f}{f+\delta}h_i + \frac{\delta}{f+\delta}(q_i - \overline{q}) \qquad (3—22)$$

产品的正常价格是行业整体增长率、市场平均价格、单位成本和产品质量的加权平均。将产品价格按企业的市场份额加总，得到 $\overline{P}_s$，代回到式（3—22）中并加以整理：

$$P_i = \frac{g_D}{f} + \frac{\delta}{f+\delta}\overline{h_s} + \frac{f}{f+\delta}h_s + \frac{\delta}{f+\delta}(q_i-\overline{q}) \qquad (3—23)$$

这样，就可以得到包括成本和质量差异的单位产品毛利：

$$m_i = \frac{g_D}{f} + \frac{\delta}{f+\delta}[(\overline{h_s}-h_i)+(q_i-\overline{q})] \qquad (3—24)$$

与只存在成本差异的情况相比，考虑产品多样性后，质量水平也影响着企业生产的毛利。在其他参数相同的条件下，产品质量越高，企业利润率越高。将式（3—24）代入式（3—8），得

$$g_i = g_D + \Delta[(\overline{h_s}-h_i)+(q_i-\overline{q})] \qquad (3—25)$$

可以看出，个体企业的产出增长取决于四个因素：行业需求的平均增长率、市场选择系数 $\Delta$ 所代表的环境特征（由积累倾向和市场完善程度决定）、企业相对于个体群的成本差异、企业相对于个体群的质量差异。其中，前两个因素对行业内所有企业的影响是相同的，而后两个因素则源于每一个企业相对于个体群的特征差异。比较式（3—25）和式（3—11），得到复制因子：

$$\frac{ds_i}{dt} = \Delta s_i[(\overline{h_s}-h_i)+(q_i-\overline{q})] \qquad (3—26)$$

式（3—26）说明，企业市场份额的变化要同时考虑生产成本和产品质量。如果企业 $i$ 的单位成本低于个体群的平均水平，产品质量高于平均水平，或者两个特征组合在总体上优于行业平均水平，意味着该企业适应性较强，市场份额随时间递增。反之，若某企业在成本和质量组合的总体上劣于行业平均水平，市场份额将逐渐减小。

在基于成本和质量差异的异质性条件下，产业变迁由成本和质量共同决定，可以将这种选择过程用图 3—1 表示。在图 3—1 中，横轴表示单位成本，纵轴表示产品质量，由于个体群是使用不同方法生产不同产品的企业集合，因而可用多边形构造的选择集来表示。企业之间的成本与质量差异由不同的坐标来衡量，其中点 $Z$ 代表行业的平均水平。过点 $Z$ 引一条斜率为1的直线 $L$，该直线代表产出增长率等于行业需求平均增长率的所有企业，即 $g_i = g_D$。直线 $L$ 左侧与多边形围成的面积表示 $g_i > g_D$ 的企业，直线 $L$ 右侧与多边形围成的面积表示 $g_i < g_D$ 的企业，而 $M$ 点和 $N$

点则代表着行业内产出增长率最高和最低的企业。

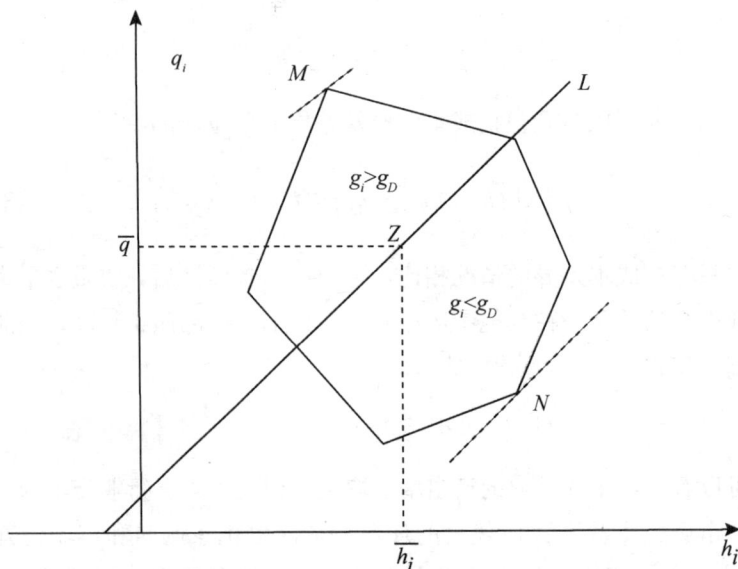

**图 3—1  成本和质量差异条件下的产业变迁**

结合式（3—26），如果企业的特征值恰好落在直线 $L$ 之上，说明企业盈亏平衡，具有不变的市场份额。处于直线 $L$ 左侧的企业适应性较强，市场份额逐渐增加；而直线 $L$ 右侧的企业适应性较弱，市场份额逐渐减小，最终将被淘汰出市场。

再来观察平均成本和质量的演化情况。假定个体群最初的单位成本 $h_i$ 是给定的，可得：

$$\frac{d\overline{h_s}}{dt} = \sum_i \frac{ds_i}{dt}h_i = \Delta\sum_i s_i[(\overline{h_s}-h_i)-(q_i-\overline{q})]h_i$$

$$=-\Delta V_s(h) + \Delta C_s(q,h) \qquad (3—27)$$

同样，假定个体群最初的产品质量 $q_i$ 是给定的，则

$$\frac{d\overline{q}}{dt} = \sum_i \frac{ds_i}{dt}q_i = \Delta\sum_i s_i[(\overline{h_s}-h_i)-(q_i-\overline{q})]q_i$$

$$= \Delta V_s(q) - \Delta C_s(h,q) \qquad (3—28)$$

可以看出，企业间成本差异越大，行业平均生产成本下降的速率越快，企业间的产品质量差异越明显，行业平均质量上升的速率越快。不过，平均成本和质量都要受到成本与质量协方差的影响，如果质量协方差

是一个足够大的正数，则可能使得平均成本在竞争过程中的某一点开始上升，而平均质量在某一点开始下降。

## 3.3　技术创新驱动产业演化的机制及实证检验

### 3.3.1　技术创新驱动产业演化机制的模型化表述

在从单一维度扩展到两个维度讨论企业异质性对产业演化过程的影响时，并没有考虑技术创新因素的影响。而事实上，正是技术创新创造了企业之间的异质性，技术创新通过改变生产成本和产品质量驱动着产业演化，下面将把技术创新因素纳入分析中来。这里同样假定，企业之间的技术创新行为也存在着差异，主要体现在技术创新的速率上。按照一般的分类方法，把技术创新划分为两部分：一是产品创新，即有利于产品质量提升的创新；二是过程创新，即有利于生产成本降低的创新。假设企业技术创新速率为 $\lambda_i$，其中产品创新速率为 $a\lambda_i$，$a$ 是技术创新中产品创新所占的比例，则某企业产品质量提升的速率为 $\dfrac{dq_i}{dt}=a\lambda_i q_i$；过程创新速率为 $b\lambda_i$，$b$ 为过程创新所占比例（其中 $a+b=1$），某企业成本下降的速率为 $\dfrac{dh_i}{dt}=b\lambda_i h_i$。

由于产品成本和质量的变化会通过市场需求的增长率（等于企业的产出增长率）体现出来，进而改变企业的市场份额。因此，复制因子仍为：

$$\frac{ds_i}{dt}=s_i(g_i-g_s) \tag{3—29}$$

由此可得所有企业平均产品质量提高的速率，为：

$$\frac{d\overline{q_s}}{dt}=\sum \frac{ds_i}{dt}q_i+\sum S_i\frac{dq_i}{dt}$$
$$=\Delta[v_0 V_s(q)-C_s(h,q)]+\sum s_i a\lambda_i q_i$$
$$=\Delta[v_0 V_s(q)-C_s(h,q)]+a[C_s(\lambda,q)+\overline{\lambda_s}\,\overline{q_s}],$$
$$\overline{\lambda_s}=\sum S_i\lambda_i \tag{3—30}$$

由式（3—30）可知，产品的平均质量是由多样性、技术创新以及不同多样性维度的协方差所驱动的，体现在以下三方面：第一，产品质量本身的差异会推动平均产品质量的提升；第二，产品质量与成本之间的协方差越小，产品质量和创新速率之间的协方差越大，平均产品质量提高就越快；第三，产品创新在技术创新中的比例、行业技术创新速率和平均产品质量，都有利于推动平均产品质量的改善。

同理，可得平均生产成本下降速率的公式：

$$
\begin{aligned}
\frac{d\,\overline{h_s}}{dt} &= \sum \frac{ds_i}{dt}h_i + \sum s_i \frac{dh_i}{dt} \\
&= \sum s_i(g_i - g_s)h_i - \sum s_i b\lambda_i h_i \\
&= \Delta \sum s_i\big[(\overline{h_s} - h_i)h_i + \upsilon_0(q_i - \overline{q_s})h_i\big] - b\sum s_i \lambda_i h_i \\
&= \Delta\big[\upsilon_0 C_s(q,h) - \upsilon_s(h)\big] - b\big[C_s(\lambda,h) + \overline{\lambda_s}\,\overline{h_s}\big], \\
\overline{\lambda_s} &= \sum S_i\lambda_i
\end{aligned}
\tag{3—31}
$$

由式（3—31）可知，产品成本同样由多样性、技术创新以及不同多样性维度的协方差驱动，除了取决于企业生产成本的差异性外，还受到包括产品质量和生产成本的协方差、产品成本和创新速率的协方差、行业技术创新速率、平均成本和过程创新所占比重的影响。

### 3.3.2　实证检验

#### （一）模型设定与变量选择

根据数理模型的推导可知，基于成本和质量两个维度的企业异质性有利于产业演化，成本低于和质量高于行业平均水平的企业其市场份额会逐渐增加，而技术创新则通过创造企业在生产成本和产品质量方面的差异作用于产业演化过程。基于上述结论，实证研究将把企业异质性和技术创新纳入产业演化的影响因素中，以检验二者对产业演化是否具有显著性影响，基本计量模型为：

$$
Y_t = \alpha_0 + AX_t + u
\tag{3—32}
$$

式中，$Y_t$ 表示产业演化的指标，$X_t$ 表示影响产业演化的主要因素，$\alpha_0$ 和 $u$ 为常数项与随机项。产业演化的衡量指标包括市场增长潜力、需求增长潜力、产品品种、竞争者数量、市场占有率、进入壁垒等。基于数据可得性与模型构建的合理性,我们选择销售收入、总产出、新产品销售收入和新增产值作为产业演化的指示指标。对于企业异质性的衡量,由于无法得到时间序列上企业微观层面的数据,因此选择宏观视角下经赫希曼-赫芬达尔变形后的异质性指标:

$$H = 1 - \sum_{i=1}^{n} P_i^2 \qquad (3\text{—}33)$$

式中,$P_i$ 表示第 $i$ 类企业数占该行业企业总数的比例;$i$ 取值为 1,2 和 3,分别代表行业内的小型企业数、中型企业数和大型企业数。[①] $H$ 值反映了企业异质性程度,$H$ 值越接近 1,说明某行业中企业的异质性程度越高,反之则越低。对于技术创新因素,选用行业专利申请数作为替代指标。另外,把资本投入和劳动投入作为产业演化的控制变量,分别用行业固定资产总值和平均员工人数加以衡量。这样,可以得到计量检验模型的具体形式:

$$OUTPUT_{it} = \beta_0 + \beta_1 HET_{it} + \beta_2 A_{it} + \beta_3 L_{it} + \beta_4 K_{it} + \varepsilon_{it} \qquad (3\text{—}34)$$
$$SALES_{it} = \beta_0 + \beta_1 HET_{it} + \beta_2 A_{it} + \beta_3 L_{it} + \beta_4 K_{it} + \varepsilon_{it} \qquad (3\text{—}35)$$
$$NOUTPUT_{it} = \beta_0 + \beta_1 HET_{it} + \beta_2 A_{it} + \beta_3 L_{it} + \beta_4 K_{it} + \varepsilon_{it} \qquad (3\text{—}36)$$
$$NSALES_{it} = \beta_0 + \beta_1 HET_{it} + \beta_2 A_{it} + \beta_3 L_{it} + \beta_4 K_{it} + \varepsilon_{it} \qquad (3\text{—}37)$$

其中,$OUTPUT_{it}$、$SALES_{it}$、$NOUTPUT_{it}$ 和 $NSALES_{it}$ 分别为第 $i$ 个行业第 $t$ 年的产出总额、销售总额、新产品产出总额和新产品销售总额;$HET_{it}$ 为第 $i$ 个行业第 $t$ 年的赫芬达尔指数,$A_{it}$、$L_{it}$、$K_{it}$ 表示第 $i$ 个行业第 $t$ 年的专利拥有数、平均员工人数和固定资产总额,$\beta_0$ 和 $\varepsilon_{it}$ 为常数项与随机扰动项。鉴于数据的可得性和完备性,我们选取了 1997—2007 年间我国高技术产业 21 个细分行业 11 年间的统计数据[②],数据来源于 2002—2008 年国家统计局发布的《中国高技术产业统计年鉴》,表 3—1 为变量的描述性统计结果。

---

① 尽管理论模型从成本和质量两个维度衡量了企业异质性,但在实证检验中很难找到有关企业成本和产品质量方面的具体指标,鉴于大型企业、中型企业和小型企业在生产规模、运营模式与管理体制等方面的区别,可以认为三类企业在生产成本和产品质量方面存在着显著差异,从而利用由三类企业数量计算得到的赫芬达尔指数代表行业内企业间的异质性程度是合理的。

② 一般意义上的演化是一个长期的概念,由于我国经济统计数据的限制,实证检验仅使用 11 年的数据,但所得结果并不影响结论的正确性。

表 3—1　变量衡量标准、符号及其描述性统计

| 变量 | 衡量标准 | 单位 | 符号 | 均值 | 标准差 | 最大值 | 最小值 |
|------|----------|------|------|------|--------|--------|--------|
| 产业演化 | 产出总额 | 亿元 | OUTPUT | 878.300 7 | 1 304.423 | 7 932.450 | 17.580 00 |
|  | 销售总额 | 亿元 | SALES | 861.682 4 | 1 308.306 | 8 128.670 | 16.290 00 |
|  | 新产品产出总额 | 亿元 | NOUTPUT | 182.495 6 | 304.575 8 | 1 880.522 | 0.748 900 |
|  | 新产品销售总额 | 亿元 | NSALES | 175.024 8 | 300.990 5 | 1 889.147 | 0.420 600 |
| 企业异质性 | 赫芬达尔指数 | | HET | 0.374 586 | 0.137 023 | 0.659 753 | 0.061 366 |
| 技术创新 | 拥有专利数 | 个 | A | 174.679 7 | 356.395 7 | 2 837.000 | 1.000 000 |
| 劳动投入量 | 员工人数 | 人 | L | 229 375 | 275 715 | 2 014 426 | 17 198 |
| 资本投入量 | 固定资产总值 | 亿元 | K | 251.070 8 | 345.310 2 | 2 306.178 | 7.691 400 |

## （二）实证结果及分析

在选择面板数据模型时，首先利用 F 检验判断是选择混合效应模型还是选择固定效应模型，再通过 Hausman 检验来确定是建立个体随机效应模型还是建立个体固定效应模型。我们利用 Eviews 6.0 对模型进行检验，模型（1）～（4）分别对应式（3—31）～（3—34）。在模型（1）和（2）中，F 检验结果为 $F=25.82>F(20\ 206)$ 和 $F=25.38>F(20\ 206)$，两个模型均拒绝原假设，应建立固定效应模型；再进行 Hausman 检验，结果分别为 $w=12.525\ 488>\chi^2(4)$ 和 $w=12.000\ 614>\chi^2(4)$，两个模型均拒绝原假设，应建立个体固定效应模型。在模型（3）和（4）中，F 检验结果为 $F=23.379\ 296>F(20\ 206)$ 和 $F=25.377\ 000>F(20\ 206)$，同样应建立固定效应模型；Hausman 检验的结果分别为 $w=1.634\ 533<\chi^2(4)$ 和 $w=1.968\ 855<\chi^2(4)$，均接受原假设，应建立个体随机效应模型。因此，模型（1）和（2）选择个体固定效应模型，模型（3）和（4）选择个体随机效应模型，回归结果见表 3—2。

由四个模型的回归结果可知，对应解释变量前系数的符号完全一致，调整后的方程总体估计可决系数均在 0.50 以上，方程拟合度较高，通过了方程整体的显著性检验。考查单个解释变量的参数显著性，式（3—34）和式（3—35）各变量回归系数均在 1% 的水平上高度显著，式（3—36）和式（3—37）除了固定资产总额的系数不显著外，其他各变量系数均在 1% 的水平上高度显著。

表 3—2　　　　　　　　　　　　　模型回归结果

| 变量 | 模型（1）个体固定效应 | 模型（2）个体固定效应 | 模型（3）个体随机效应 | 模型（4）个体随机效应 |
|---|---|---|---|---|
| 常数项 | −1 350.374 *<br>（−8.000 865） | −1 379.574 *<br>（−7.851 883） | −261.541 5 *<br>（−3.811 763） | −271.590 6 *<br>（−3.940 244） |
| HET（企业异质性） | 2 693.443 *<br>（5.871 083） | 2 764.882 *<br>（5.789 267） | 805.486 6 *<br>（6.028 880） | 806.880 5 *<br>（5.827 163） |
| A（拥有专利数） | 0.880 778 *<br>（7.858 397） | 0.931 930 *<br>（7.987 240） | 0.312 499 *<br>（9.148 561） | 0.306 221 *<br>（8.591 085） |
| L（员工人数） | 0.004 123 *<br>（13.230 64） | 0.004 054 *<br>（12.496 09） | 0.000 367 *<br>（4.056 974） | 0.000 394 *<br>（4.207 139） |
| K（固定资产总值） | 0.478 229 *<br>（2.758 837） | 0.449 501 *<br>（2.490 961） | 0.014 345<br>（0.271 926） | 0.002 022<br>（0.036 747） |

续前表

| 变量 | 模型（1）个体固定效应 | 模型（2）个体固定效应 | 模型（3）个体随机效应 | 模型（4）个体随机效应 |
|---|---|---|---|---|
| F 值 | 72.896 76 | 67.052 04 | 64.393 61 | 58.707 99 |
| P 值 | 0.000 000 | 0.000 000 | 0.000 000 | 0.000 000 |
| 调整后 $R^2$ | 0.882 384 | 0.873 296 | 0.524 375 | 0.500 903 |

说明：括号内数字为估计系数的 $t$ 值；＊代表在 1%的水平下显著。

从变量回归系数可知，企业异质性水平对行业产出和销售总额均有显著的正效应，异质性每提高一个百分点，行业总产出将增加 26.9 亿元，新产品产出增加 8.05 亿元，意味着企业之间的差异越明显，行业总产出和新产品产出越多。行业拥有专利数的系数也显著为正，每增加一个专利数，行业总产出增加 0.88 亿元，新产品产出增加 0.31 亿元，说明技术创新水平越高，行业总产出和新产品产出越多。在控制变量方面，劳动投入对行业总产出和新产品产出具有显著的正效应，而资本投入对总产出作用明显，对新产品产出作用不显著。

此外，通过四个模型的系数对比可以看出，相对于资本和劳动投入，异质性和技术创新对行业新产品产出的作用更加突出。[1] 一般情况下，总产出可以看做行业生产在量的方面的提高，新产品更多体现了产业在质的方面的发展，那么异质性和技术创新有利于新产品产出增加的事实进一步验证了二者对于推动产业演化的根本性作用。

---

[1] 这一点可以从模型（3—31）与模型（3—33）中系数对比中观察到。以企业异质性为例，赫芬达尔指数增加 1%，提高总产出 26.9 亿元，其中新产品产出 8.05 亿元，比例约为 3：1；对于员工人数来说，每增加一个员工，提高总产出 0.004 1 亿元，其中新产品产出 0.000 367 亿元，比例约为 11：1。专利拥有数的情况与赫芬达尔指数相近，而资本投入对新产品产出的作用不明显。利用模型（3—32）和模型（3—34）的回归结果能够得到类似的结论。

# 第4章 异质性与技术创新

上一章从成本和质量的角度提出了异质性、技术创新驱动产业演化的理论模型，本章将从异质性角度，讨论企业异质性与产业创新能力的关系，以及消费者偏好的异质性对技术创新策略选择的影响。

## 4.1 异质性与技术创新的理论关系

对个体生产者而言，异质性意味着企业具有获取经济租的潜在可能性，为得到持续的竞争优势和超额利润，企业有动力不断积累核心知识并进行技术创新，从而促进产业创新能力的提升。

### 4.1.1 企业异质性与技术创新

有关企业异质性与技术创新行为之间关系的理论研究，学者们分别从知识储备、技术扩散过程、企业能力、创新策略和市场竞争等方面展开。纳尔逊指出，知识储备是技术创新的直接来源，企业间知识储备的异质性促使知识从技术领先企业向追随企业传播，有利于追随企业改进技术并提高生产效率，进而扩大市场份额；领先企业为保持或恢复其竞争优势，必然会进行新的投资与创新，由此产生的新技术又推动了新一轮知识传播，不断促进技术进步和经济发展。斯尔韦伯格基于创新扩散模型的研究表明，一项新技术之所以能够完成其扩散过程，是由于企业在生产规模、技术水平等企业特性方面存在差异；企业能否吸收采纳某一新技术，依赖该企业的技术水平以及新技术的可获得性，而新技术的扩散过程也能够反过来塑造企业截然不同的特性，由此得到强化的企业异质性会进一步推动新技术扩散。克罗芒特（Chiaromonte）和多西指出，企业内部的规章制度、创新历史、员工的模仿和学习能力是形成企业持续异质性的原因，员工素质和模仿后行为表现出来的异质性能够提高创新效率。萨维奥蒂从不同角度分析了异质性的内涵，认为异质性、技术进步和经济发展相互之间是密切相关的。列雷纳和奥尔特拉对依靠内部知识积累的增长型企业与依靠外界知识学习的非增长型企业加以区分，指出差异化的创新策略是高新技术产生的源泉，创新策略差异化程度越高，越有利于技术创新。阮（Nguyen）在萨维奥蒂所提出的概念方法的基础上，认为市场的快速发展会促进利基市场的形成，有利于新产品开发或对现有产品的改进，利基市场的增长伴随着差异化程度的提高，为技术创新提供广阔的市场空间，使新产品或新技术拥有更多的发展机会。

以理论研究为依据，学者们利用不同的实证方法和统计数据就异质性对技术创新的影响进行了实证检验。雅各布斯（Jacobs）的实证研究表明，多样化的市场环境有利于降低进入壁垒，促进新企业进入市场，由此带来的竞争效应会激励企业投入研发，推动行业技术进步。格莱泽（Glaeser）证实了雅各布斯的研究结果，发现多样化的市场结构和企业规模的确能够促进研发活动。费尔德曼和奥璀兹（Audretsch）将创新行为的异质性与创新产出结合到一起，同样得到了异质性与技术创新行为正相关的结论。格罗恩日（Greunz）通过考察欧洲 153 个地区的 16 个制造行业的情况，证实了企业异质性对制造业的创新行为具有重要影响。马丁利用瑞士 1996 年、1999 年和 2000 年 30 个行业的 4 945 家企业数据对企业特征、市场环境与研发行为间的关系进行了实证检验，面板数据模型结果显示差异化的市场环境比同质市场更有利于企业创新绩效的提升。

国内学者对企业异质性的研究起步较晚，多数文献将讨论重点集中于异质性的内涵、异质性与企业竞争优势的关系等方面。例如：刘刚和陈静从演化经济学视角对异质性进行了解释，指出异质性假设是重新认识企业本质及其行为的基本前提和基础。王庆东分析了专有知识、核心能力与企业异质性的关系，认为企业异质性是企业获得长期竞争优势的根源。蓝庆新指出，异质性是企业保持持续竞争优势的基础，在复杂的动态环境中企业持续竞争优势的获得在于异质能力的不断提升，企业应随外部环境的变动适时调整策略，只有具备难以被现有或潜在竞争对手仿效的核心能力，才能实现持续发展。杨瑞龙通过构建异质性假设下的企业竞争行为模型，考察了核心知识和能力的非竞争性与难以模仿性对企业竞争行为的影响，认为制度创新和知识创新积累起来的核心知识与能力是企业竞争优势的源泉。李梅英分析了企业竞争异质性产生的原因，包括本体存在的差异、影响因素的差异、企业资源的差异、形成过程的差异和企业家才能的差异，进而提出了企业竞争异质性培育的战略模型。总体来看，国内对异质性问题的研究仍然停留在理论层面，尚未出现关于异质性衡量、异质性与企业行为及经营绩效之间关系的实证检验。

## 4.1.2  偏好异质性与企业技术创新策略

在技术创新过程中，市场引导着技术创新的方向，技术本身的发展影响新需求实现的程度，作为推动力的技术进步与作为拉动力的市场需求共同决定着技术创新的成功与否。从创新内容上看，技术创新活动可分为产品创新和工艺创新两类。产品创新是指提供某种新产品或新服务；工艺创新（又称过程创新）主要是研究和采用新的或有重大改进的生产方法，从而提高劳动生产效率、减少成本消耗或改进现有产品生产。比较而言，产品创新属于根本性创新，通过创造差异化产品获得更多的市场收益，也面临着较大风险；工艺创新则具有渐进性质，依靠对现有技术的局部改进降低生产成本，风险较小。

现有从需求角度分析企业技术创新策略的文献相对较少，以克里斯坦森（Christensen）的著作《创新者的窘境》最为典型，该书研究了需求环境对技术进步的影响，将创新分为延续性创新和破坏性创新两类，指出需求是破坏性创新得以生存和发展的重要条件。近年来，开始有国外学者基于需求异质性研究技术创新问题，并取得了一定进展。马莱尔巴考察了试验型用户和多样性偏好对于技术创新的作用，认为具有多样性偏好的消费者形成了不与主要市场发生竞争关系的利基市场，随着新产品市场份额的扩大，利基市场逐步发展甚至影响到核心市场，领导企业产生改进原有技术的动力，最终采用新技术。阿德内尔从需求空间角度阐述了技术创新的动态过程，解释了技术发展与需求环境的作用关系，并对需求空间驱动技术创新的过程进行了数学模拟，得到与 A-U 模型关于创新动态过程相吻合的结论。格雷戈（Greg）分析了需求同质假设的不合理性，通过多因素分析发现消费个体之间的异质性偏好是始终存在的。赖安（Ryan）考察了消费者异质性在网络技术扩散中的作用，得到异质性偏好能够促进技术扩散的结论。此外，夏伊（Shy）讨论了异质性偏好对新技术采用时机和频率的影响，康拉德（Conrad）的研究表明新技术能否取代旧技术取决于网络效应、成本函数和消费者偏好。国内学者相关研究起步较晚，尽管少数学者开始关注技术创新过程中需求因素的作用，如彭恒文考察了网络效应下消费者和企业在技术创新与技术更新两阶段中的技术选择，并探讨了竞争对于技术创新及技术更新的作用，却忽略了消费者偏好所具有的异质性特征，也没有将其纳入企业技术创新策略的研究中来。本章 4.3 将借鉴阿德内尔的分析框架，尝试从消费者的异质性偏好入手，分析异质性偏好形成的需求结构，进而考察不同需求结构下企业技术创新策略的选择。

## 4.2　企业异质性与产业创新能力

根据国内外学者对于企业异质性与产业创新能力之间关系的理论分析，本节提出如下研究假设：企业异质性对产业创新能力具有正效应，异质性程度越高，越有利于产业创新能力的提升。同时，对我国工业行业内部企业之间的异质性程度进行测算，通过构建纳入异质性的产业创新能力计量经济模型，考察企业异质性与产业创新能力之间的确切关系。

### 4.2.1　我国工业企业异质性的测算

在异质性推动产业演化的实证检验中，考虑到时间序列上各行业微观层面数据的不可获取性，采取了宏观视角下的异质性衡量方法。本节为了详细考察异质性对产业创新能力的影响，以微观视角下的欧氏距离法为基础，并对欧氏距离法加以修正，选用企业某一特性之间的差异作为异质性的衡量指标，测算公式为：

$$DIV(n) = \sum_{j=1}^{m} \sqrt{(X_i - Y_i)^2} \qquad (4\text{—}1)$$

式中，$DIV$ 表示行业（$n$）内各个企业之间在某一特性上的异质性，$X_i$ 和 $Y_i$ 分别表示两个企业的同一特性，$j$ 表示不同企业的组合。企业之间在某一特性方面的差异化程度越高，该行业的异质性越强，反之则越弱。

按照中国工业行业分类标准，共有采矿业，制造业，电力、燃气及水的生产和供应业三个门类下 39 个大类的工业行业。由于个别行业数据缺失，选择除其他采矿业和废弃资源、废旧材料回收加工业以外的 37 个行业为研究对象，将企业总资产、主营业务收入和从业人数作为企业异质性的衡量指标，以《2007 中国大型工业企业年鉴》为依据，从各工业行业中随机抽取企业作为样本总体，对企业之间的异质性进行了测算，表 4—1 列出了 37 个工业行业基于总资产的企业异质性测算结果。

表 4—1　　　　　　　　　企业异质性的测算结果

| 行业 | 资产异质性 DIVC | 行业 | 资产异质性 DIVC |
|---|---|---|---|
| 煤炭开采和洗选业 | 52.57 | 医药制造业 | 32.35 |
| 石油和天然气开采业 | 19.58 | 化学纤维制造业 | 22.54 |
| 黑色金属矿采选业 | 8.35 | 橡胶制品业 | 35.54 |
| 有色金属矿采选业 | 9.86 | 塑料制品业 | 40.93 |
| 非金属矿采选业 | 11.16 | 非金属矿物制品业 | 28.90 |
| 农副食品加工业 | 36.88 | 黑色金属冶炼及压延加工业 | 53.49 |
| 食品制造业 | 27.03 | 有色金属冶炼及压延加工业 | 41.13 |
| 饮料制造业 | 23.02 | 金属制品业 | 28.16 |
| 烟草制品业 | 23.67 | 通用设备制造业 | 50.69 |
| 纺织业 | 35.61 | 专用设备制造业 | 34.90 |
| 纺织服装、鞋、帽制造业 | 24.84 | 交通运输设备制造业 | 93.50 |
| 皮革、毛皮、羽毛（绒）及其制品业 | 14.46 | 电气机械及器材制造业 | 73.35 |
| 木材加工制品业 | 9.27 | 通信设备制造业 | 78.03 |
| 家具制造业 | 8.81 | 仪器仪表制造业 | 43.39 |
| 造纸及纸制品业 | 19.93 | 工艺品及其他制造业 | 29.25 |
| 印刷业和记录媒介的复制 | 10.60 | 电力、热力的生产和供应业 | 28.18 |
| 文教体育用品制造业 | 33.75 | 燃气生产和供应业 | 8.75 |
| 石油加工、炼焦及核燃料加工业 | 40.37 | 水的生产和供应业 | 41.61 |
| 化学原料及化学制品制造业 | 130.15 | | |

　　根据测算结果可知，部分行业的企业异质性数值较大，如化学原料及化学制品制造业、交通运输设备制造业和电气机械及器材制造业等，而有些行业的企业异质性较小，包括燃气生产和供应业、家具制造业、黑色及有色金属矿采选业等。那么，企业异质性是否与技术创新活动存在着一定关系，进而显著性地影响产业创新能力，需要进一步构建计量经济模型加以检验。

## 4.2.2　模型构建与变量选择

### （一）模型构建

以相关研究的实证模型为依据，为更加全面地考察企业异质性对产业创新能力的影响，我们构建了纳入研发投入和市场结构变量的计量模型：

$$INNOV = \beta_0 + \beta_1 DIVC + \beta_2 RDMS + \beta_3 NUM \qquad (4\text{—}2)$$

式中，因变量 $INNOV$ 代表产业创新能力，解释变量 $DIVC$ 为行业内企业的异质性，反映企业之间的差异化程度对行业总体技术创新能力的影响。控制变量方面，$RDMS$ 为行业研发强度，反映研发投入对技术创新的作用。$NUM$ 表示市场结构，反映了市场势力对技术创新的影响。

### (二) 数据来源与变量选择

对于产业创新能力的衡量，多数研究选择创新投入和创新产出两类指标，前者包括研发经费支出、研发人员数量和研发强度，后者包括专利数量和新产品销售收入。比较而言，创新产出更能体现创新能力，所以本书选择专利申请数量作为模型被解释变量。解释变量 $DIVC$ 选择能够在一定程度上反映企业规模差异化程度的资产异质性作为衡量指标，由式（4—1）计算而得。研发强度（$RDMS$）等于所属行业研发经费占行业主营业务收入的比重。以往文献中，衡量市场结构的指标主要有勒纳指数和绝对产业集中度（$CRn$）等，但计算勒纳指数所需的边际成本数据十分难以获取，采用平均成本代替边际成本则导致结果缺乏准确性，而绝对集中度刻画了市场中最大几家企业的集中程度，没有顾及产业内部企业之间的规模差异程度。鉴于企业数量也可部分地反映市场容量和行业进出壁垒的大小，将其作为衡量市场结构的指标。

由于在企业异质性的衡量方法上尚未达成一致，选取不同指标可能会影响实证检验结果。鉴于主营业务收入和从业人数也可以作为企业异质性的替代指标，为得到更加稳妥的实证结论，我们将企业主营业务收入的异质性 $DIVS$ 和从业人数的异质性 $DIVP$ 分别作为异质性的衡量指标进行回归，分别得到表 4—3 所列出的回归模型（2）和模型（3）。

计算企业异质性的数据来源于《2007 中国大型工业企业年鉴》，其他行业指标来源于《中国科技统计年鉴 2007》。在所选择的 37 个行业中，通信设备、计算机及其他电子设备制造业尽管研发投入总量大，但研发投入占销售收入的比重却相对较小，通过散点图分析可以发现该行业研发强度与专利申请数之间的关系同其他行业相比存在巨大差异，数据上的奇异性会导致回归结果的偏差，因此将其从样本总体中剔出，选择剩余 36 个工业行业 2006 年的数据作为分析样本。表 4—2 列出了所用变量的衡量标准、符号及各指标的描述性统计。

表 4—2　　　　　　　　变量衡量标准、符号及其描述性统计

| 变量 | 衡量标准 | 单位 | 符号 | 均值 | 标准差 | 最大值 | 最小值 |
|---|---|---|---|---|---|---|---|
| 创新 | 专利申请数量 | 个 | INNOV | 360.58 | 511.47 | 2 266.00 | 4.00 |
| 企业异质性 | 企业资产总计的异质性 | | DIVC | 34.07 | 24.63 | 130.15 | 8.35 |
| | 企业主营业务收入的异质性 | | DIVS | 31.44 | 21.47 | 106.50 | 7.56 |
| | 企业从业人数的异质性 | | DIVP | 36.87 | 28.94 | 132.31 | 7.56 |
| 研发强度 | 行业研发经费/主营业务收入 | % | RDMS | 0.60 | 0.47 | 1.75 | 0.03 |
| 市场集中度 | 行业中的企业单位数 | 个 | NUM | 844.50 | 696.36 | 2 810.00 | 67.00 |

### 4.2.3　实证检验与结果分析

我们使用普通最小二乘法（OLS）对截面数据进行估计，根据表 4—3 中模型（1）的回归结果，方程总体估计可决系数为 0.73，说明方程拟合度较高，并且通过了方程整体的显著性检验。考察单个解释变量的参数显著性，均在 5% 的水平上显著，实证结论具体为：

（1）企业异质性对产业创新能力具有显著的正效应，与雅各布斯、格罗恩日等国外学者的研究结论相符。对此的解释是：企业之间的异质性越强，产业内的竞争程度就越高。企业间的激烈竞争不仅可以在短期内提高资源配置效率，还能够长期促使拥有新技术的创新者进入市场，与在位企业展开竞争。如果新进入者的创新产品或服务有效，就将取代在位企业，占领市场，带来长期竞争的动态效率，不仅有利于淘汰技术落后企业，还会给不积极进行创新的在位企业造成压力，迫使其进行技术创新以应对潜在威胁，从而提高整个行业的技术创新能力。

（2）在控制变量方面，研发强度与产业创新能力呈现显著的正向关系。研发强度提高 1%，各行业每年平均增加大约 6 个专利申请，说明研发强度越大，技术创新产出越多，越能促进行业创新绩效的提升。市场结构对产业创新能力也具有显著影响，行业内企业数目越多，意味着单个厂商的垄断势力越弱，这将激励在位企业更多地从事技术创新活动，以降低生产成本或者提供更高质量的新产品来满足买方需求，从而有利于技术创新绩效的提升。

由模型（2）和模型（3）的稳健性检验结果可知，将主营业务收入和从业人数作为衡量企业异质性的指标进行回归，总体估计可决系数均在0.7以上，方程拟合度仍然较高，方程整体和各变量的显著性都较好。同时，异质性与行业专利申请数显著正相关，研发强度、市场结构指标对行业专利申请数也具有显著的影响，且与模型（1）得到的参数估计值比较接近，说明回归结果具有较强的稳健性，也进一步证明了企业异质性有利于产业创新能力提升的实证结论（如表4—3所示）。

表4—3　　　　　　　　　　　模型估计结果

| 变量 | | 创新（INNOV） | | |
|---|---|---|---|---|
| | | 模型（1） | 模型（2） | 模型（3） |
| 常数项 | | −336.003 4*** (−4.025 768) | −374.582 3*** (−4.731 799) | −316.499 8*** (−3.607 477) |
| 企业异质性 | DIVC | 5.352 077** (2.259 125) | | |
| | DIVS | | 8.222 141*** (3.334 360) | |
| | DIVP | | | 2.574 406* (1.367 597) |
| 研发强度 | RDMS | 618.403 7*** (5.547 784) | 587.982 5*** (5.690 729) | 663.010 6*** (5.830 689) |
| 市场结构 | NUM | 0.166 392** (2.071 134) | 0.143 697** (1.962 804) | 0.214 915** (2.721 203) |
| F 值 | | 33.334 09 | 40.466 38 | 29.499 73 |
| P 值 | | 0.000 000 | 0.000 000 | 0.000 000 |
| 调整后 R² | | 0.734 853 | 0.771 837 | 0.709 542 |
| DW 值 | | 1.935 330 | 2.016 850 | 1.795 502 |
| 样本数 | | 36 | 36 | 36 |

说明：括号内数字为估计系数的 t 值；***、**和*分别代表在1%、5%及10%的水平上显著。

## 4.3　消费者异质性与企业创新策略

### 4.3.1　消费者的异质性偏好

新古典经济学以牛顿的经典力学为理论基础，基于一致性偏好和同质性的假设对个体消费者的需求函数与个体企业的生产函数简单加总，从而得到整个市场的需求函数和供给函数，并在效用与利润最大化的完全理性目标下求解经济个体的最优决策和经济系统的均衡条件。然而，从经验事实上看，现实经济活动中存在着大量有悖于经济假设的现象。其中，作为消费者决策的主要特征，偏好在个体与个体之间的异质属性是普遍存在的。尽管大多数人具有基本相同的生理和心理的需要，但由于遗传基因和外部环境的不同[1]，消费者的实际偏好往往存在巨大差异，表现为同一产品或服务给不同个体带来不同的效用[2]，从而影响其购买决策。

　　消费者所需要的并不是产品本身，而是包含在产品中的性能和质量。一般情况下，消费者的效用被作为一系列性能组合的函数加以分析。为了更加准确地解释异质性偏好的性质，阿德内尔提出了消费者"性能门槛"和"净效用门槛"两个概念。[3] 性能门槛是指消费者对某种产品性能的最低要求，只有满足这一性能要求，消费者才会考虑是否购买此产品，否则，无论产品价格为多少，消费者都不会购买。不同消费者对同一产品的性能需求门槛不同，表现为部分人会选择购买而另一部分人不会。性能门槛由产品本身的基本性能（如速度、容量和可靠性）和消费环境（如替代品的性能）共同决定。净效用门槛是指消费者愿意为刚好满足其性能需求的产品支付的最高价格。由于受到预算约束的限制，具有相似性能偏好的消费者会有不同的支付意愿。即使不考虑预算的因素，不同消费者从产品中获得的效用也是不同的，其原因包括：首先，不同消费者的能力、知识水平存在差异，例如，同样是一台电脑，专业的电脑程序员会比非专业人员从中获得的收益更大；其次，不同消费者对同种产品的应用程度不同，例如，规模较大的企业会利用购买的中间品生产出更受欢迎的产品，而规模较小且客户基础薄弱的企业则办不到，导致用户对同种产品的支付意愿存在巨大差别；最后，产品本身与替代品的性能水平不同，如果替代品的性能水平高于该产品，部分消费者对该产品的支付意愿可能会下降，反之则会升高。

---

① 个体异质性的产生有两方面原因：一是由于遗传基因等天赋因素的差异形成了横向异质化，具体表现为个体素质的不同和能力的差别；二是由于后天自身学习和外部环境的不同形成了纵向异质化，表现为知识积累、思考方式、价值观和工作技能方面的差别。

② 消费者可以通过购买产品和服务增加其自身效用。为了简化分析过程，后面主要以产品为例进行分析。

③ 性能门槛和净效用门槛共同组成了消费者购买商品时所需满足的条件，是消费者异质性偏好的具体表现，也可称之为"异质性门槛"，McFadden、Green 和 Granovetter 在研究消费者选择时也曾使用"门槛"的概念。

　　随着产品质量和性能的改进，消费者的性能门槛得到满足以后，消费者从产品中获得的效用会继续提高，但效用的增量取决于消费者对该产品的偏好程度。迈尔斯指出，尽管消费者对产品的性能水平只有最低门槛要求，而没有最高限制要求，仍可假设产品性能的改进对消费者的边际效用是递减的，相应地，可认为消费者为产品超过其性能门槛的改进所增加的支付意愿递减。当产品性能达到消费者的性能门槛时，消费者为产品的性能改进不再愿意支付更高的价格，当然，为了提高市场竞争能力，企业仍会继续提高产品性能。

　　消费者之间不同的性能门槛和净效用门槛构成了消费者的异质性偏好，那么这种偏好的异质性如何影响消费者选择呢？下面借鉴阿德内尔提出的理论框架对此加以说明。假定每个市场中的产品由两种性能构成，分别用 $X$ 和 $Y$ 表示，消费者 $i$ 的净效用门槛为 $U_{i0}$。只有当产品性能超过净效用门槛时，消费者才会考虑是否购买此产品。消费者的净效用取决于其从产品性能中获得的功能收益，功能收益由产品性能超过消费者性能需求门槛 $F_{i0}$ 的部分和消费者对每种性能的相对偏好 $\gamma$ 所共同决定，消费者从产品 $j$ 的功能上获得的收益可表示为：

$$B_{ij} = B_i(F_j) = \begin{cases} (F_{jX} - F_{iX})^{\gamma}(F_{jY} - F_{iY})^{1-\gamma} + 1 & F_{jX} \geqslant F_{iX}, F_{jY} \geqslant F_{iY} \\ 0 & \text{其他} \end{cases} \tag{4—3}$$

式中，$B_{ij}$ 表示两种性能门槛分别为 $F_{iX}$ 和 $F_{iY}$ 的消费者 $i$ 从产品 $j$ 中获得的功能收益，产品 $j$ 的综合性能为 $F_j$，由该产品的两种性能 $F_{jX}$ 和 $F_{jY}$ 构成，且 $F_j = f(F_{jX}, F_{jY})$。$0 \leqslant \gamma \leqslant 1$，说明消费者在选择产品时会同时考虑两种性能，且 $X$ 和 $Y$ 代表的两种性能构成了产品 $j$ 的总功能。

　　消费者 $i$ 从产品 $j$ 中获得的效用水平不仅取决于产品 $j$ 的功能收益，也与产品价格有关。借鉴柯布-道格拉斯生产函数，将产品 $j$ 给消费者 $i$ 带来的效用表示为：

$$U_{ij} = U_i(F_j, P_j) = (B_{ij})^{\alpha}(1/P_j)^{1-\alpha}, 0 < \alpha < 1 \tag{4—4}$$

式中，$\alpha$ 表示消费者在产品价格与性能收益之间的权衡。由于产品只有满足了消费者的性能门槛和净效用门槛，消费者才会购买，即 $B_{ij} \geqslant 1$ 且 $U_{ij} \geqslant U_{i0}$，则消费者愿意为产品满足以至超过其门槛要求而支付的最高价格 $P_{ij}$ 为：

$$P_{ij} = (U_{ij})^{1/\alpha - 1}(B_{ij})^{\alpha/(1-\alpha)} \tag{4—5}$$

当 $B_{ij}=1$ 时，$U_{ij}=U_{i0}$，表示消费者从刚好满足其门槛的产品中获得的收益，此时消费者愿意支付的最高价格 $P_{i0}$ 为：

$$P_{i0} = (U_{i0})^{1/(a-1)} \tag{4—6}$$

根据公式可以发现，消费者的异质性偏好直接影响着其从产品中获得的收益。当产品性能达到消费者的最低要求后，产品价格就会成为影响消费者购买决策的主要因素，此时若产品价格没有超过消费者的最高支付意愿，便会形成购买需求。

### 4.3.2　异质性偏好与市场细分

所有消费者异质性偏好的集合构成了某种产品的市场需求环境。对企业而言，应首先进行市场细分，检验消费者在细分市场中的不同偏好，进而明确能够满足细分市场特定需求的产品性能。若企业能够较容易控制产品的特性（如在食品行业中，产品差异主要体现在酸、甜、苦、辣等口味上），消费者的偏好能够通过性能调整在短时期内得到满足；当产品特性很难迅速改变时（如工业品的可靠性、尺寸和操控性等），企业应该从短期技术和长期技术两个角度来考虑消费者需求。

由于存在异质性偏好，任何企业的产品都不可能满足所有消费者的需求，只能针对某类消费者的相对偏好来生产某种产品。不同细分市场中的消费者可能具有不同的相对偏好（即性能门槛和净效用门槛），阿德内尔用价值轨迹来描述消费者对不同性能的相对偏好（如图 4—1 所示），一组无差异曲线代表一个细分市场，且对应着一条价值轨迹，价值轨迹投射的

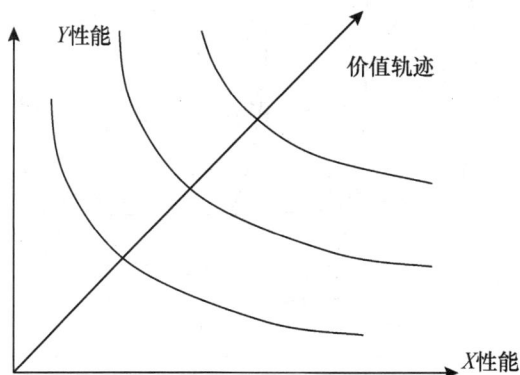

图 4—1　无差异曲线和价值轨迹

　　方向代表消费者效用增加。我们可以利用价值轨迹之间的关系描述基于消费者异质性偏好的市场细分状况，具体来说，价值轨迹之间的重叠程度和对称性分别代表了企业在选择其创新策略时所面对的市场细分：偏好重叠和偏好对称。正是细分市场的不同导致企业面临不同的市场竞争环境。

　　下面以电脑销售市场为例，来说明偏好重叠和偏好对称的内涵。电脑市场可分为个人台式电脑（PC）、掌上电脑（PDA）和笔记本电脑（NC）三个细分市场。图4—2描绘了个人台式电脑与掌上电脑市场中消费者的偏好关系，图4—3描绘了个人台式电脑与笔记本电脑市场中消费者的偏好关系。由于不同消费者的性能偏好不同，假设对于选择台式电脑的消费者来说，存储能力比便携性更重要（在坐标系中，纵轴代表存储能力，横轴代表便携性）；对于选择掌上电脑的消费者来说，便携性比存储能力更重要，而选择笔记本电脑的消费者则认为存储能力和便携性同等重要。

　　偏好重叠是指两类消费者对产品性能偏好的相似性，价值轨迹之间的距离表明了不同细分市场之间性能偏好的重叠程度，距离越近，偏好重叠越大，不同细分市场的产品性能偏好就越趋向于一致。偏好对称，即指偏好重叠的对称性。当偏好重叠对称时，一个市场的价值轨迹与另一个市场的价值轨迹相对于45°线是对称的，对应位置的效用水平也相同。在图4—2中，台式机与掌上电脑的无差异曲线和价值轨迹关于线对称，就说两个细分市场的消费者偏好对称。注重存储能力的消费者从产品A中得到的效用水平为3，从产品B中得到的效用水平为1.4；注重便携性的消

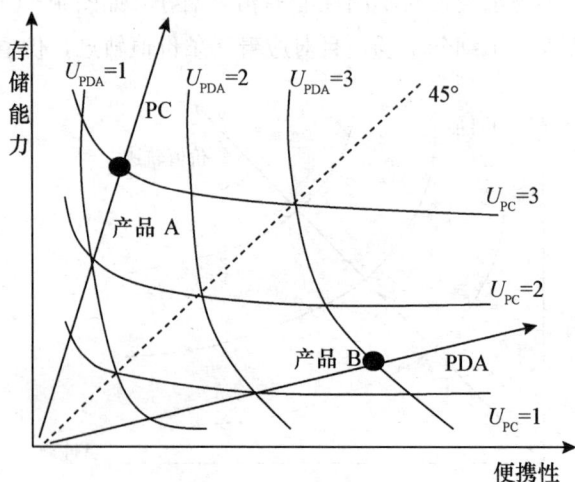

图4—2　对称偏好重叠

费者从产品 A 中得到的效用水平为 1.4，从产品 B 中得到的效用水平为
3。也就是说，两个市场中的产品给自身市场的消费者带来的效用水平都
是 3，给对方市场的消费者带来的效用水平都为 1.4。

　　在非对称偏好重叠的情况下，一个细分市场价值轨迹上某一位置的产
品给另一细分市场的消费者提供的效用水平，与对方市场价值轨迹上对应
位置的产品给自身市场消费者所提供的效用水平不同。如图 4—3 所示，
台式机和笔记本市场的无差异曲线显然是不对称的，产品 A 和产品 C 的
存储能力比较接近，但便携性相差较大，两个市场的消费者从产品 A 中
获得的效用水平分别为 3 和 1.6，而从产品 C 中获得的效用水平分别为
2.7 和 3。从消费者偏好特征上看，台式机消费者在存储能力方面的效用
门槛较高，而对便携性的要求较低；相反，笔记本消费者对于存储性和便
携性都具有较高的效用门槛。这相应地说明，笔记本在性能方面能够比较
容易符合台式机消费者的偏好，而台式机在便携性方面却达不到笔记本消
费者的最低标准。对生产者而言，产品 C 的生产企业在控制笔记本市场
的同时，还会抢夺部分台式机用户，获得市场竞争的主导地位。偏好重叠
的程度越高，企业就越容易通过一个细分市场中消费者的满意度来判断另
一个细分市场消费者对产品性能的偏好，从而为企业进入新的利基市场提
供参考。

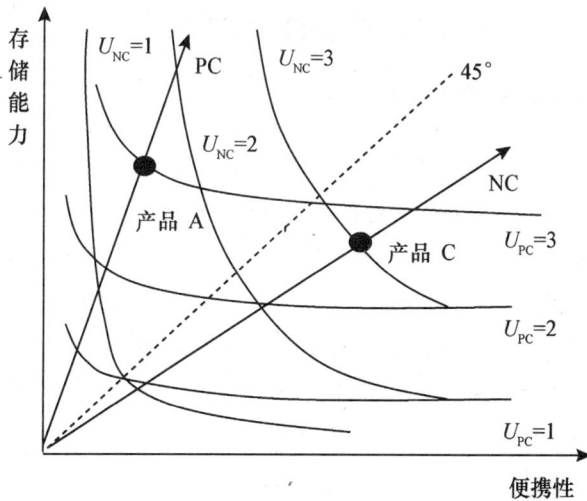

图 4—3　非对称偏好重叠

　　阿德内尔用不同细分市场的相对性能偏好 $\gamma$ 将市场细分状况加以模型
化。假定每个消费者只属于一个细分市场，且每个细分市场中的所有成员

$m$ 具有相同的相对性能偏好 $\gamma_m$（$0 < \gamma_m < 1$）。$\gamma_m$ 的值也对应着一个细分市场的价值轨迹，对于具有两个性能维度的产品，其价值轨迹可表示为 $90 \cdot \gamma_m$，即价值轨迹射线与横轴形成的夹角。

假设存在两个细分市场 $a$ 和 $b$，各市场中的产品带给消费者的效用 $U_a$ 和 $U_b$ 来自 $X$ 与 $Y$ 两个性能维度，则同样可以用柯布-道格拉斯函数将性能维度纳入总效用函数中：

$$U_a = (F_X)^{\gamma_a} (F_Y)^{1-\gamma_a} \tag{4—7}$$

$$U_b = (F_X)^{\gamma_b} (F_Y)^{1-\gamma_b} \tag{4—8}$$

由于 $\gamma_a$ 和 $\gamma_b$ 分别代表两个细分市场的价值轨迹与横轴的夹角，因此消费者对两类产品的偏好重叠程度可表示为：

$$偏好重叠 = 1 - |\gamma_a - \gamma_b| \tag{4—9}$$

两条价值轨迹越接近，说明两个市场中的消费者偏好重叠程度就越大，从而在产品的选择上越相似。当 $\gamma_a = \gamma_b$ 时，偏好重叠的值等于 1，说明价值轨迹重合，两个细分市场上消费者的偏好完全相同。当偏好重叠的值为 0 时，两个市场的消费者在产品性能的偏好上完全相对，表现为细分市场的价值轨迹互相垂直。

对于偏好重叠是否对称，可用如下关系判断：

$$偏好对称 = |0.5 - \gamma_a| - |0.5 - \gamma_b| \tag{4—10}$$

当偏好对称的测算值等于 0 时，$\gamma_a + \gamma_b = 1$，说明细分市场上消费者的偏好完全对称。① 当偏好对称的测算值为正（或负）时，市场 $b$ 的价值轨迹上某点对应到市场 $a$ 的效用水平高于（低于）$a$ 市场上某点对应于 $b$ 市场的效用，而且产品性能沿着市场 $b$ 的价值轨迹变动一个单位给市场 $a$ 的消费者带来的功能收益，大于（小于）沿着市场 $a$ 的价值轨迹变动一个单位给市场 $b$ 的消费者带来的功能收益。从产品属性上看，对称偏好的测算值为正，说明市场 $b$ 的价值轨迹更加靠近 45°，意味着产品 $b$ 的性能较为均衡，而产品 $a$ 的性能相对单一。

---

① 这里重点考察细分市场的价值轨迹分处于 45°两侧的情况，即消费者在产品性能方面有着一定的差异。当两个细分市场的消费者偏好重叠程度较高时，也可能会使偏好对称的测算值等于 0，此类情形不予讨论。

### 4.3.3　企业技术创新策略的选择

　　市场细分的状况影响着企业之间的竞争关系和市场定位。当企业面临的两个细分市场偏好重叠较少时，市场上会出现竞争分离，即每个企业只注重自身市场上的消费者，并不断提高产品性能以满足消费者需要，对方市场上的低端消费者由于能支付的价格水平过低不足以吸引企业进入，台式机市场和掌上电脑市场就是一个典型的例子，购买台式机的消费者注重存储能力，而选择掌上电脑的消费者追求便携性，两类产品购买者的偏好重叠度低，企业一般更加重视所处市场的消费者，相反，很难满足对方市场上潜在消费者的需求。

　　当细分市场的偏好重叠较多时，说明两个市场的消费者偏好相似程度较高，此时需要分对称和非对称两种情况讨论。若重叠是对称的，会出现竞争趋同，即每个企业在满足自身市场上高端消费需求的同时会抢夺对方市场的低端消费者，由于低端消费者的需求门槛不高，两个市场的产品均能达到性能门槛，因此降价是吸引消费者的主要策略，在降价依然有利可图的情况下，企业就愿意通过价格竞争的方式进入对方的低端市场。如果偏好重叠是非对称的，以台式机和笔记本市场（如图4—3所示）为例，此时若某类产品的性能比较均衡，如笔记本电脑同时具备较强的存储能力和便携性，可以满足台式机消费者在性能方面的要求，而过高的价格可能超过了部分低端消费者的净效用门槛，降低了实际销售量；相反，台式机却由于便携性方面的缺陷，无法达到笔记本消费者的性能门槛，即使价格低廉也无法吸引到笔记本市场的消费者。

　　不同市场细分所形成的市场环境影响着企业技术创新策略。一般来说，企业现有产品都有其初始性能和成本，企业会针对细分市场的情况进行技术创新决策，从内容上看，每个时期都面临产品创新和工艺创新两种选择。[①] 比较而言，产品创新能够创造出新产品或大幅改进现有产品的性能，同时，由于大量的研发投入，也会引起成本升高；过程创新的主要目标是降低生产成本，对改变产品性能作用不大。对于产品创新，假设产品性能提高的幅度为$F^{prod}$，在产品性能存在两个维度的情况下，产品创新

---

　　① 当然，企业也可能放弃创新机会，但随着信息技术的发展和产品生命周期的缩短，技术创新是企业维持和提高市场竞争力的必然选择，我们将着重就产品创新和工艺创新展开讨论。

对每种性能的贡献为 $\Delta F_x$ 和 $\Delta F_y$，由研发投入引起的生产成本增量为 $C^{prod}$，则产品创新对产品 $j$ 的性能和成本的影响可表示为：

$$F_{j,t+1} = F_{j,t} + F^{prod} = f(F_{jX,t} + \Delta F_X, F_{jY,t} + \Delta F_Y) \qquad (4—11)$$

$$C_{j,t+1} = C_{j,t} + C^{prod} \qquad\qquad\qquad\qquad\qquad (4—12)$$

在产品创新过程中，资源配置的不同会使产品创新产生两种不同的效果：一是在保持原有性能结构不变的情况下提高产品性能，企业仍然面对原来的细分市场，创新的目的是依靠更先进的技术满足原市场中更多高端的消费需求；二是改变产品的性能结构，如笔记本制造商致力于提高笔记本电脑的存储能力，将更多的研发经费投入研制高容量 2.5 英寸硬盘上，此时企业将在原有市场基础上开拓新的细分市场，创新的目的是寻求更广阔的市场空间。①

在工艺创新过程中，企业面对的仍是原有的细分市场，此时尽管产品性能没有显著改进，但会使生产成本降低一定的比例 $\Delta_c$，由此带来的价格下降有利于扩大市场份额，其具体影响为：

$$F_{j,t+1} = F_{j,t} \qquad\qquad\qquad\qquad\qquad (4—13)$$

$$C_{j,t+1} = C_{j,t} \ (1 - \Delta_c) \qquad\qquad\qquad (4—14)$$

在技术创新决策过程中，企业是选择产品创新还是工艺创新，受多种因素的制约，比如企业规模、资金状况、科技人员投入、创新机会和市场势力等。由于我们重点分析由消费者异质性偏好所形成的市场细分对技术创新策略的影响，因而不考虑其他因素的作用。具体来说，基于消费者异质性偏好的企业技术创新策略分为以下三种情形：

（1）当细分市场偏好重叠较少时，企业拥有的创新资源与对方市场需求的契合度较差，一方面，无法通过工艺创新，降低产品价格，来吸引对方市场的消费者；另一方面，依靠现有资源的产品创新无法满足性能门槛。而如果开展面向全新用户的产品创新，则会由于不熟悉对方市场消费者的偏好而面临着巨大的风险。因此，企业很可能会放弃技术创新机会。②

---

① 以笔记本电脑市场为例，如果企业仍然将产品创新的重点集中于便携性方面，则属于第一种情况；如果技术创新使得产品的存储性能得到大幅增强，则属于第二种情形。

② 需要说明，放弃技术创新机会并不代表企业不开展相关的技术创新活动，而是特指企业不会针对另一个细分市场的消费者偏好进行产品创新和工艺创新。

（2）当细分市场偏好重叠程度高且偏好对称时，由于两类产品具有较强的替代性，自身产品都能部分地满足对方市场消费者的需求，企业应利用工艺创新强化竞争优势，改进和完善现有的生产方法、操作程序和规则体系，以提高产品质量、劳动生产效率，降低原材料及能源消耗，达到降低生产成本的目的，依靠低价格吸引对方市场的低端消费者。

（3）在细分市场偏好重叠程度高且偏好非对称的情况下，应选择产品创新与工艺创新相结合的策略。对于生产性能较均衡产品的企业（如图4—3 中的笔记本电脑制造商），在通过产品创新保持其在产品性能方面的竞争优势的同时，须致力于生产工艺的改进和规模经济的实现，目标是大幅降低生产成本，以适应对方细分市场消费者的净效用门槛，获取更大利润空间；对于产品性能相对单一的生产企业（例如台式机制造商），不仅要利用工艺创新提高产品质量，维持现有的市场份额，更重要的是依靠产品创新加强自身产品的薄弱环节，实现产品性能的进一步完善，或者率先完成核心技术的突破、规模化生产和市场化，开拓出新的市场空间。

# 第5章 需求规模、需求结构与技术创新

在我国外向型经济发展战略的实施过程中，由于外商直接投资对本土企业的市场空间存在挤出效应，加之全球价值链分工体系的嵌入造成用户对国内产品需求的低端化趋势，导致以装备制造业为代表的本土产业部门缺乏足够的需求支撑，难以实现产业技术创新的良性循环。本章将以"市场换技术"战略为背景，分析需求规模驱动技术创新的理论机制，从开放经济视角提出有效需求规模的概念，对有效需求规模与产业技术创新的因果关系进行检验，同时考察产业演化过程中，需求规模与技术创新激励之间的互动关系，进而在全球价值链理论框架下分析以装备制造为代表的典型行业的双重需求结构特征及其对研发投入的影响，以期得到需求规模、需求结构与技术创新关系的确凿证据。

## 5.1 需求规模对技术创新的影响

### 5.1.1 "市场换技术"的战略背景

20世纪80年代，为改变国内汽车大量进口的不利局面，政府开始批准少数企业引进外商直接投资，希望通过让渡一些国内市场以换取或学习先进技术，进而依靠消化吸收提高中国汽车产业的整体技术水平。1992年，以《合资企业法》允许外方控股和出任董事长为标志，中国政府将"市场换技术"作为利用外资的基本战略正式提出，并逐步成为中国制造业发展的普遍模式。然而，"市场换技术"战略并没有达到预期效果，目前我国制造业依然高度依赖进口，跨国公司投资的合资或独资企业在整个产业中占据越来越重要的地位。

以装备制造业为例，尽管依靠大量国外先进技术设备的支撑，下游产

业实现了生产能力和产品质量的快速提升，同时在一定程度上刺激了本土技术装备的市场需求，却没有逻辑性地带动国内装备制造业创新能力的显著增强。部分产品虽然实现了国内生产制造，但缺乏自主设计能力，核心技术仍掌握在外方手中，跨国公司投资的合资或独资企业在整个产业中占据越来越重要的地位。市场让出去了，技术却没有换回来，不仅与政策制定时想要达到的技术转移目标有所偏离，而且成为制约产业创新能力提升的实质性阻碍。

按照西方新产业组织理论的观点，技术创新能力是市场需求和技术供给双因素共同推动的结果：一方面，市场需求是决定创新活动速率和方向的重要条件，需求差异影响创新活动的激励强度；另一方面，新技术生产的供给对技术创新存在直接影响，如研发经费投入是国际通用的高新技术衡量标准，能够在很大程度上解释产业创新能力。随着我国经济增长方式的转变以及由重工业化初期向中期的过渡，以 2005 年为拐点，通用、专用和以交通运输为代表的装备制造业景气指数不断上升，市场需求和发展的空间不断扩大。以发电装备为例，2005 年全国装机容量突破 5 亿千瓦，2010 年预计达到 8 亿千瓦，2020 年将超过 12 亿千瓦；在机床行业，2002 年我国就已成为全球机床第一消费大国，2005 年机床购买额达 128.95 亿美元，占全球机床消费额近 1/3，占前十大机床消费国消费总量约 27.3%。面对如此巨大的市场需求，国内装备制造企业理应尽可能多地将资源配置到研发部门，进而提高技术创新能力，以挖掘更大的利润空间。但事实却与此相悖，装备制造业研发投入整体水平依然低下，产业创新能力并没有根本性改善。2006 年，通用、专用和交通设备制造业研发经费投入强度仅为 1.47，1.69，1.38，远低于欧美等发达国家的同期水平，导致产业创新能力薄弱，具体表现为：产品附加价值不高，许多关键核心技术没有掌握；制造基础仍然十分薄弱，设计与制造技术、基础材料、基础元器件、基础装备制造工艺、自动化仪表、标准体系等发展滞后；系统集成和工程成套能力差，重要装备的控制系统、集成技术等主要依靠国外进口，无法承担系统设计、工艺和设备成套及工程总承包任务。据此，可以提出这样的问题：有了广阔的市场需求，为什么国内装备制造业没有大幅增加研发投入，以实现技术升级并提高市场竞争力呢？"市场换技术"带来的外商直接投资对其有何影响？是否还有其他因素抑制了本土企业的技术创新动力？本书认为，该问题不能简单地归结为市场换技术的政策失效，而必须从需求驱动创新的机制、需求激励创新的决定要素等方面综合把握我国典型行业自主创新面临的问题。

　　对于需求驱动假说的研究，学者们分别从宏观、产业和企业三个层面展开。最初的文献是针对典型产业进行的，施莫克勒（Schmookler）通过考察美国炼油、造纸、铁路和农业等四个产业的投资、产出与专利数量之间的关系，发现 1939 年和 1947 年的 20 多家产业投资对数值与随后 3 年的资本品专利数之间存在高度相关性，得到技术创新受市场需求引导和制约的结论。谢勒尔（Scherer）以 245 个行业的 443 家大型企业为样本，分析了应用部门投资额与资本品专利数之间的相关性，验证了施莫克勒的观点。迈尔斯和马奎斯对 5 个产业的 567 项创新成果进行了实证研究，表明多数新产品的成功研制更多地来源于市场需求而非技术机会。在宏观层面，杰罗斯基（Geroski）和沃特斯（Walters）利用英国宏观经济的时间序列数据，得到产出促进创新和专利的证据。国内学者范红忠将市场需求规模以经济总收入、人均收入和收入差距来描述，发现经济总收入和人均收入的提高会促进一国自主创新能力的提高，而收入差距的扩大会损害自主创新能力。在企业层面，布劳威尔（Brouwer）和克莱因克耐希特（Kleinknecht）对欧盟统计局"共同体创新调查"（CIS）库中 8 000 家德国企业 1990—1992 年间的数据进行了检验，认为需求增长是引致创新产出增加的主要因素。克里蓬（Crépon）根据法国 4 164 家企业技术创新数据，发现研发投入强度、专利数量和创新销售收入都受到需求规模的驱动。霍尔（Hall）通过对法国、日本和美国高科技企业的比较研究，得出销售收入增长促进研发经费提高的一致结论，其中美国企业研发投入对销售量、现金流的反应更加敏感。

　　关于需求驱动创新的研究文献，为我们从需求侧分析产业创新能力的制约因素提供了一个有益的理论框架。然而，在开放经济条件下，对以装备制造业为代表的我国典型产业技术创新问题的探讨，既要考虑外商直接投资、国外先进技术和设备引进造成的下游产业需求转移对上游产业研发投入的影响，又要在全球价值链视角下分析产品需求结构失衡对产业创新能力的阻碍。正是根据"市场换技术"战略的实施效果和我国装备制造业技术创新面临的现实问题，本节将从市场需求驱动产业创新的作用机制与决定因素分析入手，力图寻找我国装备制造业长期以来技术水平无法有效提升的根本原因，有助于克服仅仅从供给面增加研发投入的单一政策取向，为从需求侧设计更具有针对性的结构化技术创新激励政策，进而推动产业演化提供理论依据。

### 5.1.2　需求驱动创新的机制

以熊彼特为代表者的传统观点认为，尽管创新所产生的产品功能比原产品复杂先进，但由于消费者都是有限理性的，消费行为具有常规化和程式化特征，不一定能够完全接受创新产品的新功能，因此技术创新活动在二者关系中起主导作用，在很大程度上决定着消费者的需求偏好。魏特等人对此进行了专门研究，认为创新产品多是根据最挑剔和最复杂的消费者偏好进行设计的，产品投入市场后，首先被这部分消费者所接受，然后通过社会的选择和适应过程改变普通消费者的偏好，进而使产品生产商凭借对新产品的垄断优势和旺盛的市场需求得到垄断利润。

在创新诱导需求的观点受到许多学者承认并加以推崇的情况下，经济学家施莫克勒提出相反意见，他认为专利等发明活动与其他经济活动一样，以追求利润为基本目标，受市场需求的引导和制约，因此是市场需求驱动着创新主体开展技术创新活动，即需求驱动假说。晶体管的发明就是一个需求驱动创新的现实案例，20 世纪 40 年代雷达的出现刺激了有源电子学的发展，为解决真空三极管效率低下的问题，急需一种低功率、低热量和可靠性强的新型有源元件，正是在市场需求的强烈驱动下，沃尔特·布拉顿（Walter Brattain）和约翰·巴丁（John Bardeen）于 1957 年发明了晶体管。实质上，需求驱动创新是通过对产品需求数量的增加激励研发活动的。具体地，通过下述三种机制来实现。

#### （一）分摊研发成本，降低研发风险，提高创新的预期收益

技术创新的前期投资巨大、研究开发成本极高。以信息技术创新为例，2000 年 IBM 研发投入高达 43.45 亿美元，摩托罗拉为 44.37 亿美元，英特尔为 38.97 亿美元。在进行高昂固定投资的同时，企业面临着创新失败带来的风险。据有关资料统计，95% 的研发项目没有产生任何结果，只有 5% 的项目最后成为可以申请专利的技术，且申请专利的技术并不都具有商业价值，可能最终无法投入使用。如 IBM 早期个人电脑使用的是微软 DOS 操作系统，后来投入大量资金自主研发出 OS 操作系统，但在微软推出 Windows 并更受消费者欢迎的情况下，IBM 公司只能放弃 OS 系统，承担由此造成的巨额损失。可以看出，如果将巨额研发投入、95% 的研发失败率和申请专利成功后 80% 以上的市场失败率计算在内，技术创新的研发投资巨大，具有风险高、回报率低等特征。只有在有足够市场需求规模的前提下，才有可能利用期望收益摊薄巨额的固定成本投资，降低技

术创新风险，提高创新产品的预期市场回报率，增强企业技术创新的动力。

**（二）影响企业规模和市场力量，从供给侧间接激励研发投入**

企业规模、市场力量与技术创新之间存在一定的相关关系。大型企业技术创新具有显著的规模经济性，资金、技术和人才比较集中，有能力开发和应用先进技术，可进行多领域、多项目和多阶段的研究，具有更高的生产和研发效率，在获取风险性研发计划的金融支持方面优势明显，因此规模较大的企业更具创新性和提高技术水平的可能性。市场力量一般用市场集中度来衡量，集中度较高的市场具有较高的价格成本边际，吸引在位企业和潜在进入者更多地进行研发投入，但过高的集中度往往导致研发投入过程的效率损失，造成创新产出水平低下。对于我国装备制造业而言，行业集中度明显偏低，产业组织结构比较分散。在汽车等规模效益显著的行业，存在大量的重复建设和过度竞争情况，多数企业缺乏创新能力。市场需求规模的增加，一方面有利于企业扩大生产和积累资金，为技术创新奠定良好的微观基础；另一方面，行业集中度偏低时，可促进有技术潜力的企业提高市场回报率和占有率，行业集中度过高时又能降低垄断厂商的市场控制力，将市场力量维持在"中等程度竞争"的适宜水平，激励厂商提高研发强度和研发效率。

**（三）创造工程实践机会，积累历史业绩**

在不同的产业中，由于产品属性各不相同，技术创新过程也有所差别。如生物、信息、新材料等高新技术产业的创新活动多在大型企业、研发机构和高等院校的实验室里进行，而以发电装备、轨道交通、工程机械为代表的重大技术装备的创新活动具有技术密集度高、涉及技术领域广、小批量定制化和集成度高等特点，使用环境不可模拟，产品可用性和可靠性必须通过现场运行加以验证，技术创新能力只能在不断的工程实践中得到积累。因此，对重大装备制造业来说，足够的市场需求规模不仅能为企业提供丰富的工程实践机会，通过现场经验的逐渐丰富有效降低技术创新的失败率，还能够随着厂商历史业绩的不断积累降低客户风险厌恶程度，增加其对创新产品的认知和购买可能性，形成技术创新的良性循环。

综上，市场需求规模对产业创新能力具有重要作用，产品需求规模越大，研发投入越多，技术创新动力就越强。然而，上述讨论都是在封闭经济的假设条件下展开的，对于开放经济环境，需求驱动创新的情况会有所不同，下面将结合以"市场换技术"为代表的外向型经济战略对国内产品市场空间以及自主创新能力的影响提出有效需求规模的概念。

### 5.1.3　开放条件下的有效需求规模

"市场换技术"的初衷是依靠开放国内市场引导外商直接投资和技术转移，并通过消化吸收形成独立自主的研发能力。2001 年加入 WTO 后，随着关税减让、取消或降低非关税贸易壁垒等承诺的逐步兑现，国内市场开放程度进一步加大。外向型经济发展战略的直接效果是外商直接投资大量涌入，也使得国内企业参与到全球价值链的分工体系中。2006 年全国货物进口与出口总额分别为 7 914.6 亿美元和 9 689.4 亿美元，实际使用外资额达 735.23 亿美元。在全球经济一体化的趋势下，一国需求市场随之发生变化。从消费者角度看，既可使用本土企业生产的产品，也可购买外国合资或独资企业生产的产品，甚至跨国公司在国外生产的进口产品；从生产者角度看，既可将本土作为销售市场，也可向具有相似需求特征的区域国际市场乃至全球市场扩张。需求因素的全球化和复杂化打破了封闭经济体中需求规模对技术创新活动的内生作用机制，因而必须重新审视开放经济条件下需求对技术创新的影响，由此引出对有效需求规模的概念。

在产业创新层面，有效需求规模是指有利于增加国内企业销量和收益，能够真正激励产业研发投入、开展技术创新活动的产品需求总量。具体地，在衡量本国市场对某产业需求数量的基础上，既要考虑国际市场给本土产品消费带来的需求放大效应，也要考虑外商直接投资和进口产品对本土产品的需求挤出效应，因此，有效需求规模与产业竞争状况、下游产业需求特征密切相关。

以我国装备制造业为例，在出口导向型经济增长模式下，一方面由于产品出口须满足发达国家的技术标准和消费者需求，另一方面鉴于国内技术水平落后于发达国家的现实情况，导致最终产品生产部门并不积极采用国产技术装备，而直接从国外引进。其后果是，尽管下游产业在国内外需求驱动下实现了生产能力和产品质量的全面提升，但并没有相应地带动国内装备制造业需求的扩张，反而在推动国外装备工业巨额需求的同时，加速了国外技术装备对国内装备制造业的产品替代，产生强烈的"需求挤出"效应，引起本土企业有效需求规模的萎缩。如表 5—1 所示，2005 年和 2006 年航空器、航天器及零件，金属加工机床，汽车和汽车底盘等典型装备产品贸易逆差显著，且呈逐年递增趋势，如果将外商直接投资企业在国内生产的产品考虑在内，我国装备制造业市场需求被国外厂商窃取的情况将更加严重，庞大市场空间的背后是有效需求规模的严重不足。

表 5—1　　　　　　　　　　部分装备产品进出口情况　　　　　　单位：万美元

| | 2005 年 | | | 2006 年 | | |
|---|---|---|---|---|---|---|
| | 进口 | 出口 | 贸易差额 | 进出 | 出口 | 贸易差额 |
| 航空器、航天器及零件 | 656 100 | 74 600 | −581 500 | 1 094 000 | 129 300 | −964 700 |
| 金属加工机床 | 647 945 | 82 050 | −565 895 | 724 345 | 118 609 | −605 736 |
| 汽车和汽车底盘 | 511 369 | 190 328 | −321 041 | 751 846 | 352 649 | −399 197 |

资料来源：中华人民共和国国家统计局编：《中国统计年鉴 2007》，北京，中国统计出版社，2007。

在有效需求规模不足的情况下，本土装备制造企业长期缺乏足够市场份额的支撑，难以实现"研发投入→创新产品→需求规模→创新激励→研发投入"的正反馈循环（如图 5—1 所示），陷入产业创新能力始终无法有效提升的怪圈。"市场换技术"战略的实施不仅没有带来发达国家的核心技术，反而降低了本土企业的有效需求规模，导致国内市场需求的"边缘化"，从需求侧抑制了本土企业自主创新能力，这也正是该战略没有获得成功的根源之一。

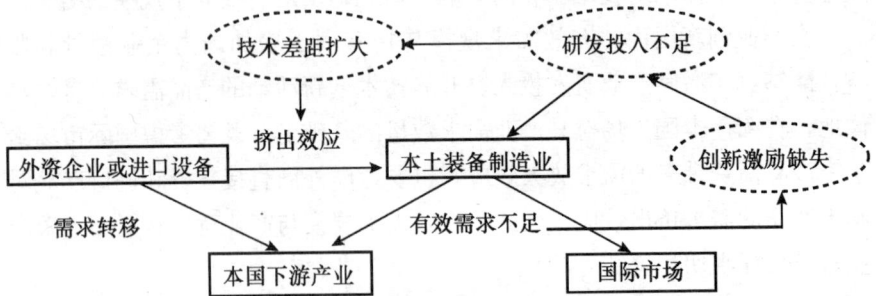

图 5—1　有效需求规模不足抑制产业创新能力的传导机制

### 5.1.4　需求规模诱导技术创新的实证检验：以装备制造业为例

根据前面的理论分析，我们将以装备制造业为例，对需求规模诱导技术创新的理论预期进行实证检验。

#### （一）样本选择

按照国民经济行业分类标准，装备制造业的产品范围包括机械、电子和兵器工业中的投资类制成品，分属于金属制品业、通用装备制造业、专用设备制造业、交通运输设备制造业、电器装备及器材制造业、电子及通信设备制造业、仪器仪表及文化办公用装备制造业 7 个大类 185 个小类。为了保证数据的可靠性、可得性与完整性，我们以既是装备制造业典型代

表又属于高技术产业的航空航天器制造业、电子与通信设备制造业和医疗
设备及仪器仪表制造业为目标产业，选取《中国统计年鉴》和《中国高技
术产业统计年鉴》中 1995—2006 年连续 12 年的数据作为样本。

**（二）变量选取与描述性统计**

在需求规模的变量选择方面，艾格（Egger，2006）和埃迪斯和格莱
泽（Ades and Glaeser，1999）分别采用 GDP 与人均 GDP 衡量一国市场
需求规模，史密斯（Smith，2005）则利用销售收入代表企业需求规模。
在产业经济层面，由于对非主营业务的需求并不能直接产生创新驱动作
用，同时考虑进口产品对本土企业的替代效应，我们选择产业主营业务收
入与进口额之和作为衡量市场对该产业整体需求规模（TD）的指示变量。
根据理论上对有效需求规模的界定，以产业主营业务收入与三资企业主营
业务收入之差代表有效需求规模（ED）。对技术创新能力的衡量包含多种
标准，其中以潜在技术创新资源、技术创新活动、技术创新产出、技术创
新环境为基础的指标体系相对全面和权威[1]，本书选择反映创新产出能力
的新产品销售收入作为指示变量，同时，鉴于本土装备制造企业多为国有
大中型企业，因而国有及国有控股企业的新产品销售收入能够在很大程度
上解释产业创新能力（IA）。对于需求结构的衡量，现有文献多从消费、
投资和国外需求三方面考察宏观经济的需求结构，鲜见产业需求结构的评
价指标。按照高端产品附加值较高的特征，需求结构越趋于高端化，说明
高端产品需求量占需求总量的比例越大，即单位产品的附加价值就越高。
本书利用国有及国有控股企业的工业增加值与当年价总产值的比值，即工
业增加值率来代表客户对本土产业的需求结构（DS）。

下面以航空航天器制造业为例，对市场需求规模、有效需求规模和产
业创新能力三个变量进行描述性统计。根据统计结果可知（如图 5—2 所
示），1995—2006 年市场整体需求规模呈单调上升趋势，而有效需求规模在
缓慢提高过程中于 2004 年出现回调，2001 年之前二者间的差距相对稳定，

---

[1] 2005 年 11 月，国家统计局中国经济景气监测中心发布《中国企业自主创新能力分析报
告》，从技术创新能力的角度提出衡量企业自主创新能力的 4 大类指标：一是潜在技术
创新资源指标，如企业工程技术人员数、企业工业增加值、企业产品销售收入等；二是
技术创新活动评价指标，如科技活动经费占产品销售收入比重、研究和试验发展活动经
费投入占产品销售收入比重等；三是技术创新产出能力指标，如申请专利数量占全国专
利申请量比例、拥有发明专利数量占全国拥有发明专利量比重等；四是技术创新环境指
标，如财政资金在科技活动经费筹集额中的比重、金融机构贷款在科技活动经费筹集额
中的比重等。

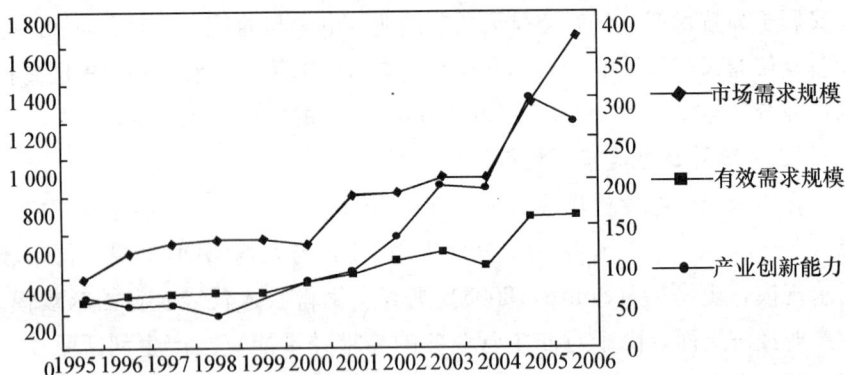

图 5—2　变量的描述性统计

　　说明：市场需求规模和有效需求规模的单位为亿元人民币，参照左侧标度；产业创新能力的单位为万元人民币，参照右侧标度。

之后渐趋扩大，2005 年、2006 年差额分别达到 613.85 亿元和 959.188 亿元，表明国内产业有效需求规模的增幅小于市场整体规模的扩张幅度。在产业创新能力方面，国有及国有控股企业新产品销售收入并没有单调增加，1996—1998 年趋于下降，2004 年和 2006 年出现一定程度的回落。总的来看，有效需求规模与产业创新能力的变动趋势更加一致，也从统计检验上初步证明了二者的相关关系。

### （三）实证结果

　　对于有效需求规模驱动产业创新能力的理论假说，拟采用时间序列数据的 Granger 因果检验方法。具体地，先对市场总需求规模（TD）与产业创新能力进行因果检验，考察二者的因果关系是否显著；然后，利用有效需求规模（ED）再进行一次因果检验，分析二者是否存在因果关系，若存在，进一步考察呈现单向还是双向关系，以验证前述假设。关于需求结构（DS）与产业创新能力的关系，拟建立纳入需求结构的产业创新能力面板数据模型，根据回归方程的拟合度、显著性及变量参数的符号，探讨需求结构对产业创新能力的影响。

　　美国学者纳尔逊与普洛瑟（Plosser）曾指出，多数宏观经济时间序列都是不稳定的，而因果关系检验对序列的稳定性非常敏感，因此，在进行 Granger 因果检验之前，要考察有效需求规模与产业创新能力的时间序列平稳性。本书选择航空航天器制造业 1995—2006 年数据为样本，采用 ADF 方法（the augmented Dickey-Fuller test）进行单位根检验（如表 5—2 所示），发现原时间序列在 1%、10% 的显著水平下均无法通过 ADF

检验，即时间序列为非平稳，而三者的一阶差分序列则分别通过了10%和1%的显著性水平，因此 $\Delta TD_t$、$\Delta ED_t$ 和 $\Delta IA_t$ 序列是平稳序列，即：$TD_t$ 与 $IA_t$，$ED_t$ 与 $IA_t$ 均具有一阶单整性。

表 5—2　　　　　　　　　　时间序列单位根检验的结果

| 变量 | 检验类型 | ADF 检验统计量 | 1% | 显著水平 5% | 10% | 判断结论 |
|---|---|---|---|---|---|---|
| $TD_t$ | (C, 0, 1) | 0.956 3 | −4.420 6 | −3.259 8 | −2.771 1 | 非平稳 |
| $ED_t$ | (C, 0, 1) | 0.817 6 | −4.420 6 | −3.259 8 | −2.771 1 | 非平稳 |
| $IA_t$ | (C, T, 1) | 0.881 2 | −4.420 6 | −3.259 8 | −2.771 1 | 非平稳 |
| $\Delta TD_t$ | (C, 0, 1) | −2.991 0* | −4.420 6 | −3.259 8 | −2.771 1 | 平稳 |
| $\Delta ED_t$ | (C, 0, 1) | −4.561 9** | −4.420 6 | −3.259 8 | −2.771 1 | 平稳 |
| $\Delta IA_t$ | (C, T, 1) | −2.969 0* | −4.420 6 | −3.259 8 | −2.771 1 | 平稳 |

说明：* 和 ** 分别代表10%和1%的显著性水平。

　　下面对时间序列进行协整分析，通常有两种方法检验变量之间的协整关系：一是 Engle-Granger 两步法，二是 Johansen 极大似然估计法，本书选择后者作为协整检验的方法。根据市场需求规模与产业创新能力的 Johansen 检验结果看（如表5—3和表5—4所示），以检验水平为5%基准，迹统计量检验值 10.66<15.49，0.73<3.84，最大特征值统计量 9.93<14.26，0.73<3.84，说明二者不存在协整关系。有效需求规模与产业创新能力 Johansen 检验结果为迹统计量 18.65>15.49，0.30<3.84，最大特征值统计量 18.36>14.26，0.30<3.84，表明二者存在协整关系。

表 5—3　　　　　市场需求规模与产业创新能力的协整检验结果

| 迹统计量 | | | | 最大特征值统计量 | | | |
|---|---|---|---|---|---|---|---|
| Hypothesized No. of CE (s) | Trace Statistic | 0.05 Critical Value | Prob. | Hypothesized No. of CE (s) | Max-Eigen Statistic | 0.05 Critical Value | Prob. |
| None | 10.662 29 | 15.494 71 | 0.233 1 | None | 9.934 266 | 14.264 60 | 0.216 3 |
| At most 1 | 0.728 019 | 3.841 466 | 0.393 5 | At most 1 | 0.728 019 | 3.841 466 | 0.393 5 |

表 5—4　　　　　有效需求规模与产业创新能力的协整检验结果

| 迹统计量 | | | | 最大特征值统计量 | | | |
|---|---|---|---|---|---|---|---|
| Hypothesized No. of CE (s) | Trace Statistic | 0.05 Critical Value | Prob. | Hypothesized No. of CE (s) | Max-Eigen Statistic | 0.05 Critical Value | Prob. |
| None | 18.651 72 | 15.494 71 | 0.016 1 | None | 18.356 55 | 14.264 60 | 0.010 7 |
| At most 1 | 0.295 171 | 3.841 466 | 0.586 9 | At most 1 | 0.295 171 | 3.841 466 | 0.586 9 |

　　由于市场需求规模与产业创新能力没有通过协整检验，说明其时间序

列数据不存在长期的稳定关系，两变量之间的因果关系不可靠，无须再进行因果检验。下面对有效需求规模与产业创新能力进行 Granger 因果关系检验，作出原假设"$ED$ 不是引起 $IA$ 变化的原因"和"$IA$ 不是引起 $ED$ 变化的原因"，建立回归模型：

$$IA_t = \sum a_i IA_{t-1} + \sum b_i ED_t + \mu \qquad (5\text{—}1)$$

$$ED_t = \sum c_i ED_{t-1} + \sum d_i IA_t + \mu \qquad (5\text{—}2)$$

利用回归模型的残差平方和计算 $F$ 统计值，根据检验结果（如表 5—5 所示）知：在接近 1% 的水平上，拒绝了"$ED$ 不是 $IA$ 原因"的原假设，接受了有效需求规模是产业创新能力原因的结论；同样，在 5% 的显著水平上，拒绝了"$IA$ 不是 $ED$ 原因"的原假设，接受了产业创新能力是有效需求规模原因的结论。因此，可以认为在 1995—2006 年间，我国航空航天器制造业的有效需求规模与产业创新能力存在着双向因果关系，即：一方面，航空航天器需求量的增加提高了产业创新能力；另一方面，创新能力的增强又扩大了市场需求。

表 5—5　　　　有效需求规模与产业创新能力的 Granger 因果检验结果

| 原假设 | 滞后期 | F Statistic | Prob. | 结论 |
|---|---|---|---|---|
| $ED$ does not Granger Cause $IA$ | 2 | 15.827 8 | 0.012 59 | 拒绝 |
| $IA$ does not Granger Cause $ED$ | 2 | 9.918 18 | 0.028 16 | 拒绝 |

检验结论的引申含义是：市场整体需求规模的单纯扩张并不能够刺激装备制造业增加研发投入，只有属于本土企业的那部分有效需求显著增加了，才能真正起到驱动产业创新能力的作用。

## 5.2　需求规模与技术创新的互动关系检验

需求规模的扩大可以起到加强企业创新激励的作用。在产业演化过程中，企业技术创新反过来也会影响需求规模，二者存在着互动关系。

### 5.2.1　创新诱导需求的效应

#### （一）提升产品功能，增强先驱型消费者购买意愿

技术创新会带来全新功能的产品或现有产品功能的改进，由此带来的

产品功能增值可能会诱导一部分先驱型消费者对新产品消费意愿的变化，当然，这取决于消费者对产品功能增值的认可程度。根据梅尔和约翰逊（Meyer and Johnson，1995）的研究结果，消费者对创新带来的产品功能价值认知受到两个关键因素的影响：一是功能阈值，即只有产品核心功能达到阈值水平，消费者才会购买；二是边际效用递减，即随着技术创新的不断推进，产品功能突破阈值，受创新企业的市场诱导和消费先驱者的示范效应，消费者对新功能或改进功能产品的支付意愿快速增长，但由于边际效用递减规律的作用，消费者对新产品功能提升的支付意愿逐步下降。在两种因素的综合作用下，基于产品功能提升的技术创新将有效刺激消费者的购买需求。

**（二）降低产品价格，刺激普通消费者购买意愿**

随着新产品不断推向市场，技术模仿带来的生产流程和产品系统同化作用使产品差异降低，企业进入大规模和标准化生产阶段，产品逐渐由高档品演变为必需品，需求价格弹性下降。在技术领先企业进行新一轮产品创新以开发消费先驱者对更新功能产品潜在需求的同时，部分模仿企业通过工艺创新试图进一步完善产品功能，并通过改进生产流程和生产现场创新等方式降低产品成本，在消费者对行业内各种产品功能评价同化的情况下，依靠低廉的价格达到提高普通消费者支出意愿的目的，充分挖掘剩余消费者的需求。

### 5.2.2　联立方程模型的构建

鉴于需求规模和产业技术创新之间的互动机制，单方程模型无法准确表示二者的双向因果关系，由此分别建立市场需求规模和产业技术创新两个方程，构成联立方程模型：

$$\begin{cases} \ln INN_i = \alpha_1 + \alpha_2 \ln DS_i + \alpha_3 \ln RD_i + \alpha_4 \ln FT_i + u_i & (5-3) \\ \ln DS_i = \beta_1 + \beta_2 \ln INN_i + \beta_3 \ln PI_i + v_i & (5-4) \end{cases}$$

**（一）产业创新方程**

在产业创新能力方程［见式（5—3）］中，$INN_i$ 代表行业 $i$ 的技术创新能力，由市场需求规模 $DS_i$、研发投入 $RD_i$ 和外资技术溢出 $FT_i$ 共同决定。对于创新能力的衡量，我们采用当年专利获得数来度量产业创新能力，将研发投入作为解释创新能力的变量之一。另外，尽管研发人员数量也影响着创新产出，但由于其与研发投入之间高度相关，故在模型中剔除了该变量。

在多数关于外商直接投资对东道国技术进步影响的理论和实证文献中，都证明了 FDI 技术溢出通过示范效应、竞争效应、联系效应和培训效应等直接促进一国工业技术水平的提升。为了更加全面地考察产业技术创新的影响因素，选择三资企业的生产经营用设备原价来表示外资技术溢出程度，以检验 FDI 技术溢出对产业创新能力的作用。

**（二）市场需求方程**

一般地，市场需求数量主要由销售价格和产品性能决定（由于难以计量，忽略消费偏好、市场预期等影响因素），价格指数 $PI_i$ 体现了某行业产品的整体价格水平，而产业创新能力 $INN_i$ 则决定着产品的性能和质量，由此构建市场需求方程［见式（5—4）］。根据以往文献对于需求规模变量的选择，艾格、埃迪斯和格莱泽分别采用 GDP 与人均 GDP 衡量宏观经济的市场需求规模，史密斯则利用销售收入代表消费者对个体企业产品的需求规模。在产业经济层面，由于对非主营业务的需求并不能直接产生技术创新驱动作用，本书选择主营业务收入作为衡量市场对该产业整体需求规模的指示变量。

根据联立方程模型识别的阶条件和秩条件，式（5—3）为过度识别，式（5—4）为恰好识别，因此该联立方程模型系统是可识别的。

本书选择分行业的大中型工业企业为研究对象，数据来自 2007 年国家统计局发布的《中国统计年鉴》、《中国高技术产业统计年鉴》。按照中国工业行业分类标准，共有 39 个行业数据，但由于个别行业数据缺失，本书选择除其他采矿业和废弃资源、废旧材料回收加工业以外的 37 个行业 2006 年的截面数据加以研究，并且模型中变量均使用其自然对数值，以消除可能存在的异方差及规模效应。表 5—6 列出书中所用变量的衡量指标、单位及代表符号。

表 5—6　　　　　　　　　　变量符号及其衡量指标

| 变量 | 衡量指标 | 符号 |
|---|---|---|
| 产业创新能力 | 当年获得发明专利数 | $INN_i$ |
| 市场需求规模 | 主营业务收入 | $DS_i$ |
| 研发投入 | 研发经费 | $RD_i$ |
| 技术溢出 | 生产经营用设备原价 | $FT_i$ |
| 价格指数 | 工业品出厂价格指数 | $PI_i$ |

**（三）内生性检验**

由于产业创新能力与市场需求规模之间存在双向关系，利用单方程模型进行检验势必产生变量的内生性问题，导致实证结果的偏差。为了在经验上确定产业创新能力与市场需求规模是否存在相互影响的关系，需要进行变量内生性检验，即检验方程的联立性。常用于此的检验方法是 Hausman 检验法：设有方程 $q=\beta_0+\beta_1 P+\mu$，现在要检验 $P$ 是否为内生变量。将 $P$ 分解：$P=\hat{P}+\hat{v}$，其中 $\hat{P}$ 为所有外生变量的线性组合，与扰动项无关，而 $\hat{v}$ 与扰动项相关。考察方程 $q=\beta_0+\beta_1 \hat{P}+\delta\hat{v}+\mu$ 中的 $\hat{v}$ 系数是否拒绝单参数 $t$ 检验的零假设：

$$H_0：无联立性，则 \delta=0$$
$$H_1：有联立性，则 \delta\neq0$$

对内生变量产业创新能力 $INN_i$ 的内生性检验，具体检验步骤为在式（5—4）基础上进行辅助回归［见式（5—5）］：

$$\ln DS_i=\beta_1+\beta_2\ln INN_i+\beta_3\ln PI_i+\beta_4 resid+u \qquad (5—5)$$

其中，$resid$ 是产业创新能力和所有外生变量回归后的残差，将 $resid$ 引入市场需求方程中，通过其显著性与否判断变量的内生性，进而检验方程的联立性。运用 OLS 法回归后，两个内生变量的内生性检验结果如表 5—7 所示。

**表 5—7**　　　　　变量创新能力和市场需求的内生性检验结果

| 产业创新能力 | | | 市场需求规模 | | |
|---|---|---|---|---|---|
| Variable | Coefficient | Prob. | Variable | Coefficient | Prob. |
| ln（DS） | −0.512 989 | 0.000 1 | ln（INN） | 0.713 358 | 0.000 0 |
| ln（RD） | 0.791 088 | 0.000 0 | ln（PI） | 2.938 243 | 0.000 0 |
| ln（FT） | 0.319 911 | 0.011 5 | resid | −0.689 282 | 0.000 1 |
| resid | 0.552 834 | 0.038 6 | $R^2$ | 0.747 916 | |
| $R^2$ | 0.780 127 | | | | |

由结果可知，$resid$ 均在 5% 的显著性水平上通过检验，且 $resid$ 系数显著不为 0，可以判断联立方程通过了 Hausman 内生性检验。采用联立方程模型，能够更加准确地反映产业创新能力与市场需求的内在关系及相互作用机制。

### 5.2.3　实证检验与结果分析

本书选择 GMM 作为联立方程模型的估计方法。相对于两阶段最小二乘和极大似然等传统方法只有在模型满足某些假设时才显现良好性质的约束，GMM 法允许随机扰动项存在异方差和自相关，而且不需要知道随机扰动项的确切分布，所得到的参数估计量比其他方法更加稳健。对于我们所处理的截面数据，估计时采用的加权矩阵是 White 异方差一致协方差矩阵。表 5—8 给出了联立方程的回归结果，同时，为了便于比较，将 OLS 方法回归结果列出。

**（一）产业创新方程**

市场需求规模（DS）对产业创新能力（INN）具有正效应，但并不显著。在发达的市场经济中，产品需求规模的扩大伴随着高额利润，从而促进企业开展研发活动并带来更多体现技术创新能力的专利，而我国目前并没有形成保证需求引致创新良性循环的法律保障体系，以及有利于实现技术创新的制度、政策和环境，即使利润丰厚，企业也不会将更多的资金应用于研究开发。同时，由于身处后发国家技术追赶的初级阶段，我国企业的研发活动仍以对国外新产品、新技术的模仿和改进为主，多数产业自主创新的欲望并不强烈。个别主导产业（如通用、专用、交通运输设备制造业等）技术创新来源于国家政策和资金扶持，是导致整体工业行业市场需求并不显著推动技术创新的另一个原因。

表 5—8　　　　　　　　　　　　　模型估计结果

| 变量 | 单方程回归（OLS） | | 联立方程回归（GMM） | |
|---|---|---|---|---|
| | 创新能力<br>$\ln(INN_i)$ | 市场需求<br>$\ln(DS_i)$ | 创新能力<br>$\ln(INN_i)$ | 市场需求<br>$\ln(DS_i)$ |
| 常数项 | −6.293 582**<br>（−2.458 139） | | −6.893 103**<br>（−2.337 017） | |
| $\ln(INN_i)$ | | 0.570 164*<br>（7.417 731） | | 0.721 942*<br>（11.093 40） |
| $\ln(DS_i)$ | 0.072 880<br>（0.334 682） | | 0.154 360<br>（0.528 742） | |
| $\ln(RD_i)$ | 0.532 652*<br>（4.117 081） | | 0.519 412*<br>（3.234 885） | |
| $\ln(FT_i)$ | 0.266 145**<br>（2.404 126） | | 0.220 439*<br>（3.747 856） | |
| $\ln(PI_i)$ | | 3.093 552*<br>（35.187 13） | | 2.931 178*<br>（37.864 58） |
| $R^2$ | 0.788 017 | 0.594 623 | 0.786 316 | 0.549 389 |

说明：括号内的数字为估计系数的 $t$ 值，＊和＊＊分别代表在 1% 和 5% 的水平下显著。

研发投入（RD）对产业创新能力具有显著的正效应（0.519 412）。

说明研发投入越多，当年获得专利数量越多，技术创新能力就越强。研发投入作为创新产出的基本物质资本投入，会促进创新能力的生成，参数估计结果与理论预期相符。近年来，我国从发展战略和宏观经济政策的角度加强对本土自主品牌的扶持力度，刺激了企业技术创新活动的开展，随着研发经费投入的逐年增加，也获得了更多的技术创新成果。

外资技术溢出（FT）对产业创新能力具有显著的正效应（0.220 439）。技术溢出通过多种途径推动技术创新：从模仿效应来看，跨国公司与东道国之间的技术差距促使东道国企业依靠学习、模仿提高自身的技术水平；从竞争效应来看，在技术溢出促进东道国企业技术进步并缩小两国技术差距的同时，跨国公司为在竞争中保持其技术比较优势，被迫引进或开发新技术，产生新一轮的技术溢出，继续带动东道国技术进步。正是依靠模仿和竞争效应，外商直接投资促进了我国工业行业技术创新能力的提升，参数估计结果也证实了理论推断。

### （二）市场需求方程

产业创新能力与市场需求规模正相关（0.721 942）。说明当年获得发明专利数量越多，技术创新能力越强，消费者需求就越旺盛。价格指数（PI）对市场需求规模具有显著的正效应（2.931 178），即工业品出厂价格指数越高，行业产品的销售收入越多。在一般的需求理论中，产品销售收入随价格变动的方向和程度由价格弹性所决定，而本书的研究对象为行业层面的总体需求规模，其不仅要受到行业内所有产品价格变动的影响，还需考虑宏观经济形势的作用（由于宏观经济状况对于各工业行业的效应相近，所以书中并没有加入 GDP 增长率作为控制变量）。对于价格指数和需求规模存在的正向关系，可以解释为：在宏观经济增长较快时期，尽管工业品出厂价格有所升高（可能是由于原材料、燃料及动力价格上涨引起的，而在样本年份 2006 年，我国各行业正处于经济增速较快的成本推动型通货膨胀时期），但在经济总量扩张的带动下，多数工业行业产品销售量并没有减少，或者减少的幅度低于价格上涨幅度，推动行业销售额随之上升，并且价格上涨越多，市场需求规模涨幅越大。

通过实证结果可知，需求规模与产业技术创新之间存在内生关系，二者是相互影响的。以提高产业技术创新能力为目的，在供给侧加大研发投入强度的同时，应着力突破市场需求因素对技术创新的制约，形成二者互动的良性循环。

# 5.3　双重需求结构与技术创新

## 5.3.1　需求结构的内涵

在经济全球化进程中，需求规模从量的方面对技术创新活动产生牵动效应，需求结构则从质的方面影响产业创新能力。现有关于需求结构的研究主要来自宏观经济层面，包括需求结构与经济增长、产业结构之间的关系，投资需求结构、消费需求结构和国外需求结构的变动趋势，等等。

在产业经济层面，需求结构主要指客户对某一产业中不同层次产品需求数量之间的比例关系。对于装备制造业而言，按照需求弹性和技术含量的标准，可将装备产品分为高端、中端和低端三个层次。高端产品的技术含量与附加值高，需求价格弹性较低；低端产品的技术含量与附加值较低，需求价格弹性高；中端产品的特征位于二者之间。与产品层次的划分标准相对应，产业需求结构也可分为高端、中端和低端三种类型，代表市场对某产业需求分别以高端、中端或低端产品为主。

## 5.3.2　双重需求结构对技术创新的影响机制

为了进一步分析需求结构与产业创新能力之间的关系，应将其纳入全球价值链分工体系的视角。在基于比较优势的全球价值链基本理论框架下，发展中国家依赖劳动力或自然资源所具有的低级要素禀赋比较优势，以代工者身份参与到全球价值链中的低端制造性环节；发达国家则凭借技术创新能力和人力资本积累的高级要素禀赋比较优势，以主导者身份占据且控制着全球价值链中的核心技术研发、品牌或销售终端等高端环节，形成各国要素能力差异条件下的全球价值链"合理"分工格局。表面上看，全球价值链分工体系源于不同国家或地区要素禀赋优势的差异，在更深层次上，发达国家主导的全球价值链分工体系得以实施不仅在于其高端要素禀赋能力所具有的竞争优势，更为关键的是其对全球需求市场的控制力和垄断势力，并由此造成了发展中国家整个市场和本土产品面临两种截然不同的需求结构。

20世纪90年代，我国处于从二元经济向现代经济转变的工业化初级阶段，生产的技术水平和专业化程度不高，丰富的廉价劳动力与资本短缺、技术和管理水平落后等因素决定了国内生产位于全球价值链的低端，企业投入主要以劳动力、资源和能源为主，承接国际产业转移只能从初级产品生产和加工、装配阶段开始，通过资本积累、技术和管理水平的提高，逐步向技术含量高和具有自主知识产权的高级生产阶段转变。"十五"期间，我国国民经济进入了高速增长时期。2005 年，我国工业化水平综合指数达到 50，标志着工业化进程已进入中期后半阶段。[①] 随着经济增长方式由粗放型向集约型转变，工业化也从以规模扩张为主转向以结构升级为主，工业结构由原材料产业向高加工度工业升级，特别是以资本、技术密集型产业为主体的重化工业发展迅速。尤其在装备制造业中，以大型清洁高效发电装备、大型石化成套设备、高速列车等为代表的一系列国家重大工程建设项目不仅扩大了整体需求规模，也在改变着市场总体需求结构，具体表现为对高技术、高附加值等高端设备的需求量显著增加，从价值链低端向高端移动的趋势十分明显。

　　与市场总体需求结构的变化不同，国内产业面临的需求结构呈现出相反特征。在经济全球化背景下，越是处于价值链高端环节的高端要素（如核心技术研发能力），就越依赖高速增长的市场空间来实现其价值转移和增值过程。对于中国庞大的市场需求规模和逐步升级的产品需求结构，国外与境内外资企业会积极参与到市场份额的竞争中，并凭借强大的市场势力和技术优势，对我国企业实行技术封锁，始终保持对我国市场高端需求的控制；而国内装备制造企业却无法充分利用本土优势实现产品需求结构升级，且可能习惯于供给中低端产品的薄利状况，缺乏自主创新与核心技术突破的动力及信心。与此同时，在竞争更为激烈的国际市场上，开拓国外高端市场面临着技术能力认可、品牌推广与维护、销售终端构建等巨额前期沉没成本投入、进入门槛和诸多不确定因素，尚不具备足够竞争力的本土企业还无法获得国外市场的高端用户，输出的技术设备也以中低端产品为主，同样不重视对高端技术层面的投入，难以实现全球价值链上的跃迁。

　　基于此，尽管我国技术装备品的市场整体需求结构存在向高层次产品转移的倾向，但国内企业生产仍然只能控制本土和国际产品市场的中低端

---

① 引自中国社科院工业化蓝皮书《中国工业化进程报告——1995—2005 年中国省域工业化水平评价与研究》，研究结果显示：2005 年中国工业化水平综合指数达到 50，表明中国刚刚进入工业化中期的后半阶段。从东、中、西、东北四大经济板块来看，东部已进入工业化后期。

需求，这种相互分离的双重需求结构（如图5—3所示）导致我国装备制造业既远离核心技术又缺少自主品牌，始终无法改变"两头在外"的制造模式，在全球价值链的利益分配中处于微利化和边缘化地位，不仅降低了产业盈利水平，而且诱使本土企业产生"技术自卑"心理，掉进核心技术对外依赖的陷阱，进而遏制了产业创新能力的提升。

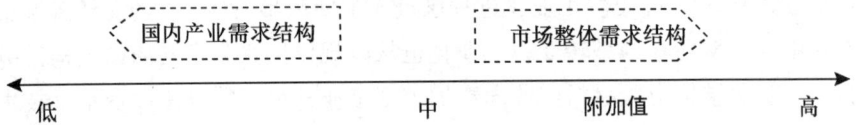

图5—3　全球价值链下的双重需求结构

### 5.3.3　实证检验

为了分析需求结构对产业创新能力的影响，本书作者采集了航空航天器制造业、电子与通信设备制造业和医疗设备及仪器仪表制造业三个典型行业下的飞机制造及修理、航天器制造、通信设备制造、雷达及配套设备制造、广播电视设备制造、电子器件制造、电子元件制造、家用视听设备制造、其他电子设备制造、医疗设备及器械制造、仪器仪表制造等11个细分行业1995—2006年连续12年的110个数据样本点，建立纳入需求结构的产业创新能力面板数据模型：

$$IA_{it}=\alpha+\beta_1 ED_{it-1}+\beta_2 DS_{it-1}+\varepsilon_{it} \tag{5—6}$$

式中，$i$表示某行业，$t$为时间，$IA$代表产业创新能力，$ED$、$DS$分别为有效需求规模和本土企业的需求结构，$\varepsilon$是随机干扰项，产业创新能力$IA$滞后一期。由于无法准确判断不同个体时间序列上和不同界面之间是否存在显著性差异，因此先将面板数据混合在一起，用普通最小二乘法（OLS）估计参数，得到混合效应模型的估计结果（如表5—9所示）。

表5—9　　　　　　　　　混合效应模型的估计结果

| 变量 | 估计系数 | 标准差 | $T$检验值 | $P$值 |
|---|---|---|---|---|
| $ED$ | 0.319 638** | 0.027 909 | 11.453 00 | 0.000 0 |
| $DS$ | −240.719 2* | 106.535 5 | −2.259 520 | 0.025 7 |
| $C$ | 52.767 01 | 33.493 50 | 1.575 440 | 0.117 8 |
| $R^2$ | 0.578 322 | DW 检验 | 0.875 860 | |
| 调整后的 $R^2$ | 0.571 175 | F 检验 | 80.917 10** | |

说明：*和**分别表示显著性水平为5%和1%。

同时，用固定效应模型进行回归（如表 5—10 所示）。

表 5—10 固定效应模型的估计结果

| 变量 | 估计系数 | 标准差 | $T$ 检验值 | $P$ 值 |
|---|---|---|---|---|
| $ED$ | 0.337 694* | 0.036 104 | 9.353 472 | 0.000 0 |
| $DS$ | 63.192 80 | 120.678 8 | 0.523 645 | 0.601 6 |
| $C$ | −37.661 26 | 35.601 691 | −1.057 868 | 0.292 5 |
| $R^2$ | 0.734 659 | DW 检验 | 1.467 257 | |
| 调整后的 $R^2$ | 0.705 177 | F 检验 | 24.918 66* | |

说明：* 表示显著性水平为 1%。

是否应该建立固定效应模型，可以通过 F 检验得到：

$$F=\frac{(SSE_r-SSE_u)/(N-1)}{SSE_u/(NT-N-1)}=\frac{(745\ 431.1-469\ 061.8)/(11-1)}{469\ 061.8/(11\times11-11-1)}$$
$$=6.422\ 236\approx6.42 \qquad (5—7)$$

由 $F=6.42>F_{0.05(10,109)}=2.47$，拒绝原假设，且固定效应模型的拟合度有所提高，不应建立混合效应模型。对于是否应建立随机效应模型，可通过利用 Hausman 检验来判定，检验统计量为：

$$H=\chi^2[K]=[\beta_{cv}-\beta_{GLS}]'[VAR(\beta_{cv}-\beta_{GLS})]^{-1}[\beta_{cv}-\beta_{GLS}]$$
$$=4.637 \qquad (5—8)$$

由 $H=4.637>\chi_{0.1}(2)=4.61$，拒绝 $H_0$ 假设，选择固定效应模型能够更好地描述变量之间的关系。根据估计结果，$R^2$ 和调整后的 $R^2$ 都在 0.70 以上，模型整体解释力较强，拟合度和显著性都比较高。其中，有效需求规模与产业创新能力在 1% 的显著水平上正相关，说明需求规模越大，技术创新活动越频繁，新产品销售收入越多。国内产业需求结构尽管也与产业创新能力正相关，但 T 检验值较小，表明需求结构的变化对技术创新活动的影响不十分显著。

通过对原始数据的观察，发现航空航天器制造业、电子与通信设备制造业和医疗设备及仪器仪表制造业三行业的需求结构（即工业增加值率）在 1995—2006 年间变化幅度很小，数据的离散系数仅为 0.04，0.06 和 0.05，而其他指标的离散系数均在 0.6 以上，说明随着当年价总产值的变化，工业增加值按照相同的方向和幅度改变，需求结构始终没有呈现明显的改善。究其深层次原因，在我国近十几年粗放型经济增长模式下，本土企业凭借资源、能源和廉价劳动力等低级要素禀赋，利用全球价值链低端制造环节的产业转移和代工机会，成为全球低端产品市场需求的"世界工厂"。而随着"十五"、"十一五"规划的实施和固定资产投资规模的不断放大，在市场总体需求结构由低端向高端跃迁的同时，本土装备制造企业虽然也力图由低附加值向高附加值环节攀升，但是一方面由于技术能力差距的客观现实，另一方面受到作为下游用户的国际大购买商与作为竞争者的跨国公司的双重阻击和控制，本土企业被封锁在低附加值和微利化的全球价值链低端制造环节，始终无法实现其产品需求结构的根本性改变，也就不能给技术创新带来应有的驱动效应。

# 第6章 买方特征与技术创新

根据上一章的结论，需求规模对技术创新具有显著的效应，那么哪些因素影响企业需求规模呢？在以重大技术装备为代表的典型产业中，由于产品性能和可靠性无法准确预知，业主具有强烈的风险厌恶倾向，由此表现出的买方特征将影响其购买决策。如何突破风险厌恶约束，从需求侧为本土企业打开市场出口，是提高我国企业技术创新能力的必要条件，而政府采购就成为行之有效的措施。本章将以重大装备制造业为对象，通过构建风险厌恶约束下的买方购买决策模型分析买方特征对企业需求规模的影响，讨论由此导致的技术创新市场失灵问题以及第三方介入的时机与方式，进而考察作为突破买方风险厌恶主要方式的政府采购驱动技术创新的机制，分析西方发达国家政府采购过程中的创新取向。

## 6.1 买方特征对技术创新的影响

### 6.1.1 信息不对称下买方的风险厌恶特征

以信息完备与否为标准，可将市场上的产品分为两类极端情况：一是"完全确定性"产品。此类产品的可用性与具体功能在交易之前无论对使用者还是生产者都是可预知的。一般来说，标准化生产的产品具有确定性特征，如各种标号的汽油、各类家用电器等。二是"完全不确定性"产品。交易前，买者和卖者对其可用性与可靠性都无法预知，交易双方面临着巨大风险，如重大工程项目使用的发电设备、盾构机械等。现实中的产品大多处于两种类型之间，只是不确定性的强弱程度有所不同。本书的研究对象是以重大技术装备为代表的，使用之前无法准确了解技术先进性与可靠性的不确定性产品。

　　与普通商品相比，重大技术装备等不确定性产品具有某些特殊属性。在技术结构上，重大技术装备由诸多复杂技术集成而来，经常采用一些极限制造技术，不确定性的积累效应明显；同时，使用环境不可模拟，产品可用性只能通过现场运行加以验证，交易之前无法预知，买卖双方存在着严重的信息不对称，作为重大基础建设项目承担单位的业主只能通过历史业绩所代表的企业能力从侧面判断产品性能高低。由于重大技术装备的购买和制造皆为一次性巨额投入，生产周期较长，一旦运行不成功，给买方（业主）带来的损失远大于购买产品的投资成本①，由此造成了业主极度风险厌恶的购买特征。从经济学意义上讲，风险厌恶这一概念用来解释不确定状况下消费者和投资者的行为，表示个体接受高风险交易相对于接受低风险、低期望收益交易的不情愿程度。在权衡降低风险的成本与收益过程中，风险厌恶者更倾向于做出低风险的选择。

　　在信息不对称情况下，业主的风险厌恶特征具体表现为：对无"首台首套"经历企业的技术水平缺乏足够信心。为了规避使用风险，在订货和招标过程中或制定各种苛刻条件，或精心设计投标资格门槛，"准确地"将具有潜在创新能力的国内企业和国产品牌产品拒之门外。并且，业主购买普遍存在着一种潜规则：若进口产品出现问题，当事人似乎没有责任；而如果选择国产设备，不良后果就会受到追究。即使本土装备制造企业在生产成本和产品价格方面具有一定优势，但鉴于技术能力和历史业绩与跨国公司存在着的明显差距，包括一些国有企业作为业主的重大工程甚至政府采购项目也仍然会以各种理由和方法拒绝国内制造。以发电装备制造领域为例，引进超临界发电机组技术之前，国内已经掌握了亚临界 60 万机组技术，与国外技术差距并不大，只要依托一个工程组织技术攻关，完全可以实现跨越，生产出超临界机组。不过，项目业主单位以没有掌握核心技术为由，拒绝把工程承包给哈尔滨电站设备集团公司，其他本土企业也遭遇类似情况，导致在超临界发电技术领域国内一直无法组织有效研发，只能等待引进国外技术。

　　事实上，我国重大装备制造业拥有充足的市场需求和市场空间。以发电装备为例，2005 年全国装机容量突破 5 亿千瓦，2010 年预计装机容量达到 8 亿千瓦，2020 年将超过 12 亿千瓦，其中 2020 年水电装机将达到 3

---

　　① 在重大装备制造业中，买方是以重大工程项目的业主身份出现的。由于本章的分析以重大装备制造业为对象，因此后面叙述中的业主也就指的是买方。

亿千瓦，新增 2 亿千瓦，转轮直径 8～10 米的混流式机组需要 150 多台，加上一批为电网调峰的大型蓄能式机组、贯流式机组和中小水电机组，市场容量和发展空间相当广阔。面对如此巨大的市场机遇，风险厌恶的购买特征却使业主普遍青睐进口设备，本土企业难以得到大额订单。由部分装备制造业技术购买情况（如表 6—1 所示）可知，以通用设备制造业为代表的装备制造业引进国外技术支出远大于国内技术购买支出，2004 年技术进口额高达 190.228 5 亿元，占全部支出的 90.6%，2005 年虽略有下降，仍占总支出额度的 87.2%，从一个侧面证明了重大技术装备业主的购买偏好。

表 6—1　　　　　　　国内部分装备制造业技术购买情况　　　　　　单位：万元

| | 2004 年 | | 2005 年 | |
| --- | --- | --- | --- | --- |
| | 引进国外技术支出 | 购买国内技术支出 | 引进国外技术支出 | 购买国内技术支出 |
| 通用设备制造业 | 131 692 | 16 516 | 135 630 | 28 000 |
| 专用设备制造业 | 48 325 | 25 357 | 70 220 | 26 980 |
| 交通运输设备制造业 | 595 998 | 98 192 | 440 442 | 109 095 |
| 电气机械及器材制造业 | 120 146 | 33 045 | 144 470 | 38 295 |
| 通信设备、计算机及其他电子设备制造业 | 1 006 124 | 25 230 | 759 375 | 25 140 |
| 合计 | 1 902 285 | 198 340 | 1 550 137 | 227 510 |
| 所占比重 | 90.6% | 9.4% | 87.2% | 12.8% |

资料来源：《中国统计年鉴 2005》、《中国统计年鉴 2006》。

下面将通过构建纳入风险厌恶函数的业主购买决策模型，推导业主风险厌恶特征与购买决策、本土企业技术创新之间的关系。

### 6.1.2　基于风险厌恶的业主购买决策模型

在重大技术装备市场中，买方由数量有限的业主构成，他们通常非标准化甚至极具个性化的需求会使某个业主成为市场中的唯一购买者，形成近似的买方垄断，导致业主购买决策对产品供应商有巨大影响。由于强烈的风险厌恶特性，业主在选择产品时会优先考虑风险因素，相对于产品本身的性能，他们更注重供应商的技术能力和历史业绩。

#### （一）基本假设

在业主与厂商的契约关系中，厂商处于明显的信息优势地位。由于无法准确判断产品性能是否可靠，业主为极度厌恶风险者，但追求效用最大化仍然是业主的唯一目标，其效用函数可以表示为：

$$U(k,n) = \theta(k) - \rho f(n) - P \tag{6—1}$$

式中，$k$ 表示厂商的技术创新能力，$n$ 为市场占有率（部分地代表着厂商的历史业绩），$\theta$ 代表业主对高技术含量产品的偏好程度，$f(n)$ 为风险厌恶函数，$\rho(\rho < 0)$ 代表风险厌恶系数，$P$ 为产品销售价格。$\theta(k)$ 二阶可导，$\theta'(k) > 0$，$\theta''(k) > 0$，表示技术能力越强，业主偏好程度越高，具有明显的技术累积效应；风险厌恶函数 $f(n)$ 的一阶导数 $f'(n) < 0$，说明厂商历史业绩越多，给业主造成的风险损失越小。此外，厂商技术创新能力 $k$ 为市场占有率 $n$ 的函数。起初，跨国公司创新能力高于本土企业，$k_2 > k_1$，且 $k' > 0$，$k'' > 0$，说明工程实践机会越多，企业技术创新能力提升越快，呈加速上升趋势。

再假定，市场上仅存在本土企业 1 和跨国公司 2 两家厂商，本土企业生产含有自主技术的产品 $L_1$，跨国公司生产并销售与本土企业形成竞争关系的产品 $L_2$。市场交易量 $L$ 越多，所占有的市场份额越大，二者呈正向关系。

### （二）模型构建

当业主分别选择跨国公司和本土企业的产品时，其效用可表示为：

$$
\begin{aligned}
U(k_1, n_1) &= \theta(k_1) - \rho f(n_1) - P_1 \\
U(k_2, n_2) &= \theta(k_2) - \rho f(n_2) - P_2
\end{aligned}
\tag{6—2}
$$

从整个市场的角度来看，业主处于买方垄断地位，对产品具有绝对的选择权。假设业主购买产品的总预算为 $I$，两种产品对业主的效用相互独立，则业务购买决策的总效用函数表示如下：

$$
\begin{aligned}
\mathrm{Max}U(n_1, n_2) &= [\theta(k_1) - \rho f(n_1) - P_1] + [\theta(k_2) - \rho f(n_2) - P_2] \\
&\text{约束条件：} I = P_1 L_1 + P_2 L_2
\end{aligned}
\tag{6—3}
$$

构造相应的拉格朗日函数：

$$
\begin{aligned}
\xi &= [\theta(k_1) - \rho f(n_1) - P_1] + [\theta(k_2) - \rho f(n_2) - P_2] \\
&\quad - \lambda(P_1 L_1 + P_2 L_2 - I)
\end{aligned}
\tag{6—4}
$$

式中，$\lambda$ 为拉格朗日乘数，根据 $\partial \lambda / \partial L_1 = 0$ 和 $\partial \lambda / \partial L_2 = 0$，得到业主效用最大化时的一阶条件：

$$\theta'(k_1)k'_1n'_1 - \rho f'(n_1)n'_1 - \lambda P_1 = 0$$

$$\theta'(k_2)k'_2n'_2 - \rho f'(n_2)n'_2 - \lambda P_2 = 0$$

因为市场占有率取决于业主购买选择，故 $n_1 = L_1/(L_1+L_2)$，$n_2 = L_2/(L_1+L_2)$，得 $\dfrac{\partial n_1}{\partial L_1} = \dfrac{L_2^2}{L_1+L_2}$，$\dfrac{\partial n_2}{\partial L_2} = \dfrac{L_1^2}{L_1+L_2}$。

由 $\dfrac{n'_1}{n'_2} = \dfrac{L_2}{L_1}$，可得

$$\frac{L_2}{L_1} = \frac{P_1}{P_2} \times \frac{\theta'(k_2) \cdot k'_2 - \rho f'(n_2)}{\theta'(k_1) \cdot k'_1 - \rho f'(n_1)} \tag{6—5}$$

这样，业主购买决策（即对本国产品 $L_1$ 和国外产品 $L_2$ 数量的选择）将由产品价格、厂商技术能力和风险厌恶程度三个参数共同决定。

### （三）模型分析

根据假设条件 $k_2 > k_1$ 和 $k'' > 0$，知 $k'_2 > k'_1$；又因为 $\theta'(k) > 0$，得 $\theta'(k_2) > \theta'(k_1)$。同时，产品给业主带来的风险增量近似相等，$f'(n_2) = f'(n_1)$，且由于跨国公司在技术含量高的产品开发上已经积累了学习效应，具备一定的规模经济优势，并依靠全球资源整合进一步降低了人工和原材料成本，其产品价格要低于本土企业（$P_2 < P_1$）。由此，可推导出 $L_1 < L_2$。需要强调的是，业主购买决策与其风险厌恶系数 $\rho$ 存在着紧密关系，风险厌恶程度越高，业主越倾向于购买跨国公司产品，而不会选择国内产品，结果是跨国公司产品拥有越来越好的市场前景，本土企业却难以得到业主认可。在重大装备制造业中，产品的不可分割性使得业主购买和重大工程项目招标无法重复进行，选择跨国公司装备意味着放弃国产装备，本土企业将陷入没有"首台首套"经历的困境。

从购买决策模型（6—5）可以发现，如果本土企业缺少"首台首套"经历，在风险厌恶约束下，即使跨国公司知名品牌装备价格明显偏高，业主仍然不愿意承担购买国内装备带来的巨大风险，使得一些在质量性能方面已经获得重大进步的国内装备由于缺乏运行实践而得不到用户认可。其直接后果是：在强大的跨国公司面前，本土企业失去了大量提高技术创新能力的工程实践机会，技术创新的市场通道十分狭窄，逐渐形成了"业主风险厌恶→购买国外品牌→国内产品市场机会稀少→本土企业缺乏历史业绩→自主创新能力缺失"的正反馈恶性循环（如图 6—1 所示）。无法跨越"首台首套"的门槛，导致产品始终找不到"市场出口"，从而使重大装备制造企业在耗费了巨额研发成本后，仍然得不到应有的市场承认，严重阻

碍本土企业技术进步和技术创新能力的提升。

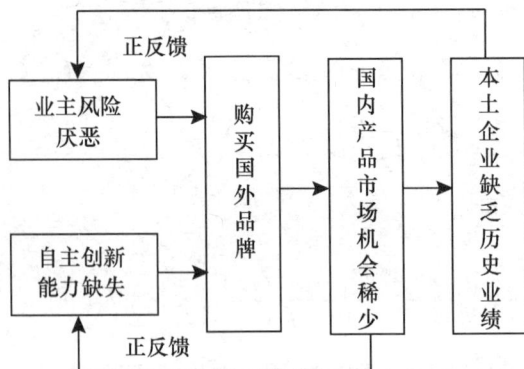

图 6—1　本土企业自主创新的正反馈循环

## 6.1.3　技术创新的市场失灵：来自需求侧的分析

新古典主义经济学认为，在完全竞争条件下，市场能够通过自身力量调节，在运行过程中自发实现资源的有效配置。现实中，市场机制对于资源配置只能起到基础性作用，并不能在任何条件下都充分展开，整个社会无法达到最优的资源配置状态，存在市场经济无法克服的"市场失灵"现象。对于技术创新这类技术经济活动来说，同样存在着市场失灵，现有研究多从供给面分析其成因，代表性观点包括：其一，知识产品在使用上的非竞争性和占有上的非排他性使得技术创新具有公共物品的部分特征；其二，企业可以在没有市场交易条件下无偿获得创新成果，具有显著的正外部性；其三，技术创新研发过程、生产实现和市场销售的不确定性，加上资金支持不足等问题，造成创新主体面临巨大的风险。这些都在很大程度上滞缓了技术创新活动。

技术创新能否顺利开展，不仅受技术创新内在属性和供给面的制约，还取决于技术供给与市场需求的有效联结。从需求侧看，追求高技术、低价格的创新产品是购买决策的根本目标，业主的"逐利性"将引导资金不断流向更有实力的供方企业。在重大装备制造业中，如果本土企业通过前期巨额投入研制出与跨国公司技术水平和性能比较接近的产品，当国产品牌价格低于国外品牌时，以效用最大化为目标的理性业主应该考虑选择国内产品。然而，业主风险厌恶特征主导着买方行为，使市场机制发生严重扭曲。在现实购买决策中，无论产品性价比如何，业主首先注重的是规避风险，而历史业绩成为最重要的判断标准，"首台首套"门槛把作为市场潜在竞争者的本土企业排除在外。更加极端的情况是，尽管跨国公司母国还没有完成工程化过程的创新，如磁悬浮轨道交通、第三代核电技术等，业主仍会迷信跨国公司的技术能力而盲目引进，自愿成为世界创新技术的实验场，主动承担创新风险，却吝于给本土企业创新实践机会。

在一般均衡理论框架下，负反馈机制使经济自动收敛或稳定于均衡状态。以市场均衡为例，若产品价格上涨，厂商将增加产出，消费者降低购买数量；若产品价格下跌，厂商将减少产出，消费者提高购买数量，厂商与需求方之间的信息负反馈机制驱使市场价格最终趋向于均衡。但从演化经济学角度来看，技术和经济系统同样是具有正反馈机制的随机非线性动态系统，一旦受某种偶然事件影响，就会沿着一条固定轨迹或者路径演化下去，即便有更好的替代方案，既定路径也很难发生改变，形成一种不可逆的自我强化趋向。在业主风险厌恶约束下，如果跨国公司产品成为业主的初始选择，不管其是否长期有效，都会在一定时期内持续影响业主其后的购买决策。当跨国公司的历史业绩得到充实之后，其市场地位不断强化，逐渐成为市场垄断者，即便本土企业的创新能力在后期达到甚至超过了国外水平，技术选择的路径依赖状况仍然很难改变，业主采购将锁定在跨国公司产品上（如图6—1所示）。因此，技术选择的路径依赖与锁定是技术创新市场失灵的第一个表现。

高效运行的市场经济需要多个供给主体参与到市场竞争中来，通过优胜劣汰机制迫使企业降低成本、提高质量并进行技术创新，从而达到优化资源配置的目的。在具有业主风险厌恶特征的产业中，一方面，由于无法从需求侧创造工程实践机会，本土企业将产生"技术自卑"心理，甚至掉进对外技术依赖的泥潭，逐渐失去技术创新的动力和能力，市场竞争强度随之降低；另一方面，跨国公司占有绝对市场份额，可能会利用垄断优势向东道国输出并不具有最先进技术水平的低端设备，保持母国与东道国之间的技术差距，严重抑制了东道国的技术进步，这是技术创新市场失灵的第二个表现。

业主风险厌恶的购买特征从需求侧严重封锁了本土企业技术创新的市场出口，不仅巩固了跨国公司的垄断地位，而且形成技术的路径依赖与锁定，在削弱市场竞争的同时阻碍了东道国技术进步。其结果是，技术创新资源没有实现"帕累托最优"，技术创新活动存在严重的市场失灵，由此带来的核心技术与关键技术缺乏造成了对国外技术设备的高度依赖性。

### 6.1.4　市场失灵条件下的第三方介入

在业主风险厌恶的典型产业中，自有技术处于极其不利的地位，若没有恰当的制度安排而完全依靠市场机制进行调节，自主创新的目标难以实现。对重大技术装备等战略性产业而言，技术创新的市场失灵不仅意味着"技术空心化"，而且直接关系到国民经济控制力和综合国力，因此需要有市场交易中的第三方介入，对技术创新活动所涉及的各方主体从利益和技术方面进行统一协调。

#### （一）第三方介入的主体及其功能

按照新制度经济学交易费用学派的观点，当市场机制配置资源无效时，需要政府与行业协会两种制度形式参与进来，成为第三方介入的主体。

政府的主要功能在于进行宏观层面的政策导向和创新激励，以起到缓解技术创新市场失灵的作用。一方面，政府有必要站在全局高度，在工程项目招标过程中通过制定有倾向性的政策和措施，扶持某些特殊的经济领域，为本土企业技术创新创造市场需求；另一方面，政府有必要调整现行进口设备享受的各项优惠政策，减轻国产设备生产与销售中的负担，修订诸如"利用外资和外国出口信贷的国家重点工程，实行70％资本引进、85％设备由贷款国提供"等现行的不合理规定，培育公平的市场竞争环境，激发本土企业技术创新的潜在动力。

行业协会作为中观层面介入的主体，通过梳理产业内公共部门和私人机构间的关系，发挥组织协调技术创新活动中各利益主体的功能。在产业内部，行业协会以"私益政府"的角色管理企业间矛盾冲突问题，在协调各自利益基础上实现整体最优，促进本土企业战略重组与技术能力整合，提高国产设备技术含量以降低使用者风险；对产业外部，行业协会应致力于维护本行业企业权益，解决跨国公司垄断形成的不公平竞争问题，为技术创新构造一个高效有序的发展平台。

#### （二）第三方介入的方式与措施

政府采购与税收制度调整是政府介入的两种基本方式。通过政府采购，设备使用风险由国家分担，不仅可以为技术创新提供试验场所和工程实践机会，从需求侧打开市场出口，还能够依靠在采购过程中拟订采购物品的性能规格，引导本土企业技术创新的方向。为保证政府采购作用的充分发挥，还需要制定相应的配套措施（以重大装备制造业为例），具体包括：第一，出台重大技术装备的国产化目录，明确列出国内已经掌握的设备和技术，规定今后涉及这些领域的设备和技术不再重复进口；第二，对于国家重大建设项目及其他政府采购项目，有关部门应将承诺采购自主创新产品作为申报立项的条件，并明确采购自主创新产品的具体要求；第三，制定多档化的配置标准，使政府采购结构更加贴近不同层次自主创新产品的供给现状，体现促进企业技术创新的政策目标；第四，完善《政府采购法》及配套法规，将国家垄断企业的采购纳入政府采购范围，出台实施条例，明确规定政府采购国产设备的标准、比例和程序，以适当形式对积极采购和使用政府采购的重点企业给予一定奖励。

税收是政府调控技术创新活动的另一种方式。现行扶持企业技术创新能力的税收优惠政策已经基本饱和。2006 年 3 月，财政部制定了五项财税政策以营造激励企业技术创新的环境，包括：加大企业对研发投入的所得税税前扣除力度；用于研发的设备仪器允许加速折旧，单位价值在 30万元以上者允许缩短折旧年限或加速折旧；进口税收政策优惠要从针对企业进口整机设备逐渐转向鼓励国内企业研制具有技术知识产权的产品和设备所需要的重要材料与关键零部件，等等。与之相反，税收制度对技术创新的限制比较明显，税收制度扭曲与税收优惠政策形成鲜明对比，制度的负面效应抵消了部分政策效应。比如，内外资企业所得税率和税前扣除标准不同，使税收负担有很大差异，本土企业高于外资企业约 13％的税负导致前者竞争力严重下降。因此，税收对技术创新战略的保障应集中解决税收制度改革和完善问题，逐步统一内外资企业所得税，为实施技术创新战略奠定必要的财力基础。

在中观层面，行业协会主要通过制定行业规范和组建技术联盟的方式克服技术创新的市场失灵。行业规范的制定旨在提供一种有序的行业发展秩序和环境，有效约束行业内本土企业之间的价格战和人才无序流动等恶性竞争行为，对新产品进行认定和技术水平检测，设立行业技术标准，减少业主购买国产品牌的后顾之忧；组建技术联盟，则是以行业协会为沟通纽带，促进企业间合作交流，甚至采取并购与战略重组形式，其目的是形成行业内资源优势互补，以提升本土企业的整体技术水平，并依靠集体行动抵制跨国公司的垄断行为，增强行业的集体谈判能力和竞争力。

## 6.2　政府采购驱动技术创新的机制

在买方风险厌恶的约束下，政府采购是解决创新产品市场空间问题的重要方法之一。本节将对政府采购驱动技术创新的机制进行研究。

### 6.2.1　政府采购的理论基础

政府采购是市场经济国家约束政府机关与公共机构运用市场竞争机制采购货物、工程和服务，以实现公共职能的一项基本制度。早期的政府采购仅限于政府部门使用政府预算购买货物、工程和服务项目，后来逐步将涉及国计民生的铁路、市政工程、电力、通信、机场、港口等公共基础设施项目纳入其中，涵盖了公共机构和政府部门所有的采购活动，其功能也由节约财政资金支出、提高政府资金使用效率的单一目标向兼顾经济和社会发展的综合目标转变。随着科学技术逐渐成为经济增长的主要驱动力，西方发达国家已经将政府采购作为一种刺激本土企业技术创新的政策广泛采用，形成了一套系统的政府采购推动技术市场实现、加速技术进步的做法。1933 年，美国颁布的《购买美国产品法》要求政府购买本国货物和服务，正是依靠美国军方和政府的集中采购，在计算机、半导体、集成电路、航空航天和生物制药等领域扶持一批重大战略性技术，促进了产业的飞速发展。

理论研究方面，罗斯韦尔（Rothwell）比较分析了研发补贴与政府采购对技术创新的刺激效果，认为长期来看政府采购能够在更多领域发挥作用。杰罗斯基通过对国家创新需求的定量和定性分析指出，与惯用的研发补贴相比，政府采购的创新激励更为有效。2005 年 9 月，以英国贸工部罗莎·威尔金森（Rosa Wilkinson）为主席的欧盟 16 人专家小组完成了《研发与创新的公共采购》报告，通过总结欧盟各国政府采购对创新激励的实践经验，帮助政策制定者明确政府采购给技术创新所带来的潜在收益，并提出指导专业采购人员适应技术创新需要的政府采购改革方法。由于我国开展政府采购的时间较晚，尤其缺乏技术采购的实践经验，国内关于政府采购和技术创新之间关系的理论研究不够深入，仍然停留在对发达国家先进经验的借鉴层面上，如张鹏以美国、日本、加拿大和印度为例，列举了各国政府采购促进技术创新的成功做法，高昌林通过对美国和欧盟等发达国家或地区技术采购政策的比较分析，认为技术采购对创新活动的促进作用更加突出。

## 6.2.2　政府采购驱动技术创新的理论机制

统计资料表明，西方发达国家政府采购占 GDP 的比重已达到 10％ 的平均水平，政府采购支出占财政预算支出比重的国际标准为 30％。在作为经济调节杠杆，实现国民经济宏观调控功能的同时，政府采购创造了巨额的市场需求，并通过以下四种机制驱动技术创新。

### （一）降低技术创新的市场风险

技术创新的研发投资巨大，具有风险高、回报率低等特征。企业是否进行研发投资以及进行投资额度决策，取决于技术创新为企业带来的无风险收益现值与付出成本现值之间的关系。只有创新成果被消费者认可，才能获得收益，且销售量越大，单位产品分担的研发成本越少。依靠政府采购合同，企业技术创新获得了无风险的稳定市场，只要企业技术开发成功，就能得到持续利润，从而大大降低了技术创新的市场风险。同时，获得政府采购订单的企业还会向国内外消费者传递产品质量高和信誉好的积极信号，这有利于需求规模的拓展，进一步降低技术创新的市场风险。

### （二）降低技术创新的决策风险

多数企业研发经费比较有限，如何将其使用在拥有较高价值和市场前景的领域十分关键。具有某种特质的创新产品容易被市场接受，创新成果的市场化成功概率高。不过，作为个体的企业技术创新决策者（尤其是中小企业），往往在知识积累、创新能力和信息获取等方面存在一定的局限性，无法准确把握技术创新的市场动态，导致创新立项时出现决策失误。政府采购则通过在招标过程中对所采购产品或未成形技术的规格统一标准，为企业技术创新明确方向，避免研发投资的低效率和企业间重复投资现象，从而有效地降低了创新决策风险。

### （三）定向扶持中小企业

在国家创新体系中，中小企业占据着重要地位。安东尼（Anthony，2008）在为美国小企业管理局（SBA）所做的报告中，对 2002—2006 年专利数在 15 件以上的 1 293 家美国公司进行了调查研究，发现中小企业雇员人均专利数为 26.5 件，是大企业（人均 1.7 件）的 15.6 倍，而且中小企业在高新技术等高增长产业对技术创新的贡献尤为突出，表现为专利成果的比例上均高于中小企业专利数的平均份额，如生物技术、医药品、信息技术等。与此相矛盾的是，中小企业面临着研发资金短缺、科技人员不足等约束，在一定程度上制约了创新活动的开展。在政府采购过程中，可通过对大额合同订单的拆分，为中小企业参与采购竞标提供机会，并依靠制定明确的招投标法规，给予中小企业价格上的优惠，帮助其获得采购合同，扶持中小企业的研发活动。

**（四）推动跨国联盟与技术转移**

20 世纪 80 年代开始，我国希望依靠实施"市场换技术"政策获得国外核心技术。然而，多年来过度出让市场并未取得预期效果。以技术创新为目标，在某些与国外技术存在较大差距的领域，单纯依靠技术研发短期内无法实现技术赶超，仍然需要引进国外先进技术，通过消化吸收再创新提高技术水平。在中外技术合作过程中，实力的不对称导致外方倾向于只占领市场、不转移核心技术，严重影响了技术转移效果。而政府采购具有明显的买方垄断性质，能够赋予本土企业优先采购的特权，并吸引各国具备先进技术的企业参与竞标，在技术引进过程中掌握主动权，进而通过组建有效的中外厂商技术联盟和技术转移机制，推动外方企业主动共享核心技术，在消化吸收再创新的过程中提升本土企业技术水平，缩小与世界顶尖技术的差距。

## 6.2.3　来自欧盟九国的经验证据

以政府采购促进技术创新的理论机制为基础，鉴于目前我国政府采购数据缺失的状况，下面将利用欧盟 9 国 1993—2005 年的统计资料为样本，构建面板数据模型进行实证检验，以期为我国政府制定科学合理的采购规范，提高政府采购效率，完成包括促进技术创新在内的多重目标，提供理论依据。

**（一）模型构建**

本书拟从宏观经济层面考察政府采购对技术创新的作用，因而忽略了代表产业、企业和产品属性的解释变量，把创新能力的影响因素分为需求和供给两大类。需求侧包括一国的经济总收入和政府采购额度，前者反映了市场需求规模对创新活动的整体促进效果，后者为政府采购定向支出对技术创新的驱动效应；供给侧因素主要指研发经费投入和研发人员数量，分别从资金和人力资本角度衡量了要素投入对创新的推动作用。据此，构建模型如下：

$$IA = A \cdot TD_{it}^{\alpha} \cdot GP_{it}^{\beta} \cdot RD_{it}^{\gamma} \cdot RH_{it}^{\varphi} \qquad (6—6)$$

式中，$IA$ 代表技术创新能力，用一国年度专利申请数来衡量。专利数量作为国家、产业和企业技术创新能力的衡量指标，被学者们广泛采用（Archibugi，1992；OECD，1994；Archibugi and Pianta，1996；Cantwell and Fai，1999），尤其在宏观经济层面，各国际知名评比机构更是普遍以专利数作为国家科技创新的评价指标，如世界经济论坛的国家竞争力报告（Global Competitiveness Report 2006—2007）、瑞士洛桑国际管理学院的世界竞争力年度报告（World Competitiveness Yearbook 2008）和 OECD 的科学技术与产业排行榜（Science, Technology and Industry Scoreboard 2003）皆以专利数量为标准对技术创新水平进行评价。

对于市场需求规模的衡量，多数文献采用 GDP（Egger，2006）和人均 GDP（Ades and Glaeser，1999）两种指标。由于要考察专利总量，本书选择 GDP 反映一国总体需求规模。在各国经济数据的整理过程中，发现政府采购指标包括公开政府采购金额和政府采购总额，将其作为待选指标。另外，用单位研发人员的研发经费数、研发人员的全时当量分别代表研发经费投入和人力资本投入。对模型（6—6）两边取自然对数，进行线性化转换得：

$$\ln IA_{it} = \ln A + \alpha \ln TD_{it} + \beta \ln GP_{it} + \gamma \ln RD_{it} + \varphi \ln RH_{it} \qquad (6—7)$$

样本选择方面，将范围划定在欧盟这个科技和政府采购数据都比较完备的地区，考虑到数据资料的完整性，采集了欧盟 9 个国家（英国、法国、德国、西班牙、意大利、比利时、丹麦、瑞典与荷兰）1993—2005 年的面板数据。由于政府采购对象主要为企业，因此专利申请量、单位研发人员的研发经费数和研发人员数量均为企业层面数据。同时，经过数据处理，已消除价格影响。根据变量的描述性统计（如表 6—2 所示）可知，欧盟 9 国政府采购总额与公开采购额均值为 1 399.2 亿和 182.6 亿欧元，分别占 GDP 的 16.3% 和 2.1%，年均专利申请 3 815 件，研发人员人均研发经费投入 22.4 万欧元，且国别差异比较明显。

表 6—2 变量描述性统计

| 变量名称 | 单位 | 变量符号 | 样本容量 | 最小值 | 最大值 | 均值 | 标准差 |
|---|---|---|---|---|---|---|---|
| 专利申请数 | 件 | $IA$ | 117 | 244 | 20 424 | 3 815 | 4 831 |

续前表

| 变量名称 | 单位 | 变量符号 | 样本容量 | 最小值 | 最大值 | 均值 | 标准差 |
|---|---|---|---|---|---|---|---|
| 公开政府采购金额 | 百万欧元 | $PP$ | 117 | 250.9 | 126 113.5 | 18 263.2 | 19 440.4 |
| 政府采购总额 | 百万欧元 | $TP$ | 117 | 20 678.7 | 356 957.3 | 139 922.4 | 107 791.5 |
| 单位研发人员研发经费 | 百万欧元每万人年 | $RH$ | 117 | 0.127 | 0.312 | 0.224 | 0.037 |
| 研发人员数量 | 万人年 | $RH$ | 117 | 5 883 | 166 874 | 47 682 | 45 079 |
| GDP | 百万欧元 | $TD$ | 117 | 1 238 656.1 | 2 124 242.4 | 857 256.8 | 641 756.7 |

数据来源：欧盟统计数据库，见 http://ec. europa. eu/index_en. htm。

### （二）实证结果及分析

对于政府采购的两个指示变量，分别建立公开采购模型和采购总额模型，使用普通最小二乘法（OLS）对面板数据进行估计。Hausman 检验表明，两个模型分别符合固定效应与随机效应。根据参数的估计结果（如表6—3所示），可得如下实证结论：

公开采购对技术创新能力具有显著的正效应，弹性为0.134，说明公开采购额度提高1%，专利申请数量将提高0.13%。单位人员研发经费和研发人员数量在1%的置信水平上与技术创新正相关，其中单位人员研发经费投入的弹性为1.294，对企业技术创新的带动作用比较明显。变量GDP的系数同样为正，不过没有通过显著性检验，说明国内生产总值的增加并没有相应地带动企业技术创新，只有更具指向性的市场需求（如公开采购）才能真正起到驱动技术创新活动的作用。

在采购总额的随机效应模型中，政府采购总额对技术创新能力产生了显著的负效应。原因在于，政府采购促进技术创新主要基于公开采购过程中公开化的招投标以及与企业之间的互动，利用企业间争夺有限市场需求的公平竞争行为提高技术创新动力。而在政府采购总额中，竞争性较强的公开采购平均仅占欧盟9国政府采购总额的13%，其余非公开的政府采购包括不受欧盟政府采购"公共指令"限制的部分国防花费、燃油、电子设备和非采购性的社会服务花费（约占采购总额的20%～30%），以及低于招标下限额的采购，这些采购形式有碍市场透明和公平竞争，不利于创新型企业通过研发活动提升产品质量而获得市场份额，导致对技术创新能力显著的负效应。

表 6—3　　　　　　　　　　　　　　　模型估计结果

| 变量<br>（预期符号） | | 公开采购模型 | | 采购总额模型 | |
|---|---|---|---|---|---|
| | | 固定效应 | 随机效应 | 固定效应 | 随机效应 |
| 解释变量 | lnPP<br>（＋） | 0.134*<br>(2.347) | 0.134**<br>(3.258) | | |
| | lnTp<br>（＋） | | | −0.691**<br>(−2.838) | −0.582*<br>(−2.279) |
| 控制变量 | lnRD<br>（＋） | 1.294**<br>(5.481) | 1.356**<br>(6.034) | 1.379**<br>(5.621) | 1.439**<br>(5.779) |
| | lnRH<br>（＋） | 0.652**<br>(3.985) | 0.845**<br>(6.564) | 0.738**<br>(4.349) | 0.983**<br>(6.811) |
| | lnGP<br>（＋） | 0.713<br>(1.553) | 0.173<br>(1.006) | 1.875**<br>(5.220) | 0.918**<br>(3.117) |
| 调整后的 $R^2$ | | 0.983 | 0.667 | 0.984 | 0.618 |
| Hausman 值 | | 12.40（固定效应） | | 7.558（随机效应） | |

说明：＊和＊＊分别代表 5％和 1％的显著性水平。

## 6.3　技术创新取向的政府采购制度国际比较及借鉴

随着科学技术逐渐成为经济增长的主要驱动力，西方发达国家已经将政府采购作为一种刺激本土企业技术创新的政策广泛采用，从而达到刺激企业技术创新活动的目的。2006 年出台的《实施〈国家中长期科学和技术发展规划纲要（2006—2020 年）〉的若干配套政策》强调了政府采购扶持企业技术创新的作用，并制定了利用财政性资金采购自主创新产品、政府首购和订购、本国货物认定和购买外国产品审核等一系列原则与实施办法。不过，由于我国政府采购开展时间较晚，不仅组织机构和法律体系不够健全，而且政策目标和实施细则的制定及执行也缺乏针对性，尤其是以促进技术创新为导向的政府采购制度明显经验不足。比较而言，西方发达国家的政府采购已有 200 多年的历史，已形成了一整套相对成熟的制度和通行做法，在激励国内企业技术创新方面取得了一定成功。本节将从组织机构、法律体系和优先制度三方面比较美国、德国等西方发达国家和以韩国为代表的新兴工业化国家利用政府采购促进技术创新的做法，并着重探讨各国技术采购的实施效果与成功经验，为我国改进技术创新取向的公共采购制度提供有益参考。

### 6.3.1　政府采购的组织机构比较

从组织机构设置来看，各国政府都拥有权责清晰的专门机构和人才队伍负责公共采购的决策与执行两个关键环节，而且重视对政府采购的监督管理和对争议投诉的处理，保证采购过程的公正、透明、高效，杜绝贪污腐败现象的发生。

美国政府采购的组织机构分为四个部分：决策机构、执行机构、监督管理机构和争议投诉机构。作为政府采购的决策机构，成立于 1974 年的联邦采购政策办公室的主要职责为制定政策，引导政府采购机制的建立。联邦政府总务管理局是政府采购的执行机构，负责除国防采购外的几乎所有联邦政府采购。联邦政府总务管理局有权制定和颁布联邦政府采购条例，设立标准和规范等，能够代表联邦政府许多民事机关和缺乏采购信息来源的小机构购买货物与服务，处理房地产购买、租用和建设等工作。监督管理机构包括国会下属的联邦会计总署和总统行政办公厅内设的行政管理和预算局。联邦会计总署的职能是对政府采购项目进行监督和审计，有权对行政机关的采购计划进行评估，根据评估结果提出修改建议。行政管理和预算局则在行政机关采购制度的制定过程中发挥总体指导和领导功能，负责发布适用于各行政机关的规章制度，协调采购活动的实施，约束采购执行机构。争议投诉机构包括合同上诉理事会、美国联邦赔偿法院和美国联邦巡回上诉法院。合同上诉理事会是采购机关内部设立的行政性法庭，负责裁定政府和承包商之间的合同纠纷；美国联邦赔偿法院是听证、处理政府合同纠纷和其他事务的专门联邦法院，也具有纠纷处理职能。如果不服合同上诉理事会或者联邦赔偿法院的裁决结果，可以上诉美国联邦巡回上诉法院，寻求最终的裁定（如表 6—4 所示）。

德国实行部门分散采购与集中采购相结合的政府采购管理体制，联邦政府没有设置独立的机关事务主管机构统一行使政府采购职能，其执行机构包括三个：内政部，主要负责非军事方面的政府采购，为 26 个联邦机构服务；国防部，负责军事采购；信息管理部，负责陆军 IT 采购。同时，不设专门机构行使监督职能，一般通过四种方式对政府采购活动进行监管和控制：一是主管单位对下属政府采购的合法性监督，即依靠采购单位的主管单位确定其采购活动的合法性，用上下级隶属关系进行监督和管理；二是公共采购办公室，负责联邦级和州级政府采购活动的监督管理；三是审计机构，德国 16 个州都有各自的审计机构，只有政府采购项目接近尾声时才可进行审计，若发现违法、违规现象，将会被追究责任，这是一种较为有效的监督管理方式；四是通过审计法庭和欧盟委员会进行监督，其中欧盟委员会是德国最高级别的监管机构。任何一个采购项目遇到投诉，上述监管机构就会采取行动调查，并在2个月内解释该项目违规的原因、有没有采取不恰当的措施等。通过美国和德国的类比可以发现，欧美发达国家政府采购职能部门的设置具有典型的三权分立特征，即决策权、执行权和监督权分属于不同部门，这有助于提高政府资金使用效率，有效防止贪污腐败现象。

表6—4　　　　　　　　　　美国政府采购的组织机构

| 机构类别 | 执行部门 | 部门职能 |
|---|---|---|
| 决策机构 | 联邦采购政策办公室 | 制定政策，引导政府部门建立政府采购机制 |
| 执行机构 | 美国联邦政府总务管理局 | 负责除国防采购外的所有政府采购 |
| 监督管理机构 | 联邦会计总署 | 监督、审计、受理投诉 |
| | 行政管理与预算局 | 指导、协调、约束 |
| 争议投诉机构 | 合同上诉理事会 | 裁定、听证、处理采购合同纠纷 |
| | 美国联邦赔偿法院 | |
| | 美国联邦巡回上诉法院 | 处理对上述裁定结果不满的上诉 |

作为新兴工业化国家，韩国的政府采购制度具有很强的代表性。韩国政府采购的主管部门是调达厅（采购供应厅），为财政经济部下属的一个副部级单位，也是全国唯一的政府采购专职机构。调达厅的工作业务范围很广，不仅负责招标采购的组织过程，同时也承担签订合同前后的各项工作，包括品质检验、运输、仓储、供货监督和追查，特别注重对政府重点工程采购的监督以及加强对进口商品、政府资产的管理。调达厅下设若干个办公室和专业局，其中包括企划管理办公室、审计和检查办公室、紧急计划办公室、中央供应办公室、地方供应办公室、管理局、采购局、工程局、存贷及对外管理局等，支持或监督政府采购的进行。与西方国家相比，韩国政府采购实行中央对地方高度垂直管理的模式，采购效率较高，但缺乏权力的制约和制衡。

### 6.3.2　政府采购的法律体系和优先制度

从法律体系和优先制度上看，各国都在基本法律原则的指导下制定具体的实施细则，用规范、完善的法律体系为政府采购的每个环节提供适宜操作的法律支持，用贯穿始终的优先制度保护和扶持本国产品、中小企业及高新技术产业的发展。

从 1761 年美国《联邦采购法》问世开始，设立政府采购的相关法规成为世界性立法现象。在美国，《联邦政府采办法案》与《联邦政府采购条例》统一规范了政府机构的采购政策、标准、程序和方法，成为政府采购法律体系的核心。美国的政府采购立法以促进竞争、公开透明、保持廉政为原则，在基本法律的基础上注重保护本国产品、保护中小企业，并力求促进技术创新。1962 年，修改后的《购买美国产品法》规定：联邦政府在采购货物或者签订公共工程委托合同时，若美国境内没有制造，必须有购买美国产品或使用美国物资的要求，原产地制造比例必须超过 50%，且只有在美国商品价格高于外国价格一定比例的条件下才能向国外采购。同时，美国政府采购法律始终贯穿着对技术创新中扮演重要角色的中小企业的保护，除了专门颁布《小企业法案》和《小企业和联邦采购竞争促进法》外，《购买美国货法案》规定，本土中小企业报价只要不高于外国供应商报价的 12% 和国内大企业报价的 16%，即可获得政府采购合同的定单；《小企业和劣势企业分包合同法》规定，50 万美元以上的货物合同和100 万美元以上的工程合同，中标企业必须将合同价的 40% 分包给小企业。在 1972—1979 年由美国商业部和国家标准局联合发起的实验技术激励项目（ETIP）中，政府大量运用了政府采购政策鼓励小企业进行创新，对地区经济发展、提高企业竞争力起到了重要作用。

欧盟在共同体条约指导下，相继颁布了关于公共采购各个领域的公共指令，构成了目前欧盟的公共采购法律体系。其中，针对政府的四部指令属于实体性法律，包括《关于协调授予公共服务合同的程序的指令》（1992 年颁布，简称《服务指令》）、《关于协调授予公共供应品合同的指令》（1993 年颁布，简称《供应指令》）、《关于协调给予公共工程合同的程序的指令》（1993 年颁布，简称《工程指令》）和《关于协调有关对公共供应品合同和公共工程合同授予及审查程序的法律、规则和行政条款的指令》（1989 年颁布，简称《公共救济指令》）；针对公共事业的两个指令属于程序性法律，包括《关于协调有关水、能源、交通运输和电信部门采购程序的指令》（简称《公共事业指令》）、《关于协调有关水、能源、交通运输和电信部门的采购程序执行共同体规则的法律、规则和行政条款的指令》（简称《公用事业救济指令》）。在欧盟成员国的政府采购中，欧盟颁布的"委员会指令"和国内采购法构成各国政府采购遵循的法律体系。以德国为例，政府采购的适用范围以一定的采购金额为界限，达到限额标准以上的采购项目要按"指令"规定实行政府采购。限额标准因对象而异，工程建设项目为 500 万欧元，货物项目为 20 万欧元，电信设备为 60 万欧元，其他公用事业项目为 40 万欧元，服务项目为 20 万欧元。另外，为帮助中小企业获得政府采购合同，德国政府把较大的合同数额和任务分成几部分招标，为中小企业参与竞争创造条件，以使其签订足够的合同订单。总体来说，无论是欧盟的"委员会指令"还是其成员国的国内采购法都相当完善，对许多细节问题都做出了详尽明确的规定，其核心内容是保护中小企业、维护正当竞争。

　　韩国政府采购的法律体系包含四个层次：第一层是国会通过的《政府合同法》、以总统令发布的《政府合同法实施细则》和以总理令发布的《关于特定采购的〈政府合同法〉的特殊实施规则》构成了韩国政府采购的基本法律规范；第二层是关于国家招标工作的特殊规定，如《招标采购细则法》、《供货商或制造商的登记程序与资格的规定》、《标底制定的程序与方法》、《投标商资格管理》等；第三层是关于政府采购具体实施中有关问题的详细规定；第四层是国家投资管理部门制定的政府采购会计准则。在优先制度方面，1996 年韩国政府设立了中小企业厅，积极推进修改《中小企业振兴和产品购买促进法》，有力推动了中小企业生产的新产品打开公共采购市场，激励中小企业开展自主创新活动。同时，韩国政府十分重视对本土企业技术创新能力的培养，即使高速列车和核电站等公用事业使用的国产装备价格较高，也要优先采用。

### 6.3.3　技术采购的政策目标与实施效果

　　作为政府采购的一种，技术采购并不直接购买产品或技术，而是购买市场上尚不存在或本国企业尚未开发出的产品，属于一种促进企业原始性创新的政策工具，比采购成形产品更能发挥激励企业技术创新的作用。与传统公共采购不同，技术采购的最终用户可能为政府公共部门（即直接采购），也可能是企业或大量分散的私人用户（即间接采购）。直接采购为政府利用自身需求促进技术创新，购买过程中政府始终是技术或系统的最终用户。对于非政府直接购买的间接采购，政府部门需要承担以下职责：组织足够的购买者；通过与购买者交流，了解其对所需产品的技术要求；在同购买者和技术提供者磋商中确定所采购技术的详细规格；对潜在的技术提供者发出参与投标竞争的邀请；选出参与竞标的优胜者，最大限度地推动新产品市场化。在供给侧，政府机构的介入代理了供给方部分市场调研和销售职能，依靠政府信用增加供给方信用，保障了供给方的销售量。在需求侧，竞争机制的引入使得政府机构在众多生产商中优选出最优标，执行了产品信息收集和多中选优的职能。正是以发起和协调的中介者身份，政府部门在一定程度上弥补了"市场失灵"，并通过对新技术选择权的控制，有效地根据国家技术发展战略选择优先支持的技术领域，将资源导向重点技术项目。

　　美国是最早采用技术采购政策且取得较大成功的国家。近年来，美国能源部（DOE）和太平洋西北国家实验室（PNNL）将技术采购应用于新型节能冰箱、微型汽车和荧光灯等新产品的开发研制与市场推广中，积累了许多有益经验。实践表明：技术采购不仅需要初始阶段强大的购买力，还要开发出持续的市场需求空间。以节能灯泡为例，技术采购初期由于缺乏长期稳定的市场前景，初始招标过程中没能吸引足够的厂商参加竞标，当美国国防部（DOD）开出价值 2 000 万美元、3 年购买 600 万个节能灯泡的长期合同时，这种比传统白炽灯泡节能 25％～30％、寿命长两倍、价格不到 3 美元的新技术才得以市场化。进一步地，持续的市场空间不能单以节能成本吸引购买者，还需具备更多独特的产品性能，而技术采购在此过程中起到了有效沟通和引导技术创新方向的作用。如美国对 LED 红绿灯的技术采购，政府部门通过"竞争性对话"方式和市场调研掌握了用户需求的第一手资料，将有关产品性能的具体指标写入技术采购的规格要求中，达到了连接和协调供求双方的目的，最终开发出的新产品——紧凑型荧光灯（CFL）比传统金卤灯在防火安全性能上具有明显的优势，且拥有更长的寿命和更佳的质量，大量节省了产品保养、维护和更换费用，一推出就受到美国许多大学的青睐。

　　技术采购在欧盟国家的应用也比较广泛。在德国汉堡政府对公共建筑节能照明系统实行技术采购的过程中，政府用详尽清晰的投入回报计划打消了当地采购反对者在成本方面的顾虑，并充分调动国外潜在技术提供者和本地安装保养服务者的积极性，使办公室节能达 60％以上。在英国，为缓解汽车高速公路网络由于公路拓宽、线路延长和新线路造成的压力，提高交通管理效率，2002 年英国高速公路管理局对高速公路可变信号板进行了技术采购，英国 VMS 公司生产的具有高分辨率、全矩阵和完全可编程特点的双色 LED 显示技术竞标成功，同时获得了英国女王创新奖，之后还销往希腊，为雅典奥运会提供服务。20 世纪 90 年代初，瑞典产业技术发展委员会（NUTEK）为降低有氟污染，实行了低氟利昂技术冰箱的采购计划，促进了低氟技术的产生和低氟冰箱的社会普及，充分带动了本土企业技术创新活动的开展。1996 年，北欧各国对热泵进行了技术采购招标，最终 IVT 公司研制出的新型热泵运行效率提高 30％，价格降低 30％，成功替代了分散住户使用的电力器或燃油器，1996 年电力消耗节约 8 900 亿千瓦时，不仅实现了政府节能降耗的初衷，而且带来了可观的经济效益。

### 6.3.4　借鉴与启示

自上海市财政局率先于 1996 年实行政府采购试点工作开始，我国政府采购制度得以初步确立并在各级财政部门广泛建立，但由于我国政府采购仍处于起步阶段，相关法律制度体系很不健全，管理体制和运行机制仍不完善，须从多方面加以改进。通过前面对欧美发达国家和新型工业化国家政府采购制度的比较分析，以促进技术创新为取向，可得到如下启示。

第一，改进政府采购的组织架构和管理体制，加强监督检查功能。按照我国政府采购法的立法精神，政府采购的管理职能与执行操作职能相分离，相应地实行"管采分离"的管理体制，但由于受部门立法制约，政府采购管理体制在机构设置和职责划分上缺乏明确的规定，地方管理机构与执行机构职责划分不清，采购活动的多头和交叉管理现象相当普遍，集中采购机构定位模糊、管理体制不顺、地方监管不到位的状况一直没有得到改观。基于上述问题，应进一步明确采购人、管理机构、执行机构以及支付机构等主体间的责权划分，形成职责明晰、协调有序的运行机制。成立类似美国联邦供应局的技术采购专业部门，逐步实现技术采购专门化、规范化和人员职业化，着手研究政府采购从业人员准则和岗位标准，探索资格考核、持证上岗制度。进一步提高政府采购制度的严肃性和权威性，加强日常监管和地方监管，对重点环节实施重点监控，建立考核评价制度、不良行为公告制度和政府采购市场准入制度，成立技术采购的专业检查监督机构，检查监督机构应独立于财政部门并接受财政部门和采购主体的双向委托，保证各级政府将技术采购工作真正落到实处。

第二，完善与《政府采购法》配套的条例和实施细则，针对保护本国产品、中小企业和环保技术等目标制定相应法规，为促进技术创新提供全面的法律支持。在《政府采购法》之后，我国政府相继颁布了《政府采购货物和服务招标投标管理办法》、《政府采购信息公告管理办法》、《政府采购供应商投诉处理办法》等配套规章和规范性制度 30 多项，这些法规的出台在一定程度上使政府采购法律体系更加健全，但仍存在着诸多疏漏，如《政府采购法》规定政府采购中心作为集中采购机构，却并没有赋予政府采购中心"代表政府依法行使采购权"的法定采购人地位，模糊和弱化了集中采购机构的公共职能与规制载体的作用；在规定政府采购的范围包括货物、工程和服务的同时，又规定工程采购适用《招标投标法》，实际上使公共工程采购游离于政府采购制度的管理和规制之外；等等。在建设法律体系的过程中，首要环节是科学界定政府采购的范围，将采购活动纳入法制化管理轨道，规定政府采购方式和程序，确立所有使用财政性资金的采购单位购买货物、工程或服务必须遵循的一整套规则和行为准则。另外，在 2007 年 4 月财政部印发的《自主创新产品政府采购预算管理办法》、《自主创新产品政府采购评审办法》和《自主创新产品政府采购合同管理办法》三项规章制度基础上，进一步细化和完善鼓励自主创新的政府采购实施办法。

第三，重视技术采购对促进自主创新的积极作用，学习发达国家先进经验，逐步探索适用于我国实际情况的技术采购模式。由专门机构组织专业采购人员在国内相关产业中进行试点，规定技术创新成果采购的品种和数量，确定技术采购在各级地科技总产品和本级政府总采购中的比例，建立政府技术采购的财政专款制度，明确规定政府各部门应优先购买本国高新技术产品，为本土高新技术企业创造足够的市场空间。保证政府采购对某一创新项目支持的连续性，根据科技产品市场化程度调节政府采购的支持力度，如随着民间市场需求的增长逐步降低政府采购的比例。针对体现国家意志的重大技术，在政府采购中设计出较大的竞争空间，促进供应商、承包商或服务提供者之间的有效竞争，借鉴欧洲国家 20 世纪中期半导体技术追赶中的失败经验，在发挥政府拉动功能的同时避免对本土落后企业的过度保护。利用重大项目招标和制定技术采购目录等方式，提高政府在技术路线形成中的主导作用，减少由于技术路线不统一造成的资源配置效率损失。鼓励新兴企业参与重大技术开发，保留一定的技术发展路径差异，学习美国政府在支持芯片制造、计算机、航空航天等领域开展重大技术采购的先进做法，保证技术的多元结构，防止因技术路线偏差带来的技术发展重大倒退。

# 第7章 市场势力与技术创新

市场势力（market power）是指企业将价格制定在竞争性水平（即边际成本）之上的能力，它不仅决定企业的经营绩效，而且影响着企业技术创新决策。本章将以现有市场势力与技术创新关系的研究为基础，构建买方市场势力与技术创新的联立方程模型，考察二者的互动关系。同时，以纵向关联度较强的汽车工业为例，对买方市场势力、资产专用性与上游厂商技术创新之间的关系进行实证检验，以得到市场势力对技术创新影响更为可靠的证据。

## 7.1 市场势力与技术创新的理论关系

### 7.1.1 卖方市场势力与技术创新

熊彼特在《资本主义、社会主义和民主》一书中质疑新古典经济学将自由竞争视为最有效市场结构的观点，首次强调了市场势力对创新活动的关键作用，指出垄断企业具有避免竞争对手模仿而获得创新收益的优势，垄断势力促使在位企业增加研发项目投入。此后，学者们围绕市场势力与创新激励之间关系的问题展开深入讨论，取得了一系列卓有成效的研究成果。阿罗在竞争和垄断两种假设环境下对采用某项新工艺带来的潜在收益进行了比较，得出竞争条件更有利于创新活动的结论。杰罗斯基认为垄断不利于创新的原因主要包括两方面：一是竞争缺失导致拥有较大市场份额和超额利润的垄断企业缺乏创新动力；二是在竞争性市场中创新成功的概率更高，垄断和进入壁垒则带来创新的低效率。霍普（Hoppe）和李（Lee）考察了耐用品市场的进入障碍和创新状况，指出商品的耐用性为垄断企业以限价方式阻止新企业进入创造了条件，造成在位企业的创新投人不足。与上述结论相对，更多学者支持市场控制力与创新活动呈正向关系的观点。德姆塞茨（Demsetz）修正了阿罗模型的两个假设条件，认为垄断条件下的创新激励可能会多于竞争条件。凯米恩（Kamien）和施瓦茨（Schwartz）采用德姆塞茨模型对不同产业进行了比较，证明产业需求曲线弹性越大，创新激励就越大，且在需求曲线弹性相同的情况下垄断者创新投入较多。布伦戴尔（Blundell）等对英国制造业进行了分析，发现垄断企业拥有更强的研发激励，加上对行业状况的深入了解等优势，使得其创新活动更有效率且成功概率较高。

随着理论研究的不断深入，学者们开始认识到垄断和竞争在促进创新方面各具优势，市场势力与企业创新活动之间并不一定存在单一的线性单调关系，需要根据产业特性和市场条件进行综合分析。谢勒尔运用1960年美国58个制造产业数据对市场结构与创新投入的关系进行了实证，发现市场集中度与研发人员数量之间在一定范围内存在正向关系，可一旦超过某临界值，市场势力可能不再有利于技术创新，两者之间呈现一种倒U形函数关系。此后，许多文献运用不同样本对这一关系进行了检验，斯科特（Scott）对美国1974年437个制造企业进行了实证，结果显示四厂商集中度为64％时创新活动最频繁，布拉加（Braga）和威尔莫尔（Willmore）利用巴西1981年4 342个企业数据为样本，研究表明市场集中度与技术引进、新产品开发之间呈显著的非线性关系。同时，相关文献显示市场势力对创新活动的影响也依赖多种其他因素，如产品属性、产品差异度、产业技术机会和市场环境等。

在多数研究把重点放在何种市场结构更有利于技术创新的问题时，部分学者开始关注技术创新对市场结构的作用机制及其效果。莱文（Levin）通过分析进入壁垒机制，认为在位企业进行连续的创新活动以保持技术领先，从而使因技术而生的进入壁垒得以维持。李平将创新对市场结构的影响分解为短期和长期两部分，利用中国35个工业行业的面板数据进行了实证，结果表明创新行为在短期内加剧了市场竞争程度，但从长期看却能够降低市场竞争程度。达斯古普塔和斯蒂格利茨提出了市场结构的内生性问题，认为不仅市场结构影响创新行为，而且创新行为也影响着市场结构的形成与演变。法伯（Farber）首先使用联立方程模型分析了创新投入与市场结构的相互决定问题，其基本假设是：当卖方市场为垄断时，研发投资将随买方势力的增加而上升；当卖方市场为竞争时，研发投资随买方势力的增加而下降，并使用美国50个产业数据构建联立方程模型，支持了理论假说。莱文和瑞斯（Reiss）、卢恩（Lunn）等学者也通过构建联立方程模型证明了市场势力与创新活动之间的相互作用。

## 7.1.2　买方市场势力、资产专用性与技术创新

在研究卖方市场势力对技术创新影响的同时，学者们开始认识到厂商的技术创新行为不仅与自身规模、市场集中度等条件有关，还受到下游行业买方势力的制约，并从买方市场结构和谈判势力两个视角研究了买方势力对技术创新的作用。买方势力最直接体现为市场结构，即买方集中度。法伯通过建立买卖双方市场集中度、广告强度和研发强度的计量模型，以美国 50 个行业数据为样本，就买方集中度对研发活动的影响进行了实证，得到卖方研发活动与买方集中度正相关的结论。克莱珀根据阿伯内西和厄特巴克的产业创新动态过程构建了衡量企业创新能力差异的模型，发现卖方厂商产品的多样性和创新的数量会随着买方集中度的上升而下降。因德斯特（Inderst）和韦（Wey）在区分了买方垄断势力两个不同来源的基础上分析了买方势力对卖方投资、创新动力和社会福利水平的影响，结果表明买方势力的存在即使降低了卖方利润，也会通过提高卖方投资和创新激励促进社会福利水平的改善。除了买方集中度外，买方势力还体现为谈判势力，即买方拥有的与卖方交易、谈判、抗衡的能力。陈（Chen）研究了买方抗衡势力对垄断卖方产品多样性决策的影响，认为买方抗衡势力在降低产品销售价格的同时也降低了产品多样化程度，从而削弱了卖方厂商技术创新的动力。因德斯特和韦指出，卖方的产品创新有利于降低边际生产成本，使得卖方在与买方交易谈判中的地位上升，而买方抗衡势力的增强能够激励卖方进行技术创新以进一步降低成本。巴提加利（Battigalli）通过构建零售商与上游供应商的博弈模型，分析了不同来源的买方势力对卖方工艺创新的影响，发现买方势力的增强不仅会损害卖方利益，也会使买方自身利益遭受损失。但重复博弈的结果表明，如果买卖双方能够达成长期合作关系，有效率的工艺创新将使双方博弈达到均衡。

考察市场势力对技术创新的影响，资产专用性也是一个不可忽视的因素。按照威廉姆森（Williamson）的观点，资产专用性是指耐用资产在多大程度上被锁定而投入特定交易关系，即在不牺牲生产价值的条件下资产可用于不同用途和可供不同使用者利用的程度。资产专用性的产生来源于沉没成本，即一项投资一旦做出之后，若再改作他用，就可能丧失全部或部分原有价值，这部分价值损失是不可弥补的。资产的专用性程度越高，

其被重新配置于其他替代用途或是被替代使用者重新调配使用时的价值损失越大，从而影响包括技术创新在内的企业决策。夫登博格（Fudenberg）认为每一轮技术创新必然伴随着原有技术支持系统的废弃和新的技术支持系统的建立，由此会带来转换成本，这种转换成本的产生与资产专用性程度高度相关。一般来说，资产专用性程度越高，技术创新的转换成本越大，反之则反。按照这样的逻辑，资产专用性强的厂商技术创新动力会由此降低。在纵向关联度较高的行业中，上游厂商的技术创新决策还会受到下游厂商资产专用性的影响：一方面，买方资产专用性会作用于自身研发激励，进而向上游企业传导；另一方面，资产专用性强的下游厂商容易被"拿住"，其与上游企业讨价还价的能力被削弱，从而影响上游企业的技术创新动力。

正式的"资产专用性"概念是威廉姆森在分析纵向一体化问题时提出的，关于资产专用性的研究也由此展开，其中部分学者将研究重点集中在资产专用性对上下游企业间纵向关系的影响上，取得了一定成果。费茨罗（Fitzroy）和缪勒（Mueller）认为资产专用性的实质是一种套住效应，一旦关系专用性投资做出，在一定程度上就锁定了当事人之间的关系，关系专用性投资提高了对市场交易伙伴的依赖性，资产专用性程度越强，对交易伙伴的依赖性就越大，在没有制度阻拦的条件下，资产专用性较强的一方被交易另一方的机会主义行为损害的可能性就较大。考克斯（Cox）从资产专用性角度对企业能力进行了研究，认为当资产专用性较高时，技术和知识是企业的核心竞争力，为保持市场地位和赚取利润，企业会尽量让交易在内部进行。巴拉苏不拉曼尼安（Balasubramanian）对考克斯的模型加以改进，指出在买方资产专用性较低时，知识和技术并不是企业的核心竞争力，买方企业可以通过外部契约的方式实现采购；只有在买方资产专用性较高时，技术和知识才是企业的核心竞争力，企业可以通过内部合约的形式实现采购，即交易内部化。代尔（Dyer）以日本和美国汽车制造商资产专用性的差异为切入点，分别地地点资产专用性、物资资产专用性和人力资产专用性作为资产专用性的指标，对日本和美国汽车制造商的资产专用性与利润率进行比较，发现与美国的汽车产业相比，日本汽车产业具有较高的资产专用性和利润率。李国学探讨了全球生产网络的总利润和成员之间的收益分配份额与专用性投资比例之间的关系，认为资产专用性投资对生产网络的价值创造及其收益分配产生了两种相反的影响：一方面，专用性投资的资源协同效应提高了生产力水平，生产网络创造出了更大的价值；另一方面，相对于通用性投资来说，专用性投资使上下游企业的交易关系变得更加复杂，契约摩擦导致了生产网络的效率损失。网络成员的收益份额随着自己专用性投资的比例和重要程度的上升而增加，随着对方专用性投资的比例和重要程度的上升而减少。多西通过类比库恩的科学范式概念从资产专用性角度提出了技术范式的概念，认为技术范式的变更是一种剧烈的、根本性的技术创新，当企业需要从原有技术范式跳跃到另一个技术范式时，会产生转换成本，这种转换成本的增大形成了对技术创新更大的阻力，不利于创新机会出现和技术变革的推进。

　　国外关于市场势力对技术创新影响的文献皆以发达工业化国家为研究对象，其市场机制完备且产业发展成熟，所得到的实证结论也都是基于工业化国家中拥有较长历史的产业数据，而对处于经济转型时期的中国来说，卖方和买方市场势力对厂商技术创新是否具有显著影响并未确定。

## 7.2　卖方市场势力与技术创新关系的实证检验

　　关于市场势力与创新行为之间关系的经验证据包括两类模型：单方程模型和联立方程模型。比较而言，单方程模型以单向因果关系为前提条件，忽略了市场势力与创新行为的相互影响，国内文献多为线性面板数据和倒 U 形单方程模型。而在现实经济运行中，市场势力与创新行为之间往往存在着双向因果关系，用单方程回归无法准确考察变量之间的内生属性及其作用机制。基于此，本书将构建由技术创新、广告强度和市场势力三个方程组成的联立模型，以中国工业 37 个细分行业 2006 年统计数据为样本进行实证检验。

### 7.2.1　模型构建与数据来源

　　在哈佛学派"结构—行为—绩效"的理论框架下，市场结构影响厂商行为，进而作用于以生产效率、技术进步、产品品质和利润率为表征的经营绩效，市场势力决定着厂商行为和绩效。以施蒂格勒、德姆塞茨为代表的芝加哥学派提出相反观点，强调市场效率的重要性，认为在高度集中市场上长期出现高利润是大型企业高效率经营产生的结果，行业领导者通过规模经济或技术创新提供更为优质的产品和服务，导致较高的市场份额。以传统产业组织理论为基础，借鉴康诺利（Connoly）、法伯和卢恩等学者关于市场势力与技术创新之间内生性关系的有益研究成果，本书分别建立代表"绩效—行为—结构"的技术创新、广告强度和市场势力三个方程，构成联立方程模型。

$$\begin{cases} INNOV_i = c_{10} + c_{11}MP_i + c_{12}A/S_i + c_{13}PROCESS_i \\ \qquad\qquad + c_{14}SIZE_i + c_{15}PROP_i + c_{16}LOAR_i + e_1 \quad (7\text{—}1) \\ A/S_i = c_{20} + c_{21}\pi_{i-1} + c_{22}GR_i + c_{23}INNOV_i + c_{24}IAV_i \\ \qquad\qquad + c_{25}SIZE_i + c_{26}CONS_i + e_2 \quad (7\text{—}2) \\ MP_i = c_{30} + c_{31}INNOV_i + c_{32}A/S_i + c_{33}SIZE_i \\ \qquad\qquad + c_{34}\pi/K_i + c_{35}PROCESS_i + e_3 \quad (7\text{—}3) \end{cases}$$

根据国内行业数据对市场势力和技术创新内生性进行研究并构建联立方程模型，主要基于以下两点原因：第一，随着中国市场经济体制的逐步完善和全球经济一体化，日趋激烈的市场竞争迫使国内企业通过研发活动提高产品和服务质量，而技术创新能力也成为能否取得市场优势地位的关键，二者之间的相互作用关系十分明显；第二，在全球价值链背景下，国内企业正逐步改变单纯依靠低成本比较优势生产低附加值、低技术含量产品的窘境，力图通过技术创新实现向高端价值链跃迁，企业之间已经摆脱单一的价格竞争方式，广告成为重要竞争手段和建立差异化的方式之一，拥有技术创新能力的企业倾向于借由广告策略增强市场势力。

**（一）技术创新方程**

在创新方程［见式（7—1）］中，$INNOV$ 代表技术创新能力，由市场势力（$MP$）、广告强度（$A/S$）、工艺创新专利（$PROCESS$）、行业规模（$SIZE$）、产权结构（$PROP$）和资产负债率（$LOAR$）共同决定。多数研究从创新投入和创新产出两方面衡量产业创新能力，前者的衡量指标包括研发经费支出、研发人员数量和研发强度，后者的衡量指标为专利数量和新产品销售收入。市场势力通过影响创新投入作用于创新产出。比较而言，创新产出更能体现技术创新能力。有学者认为，专利作为创新产出指标有其一定局限性，因此本书选择新产品销售收入作为产业创新能力方程的被解释变量。在以往文献中，衡量市场势力的指标主要有勒纳指数和绝对集中度（$CRn$）等，各指标都有其优缺点，如计算勒纳指数所需的边际成本十分难以获取，采用平均成本代替边际成本则导致结果缺乏准确性，而绝对集中度刻画了市场中最大几家企业的集中程度，没有顾及产业内部企业之间的规模差异程度。本书把相对集中度和绝对集中度结合起来，借鉴"规模差异系数"的概念度量市场势力。规模差异系数是产业集中度与行业平均份额的比值，即：

$$GC_n = \frac{CR_n}{C_n}\left(C_n = \frac{n}{\text{行业内企业总数}}\right) \qquad (7\text{—}4)$$

式中，$C_n = n/\text{行业内企业总数} \times 100\%$。规模差异系数（$GC_n$）的经济含义是某一行业排名前 $n$ 位企业集中度为行业平均集中度的倍数，反映了行业中企业规模的差异程度和相对集中程度。规模差异系数值越大，表明行业内企业规模差异越大，相对集中程度就越高。

在广告强度（$A/S$）方面，按照行业分类的广告费用数据难以直接获得，但广告费用一般被计入产品销售费用中，因此产品销售费用能够部分地代表广告费用。本书选择产品销售费用与产品销售收入的比值衡量广告强度。根据卢恩的研究结果，工艺创新和产品创新属于两种不同的创新类型：工艺创新以增加企业产品的产量为目的，其费用直接计入企业成本，进而影响企业研发费用的支出情况；产品创新则是为了塑造产品的差异性。基于此种分析，研发强度会受到工艺创新数量的影响。本书利用创新专利总量减去发明创新专利数，代表工艺创新专利数，再用工艺创新专利与创新专利总量的比值衡量工艺创新变量（$PROCESS$）。

由于中国企业所有制结构的特殊性，即传统体制上的矛盾并未根本解决，国有企业可能存在创新动力不足的问题，因此，对工业行业创新的研究不能忽略产权结构问题。本书选择利用国有及国有控股工业企业总产值在行业总产值中所占的比重衡量产权结构（$PROP$），将其设置为虚拟变量，比重大于 50% 的赋值为 1，其他为 0，预期其与研发强度为负相关。

其他解释变量：行业规模（$SIZE$），以往文献中的衡量指标主要包括销售额、行业总产值及职工人数等，其中销售额对生产要素的比例是中性的，并且能够反映短期需求波动，因此本书选择销售额作为行业规模的代理变量；资产负债率（$LOAR$），平均资产负债率越高的行业一般被认为融资能力越强，从而更倾向于从事研发活动，也更有能力支付研发费用并生产出性能更好的新产品，其与技术创新应为正相关。

### （二）广告方程

根据法伯等学者的研究，在发达国家的成熟市场经济中，作为提高产品需求价格弹性的两种途径，广告费用与企业研发投入是互补的。对于市场机制逐步健全和竞争日趋激烈的中国工业企业来说，广告强度对研发投人和市场势力的作用同样不可忽视。基于提高估计结果精确程度的目的，本书构建广告强度方程〔见式（7—2）〕，解释变量包括前一期利润、新产品销售收入、销售额增长率、行业成长性、行业规模和行业所属产品性质的变量CONS。将CONS设定为虚拟变量，行业所属产品为最终消费品的赋值为1，其他为0。一般地，生产最终消费品的行业内企业倾向于通过增加广告投入来构建进入壁垒，广告支出强度应该更大。

**（三）卖方市场势力方程**

卖方市场势力（MP）方程〔见式（7—3）〕由新产品销售收入、广告强度、行业规模、权益利润率和工艺创新专利共同决定，其中权益利润率用利润与所有者权益的比值来衡量。

本书的研究对象为分行业的大中型工业企业，数据来自2007年国家统计局发布的《中国统计年鉴》、《中国工业经济统计年鉴》、《中国科技统计年鉴》和《中国大型工业企业年鉴》。按照中国工业行业分类标准，共有39个行业的数据，但由于个别行业数据缺失，选择除其他采矿业和废弃资源、废旧材料回收加工业以外的37个行业2006年的截面数据加以研究。其中，对于由不同年鉴统计数据口径不同造成的数据偏差已进行了系统调整。除虚拟变量外，模型中所使用的其他变量均使用其自然对数值。表7—1列出文中所用变量的衡量指标、单位及代表符号。

表7—1　　　　　　　　　　变量符号及其衡量指标

| 变量 | 衡量指标 | 单位 | 符号 |
|---|---|---|---|
| 创新 | 新产品销售收入/销售收入 | % | $INNOV_i$ |
| 广告强度 | 销售费用/销售收入 | % | $A/S_i$ |
| 市场势力 | 规模差异系数 | % | $MP_i$ |
| 工艺创新专利 | 工艺创新专利数量/创新专利总量 | % | $PROCESS_i$ |
| 行业规模 | 行业销售额 | 亿元 | $SIZE_i$ |
| 产权结构 | 国有及国有控股工业企业产值/行业总产值（虚拟变量，大于50%赋值1，其他0） | | $PROP_i$ |
| 资产负债率 | 资产负债率 | % | $LOAR_i$ |
| 前一期利润 | 上一年利润额 | 亿元 | $\pi_{i-1}$ |
| 销售额增长率 | 本年新增销售额/上年销售额 | % | $GR_i$ |
| 行业成长性 | 工业增加值 | 亿元 | $IAV_i$ |
| 所属产品性质 | 虚拟变量（生产产品属于最终消费品的赋值1，其他0） | | $CONS_i$ |
| 权益利润率 | 利润/所有者权益 | % | $\pi/K_i$ |

### 7.2.2　内生性检验

由于市场势力与技术创新之间存在双向因果关系，仅利用单方程对二者进行分析势必产生变量的内生性问题，导致实证结果的有偏、非一致。为了在经验上确定市场势力与技术创新是否相互影响，需要进行变量内生性检验，即检验方程的联立性。常用于此的检验方法是 Hausman 检验，具体检验步骤为在式（7—3）基础上对式（7—1）进行辅助回归 ［见式（7—5）]：

$$MP_i = c_{30} + c_{31}INNOV_i + c_{32}A/S_i + c_{33}SIZE_i + c_{34}\pi/K_i$$
$$+ c_{35}PROCESS_i + resid_i + e_4 \qquad (7—5)$$

式中，$resid$ 是影响技术创新和市场势力的所有外生变量对技术创新影响的总残差，将 $resid$ 引入市场势力方程中，通过其显著性与否判断变量的内生性，进而检验方程的联立性。运用 OLS 法回归后，内生性检验结果如表 7—2 所示。

根据结果，$resid$ 在 5% 的显著性水平上通过检验，且 $resid$ 系数显著不为 0，因此可以判断联立方程通过了 Hausman 的内生性检验。采用联立方程模型能够更加准确地反映市场势力与技术创新的内在关系及相互作用机制。

表 7—2　　　　　　　技术创新和市场势力的内生性检验结果

| 变量及常数项 | 系数 | P 值 |
|---|---|---|
| C | −1.550 | 0.365 |
| INNOV | 0.133 | 0.062 |
| A/S | 0.185 | 0.068 |
| SIZE | 0.446 | 0.001 |
| $\pi/K$ | −0.319 | 0.026 |
| PROCESS | 0.164 | 0.608 |
| resid | −0.177 | 0.046 |
| $R^2$ | 0.784 | |
| $Ad-R^2$ | 0.738 | |

### 7.2.3　实证结果及分析

选择 GMM 作为联立方程模型的估计方法，对于所处理的截面数据，估计时采用的加权矩阵是 White 异方差一致协方差矩阵。表 7—3 给出了联立方程回归结果，同时，为了便于比较，将单方程估计结果列出。

### （一）技术创新方程

（1）市场势力（$MP$）对技术创新（$INNOVi$）具有显著的负效应（$-1.800$）。市场势力越弱，竞争程度越高，创新能力就越强，这与多数国内外的经验研究是一致的（如 Koeller，2005），而并没有支持熊彼特假说。导致这一结果的原因为，市场竞争不仅可以在短期内改善资源配置效率，还会在长期内促使拥有新技术的创新者进入市场，与在位企业展开竞争。如果新进入者的创新有效，就将取代在位企业，占领市场，带来长期竞争中的动态效率，也称自然选择效应。这种长期竞争的动态效率不仅有利于优胜劣汰技术落后企业，还会给不积极进行创新的在位企业造成压力，迫使其不断进行创新以应对潜在威胁，从而促进产业整体技术水平的提升。

（2）广告强度（$A/S$）对技术创新具有显著的正效应（$0.523$）。广告强度越大，创新能力越强。聂辉华等学者通过经验研究区分了市场势力和市场集中度对于市场竞争程度指标的解释，认为广告强度实际上是反映市场势力的指标，广告强度越大，则市场势力也就越大，使得企业获取利润的能力越强，企业也就更有能力支付创新所需支出，从而越倾向于技术创新。关于广告强度与创新能力的估计结果验证了上述论断。

（3）产权结构（$PROP$）对技术创新具有显著的负效应（$-0.734$）。产权结构效应的加入对于研究中国产业创新等情况是必要的，根据实证结果，国有及国有控股企业的创新能力较弱，而集体、私营和三资企业的研发活动更加活跃。对这种现象的解释是：由于国有企业通常处于行业中的垄断地位，比较容易得到国家和金融机构的优先扶持，强烈的优越感导致此类竞争压力偏小，不愿意开展高投资、高风险的技术创新活动。

（4）资产负债率（$LOAR$）对技术创新的影响（$6.812$）是正向的。资产负债率在一定程度上代表了企业融资能力，融资能力越强，对技术创新活动的支持力度就会越大。市场规模（$SIZE$）对产业创新能力也具有正效应（$2.192$），说明行业需求规模越大，创新能力就越强。工艺创新专利（$PROCESS$）对创新能力没有产生显著影响，原因在于工艺创新在增加了企业利润和竞争力的同时，也助长了企业进行再创新的惰性，"中和"了工艺创新产生的低成本、高产量、高利润，进而可能给技术创新带来的促进作用。

表 7—3　　　　　　　　　　　　　模型估计结果

| 变量 | 单方程回归（OLS） | | | 联立方程回归（GMM） | | |
|---|---|---|---|---|---|---|
| | 创新 | 广告强度 | 市场势力 | 创新 | 广告强度 | 市场势力 |
| | $R/S_i$ | $A/S_i$ | $MP_i$ | $R/S_i$ | $A/S_i$ | $MP_i$ |
| 常数项 | −23.217*<br>(−1.929) | 3.118<br>(1.257) | −2.531<br>(−1.410) | −38.151**<br>(−6.327) | 2.638*<br>(1.688) | −3.415**<br>(−3.822) |
| $INNOV_i$ | | 0.209**<br>(2.123) | 0.032<br>(0.453) | | 0.445**<br>(5.060) | −0.103**<br>(−2.066) |
| $A/S_i$ | 0.729**<br>(2.214) | | 0.174<br>(1.362) | 0.523*<br>(1.755) | | 0.366**<br>(4.755) |
| $MP_i$ | −0.871<br>(−1.432) | | | −1.800**<br>(−3.032) | | |
| $PROCESS_i$ | 1.024<br>(1.160) | | 0.217<br>(0.918) | 0.782<br>(1.146) | | 0.256*<br>(1.777) |
| $SIZE_i$ | 2.248**<br>(4.240) | −1.519**<br>(−2.075) | 0.580**<br>(4.356) | 2.192**<br>(5.530) | −2.245**<br>(−7.429) | 0.788**<br>(8.055) |
| $PROP_i$ | −2.226*<br>(−1.804) | | | −0.734*<br>(−1.679) | | |
| $LOAR_i$ | 2.030<br>(0.720) | | | 6.812**<br>(5.210) | | |
| $GR_i$ | | −0.055<br>(−0.110) | | | 0.399<br>(1.309) | |
| $\pi_{i-1}$ | | −1.026<br>(−1.672) | | | −0.542<br>(−1.240) | |
| $IAV_i$ | | 2.090*<br>(1.751) | | | 2.230**<br>(3.132) | |
| $CONS_i$ | | 0.196<br>(0.711) | | | 0.416**<br>(2.491) | |
| $\pi/K_i$ | | | −0.236<br>(−0.996) | | | −0.367**<br>(−3.214) |
| $R^2$ | 0.751 | 0.417 | 0.751 | 0.636 | 0.539 | 0.728 |
| $Ad-R^2$ | 0.699 | 0.292 | 0.708 | 0.555 | 0.436 | 0.680 |

说明：括号内数字为估计系数的 $t$ 值，** 和 * 分别代表在 5% 和 10% 的水平下显著。

### （二）广告强度方程

技术创新（$INNOV_i$）与广告强度（$A/S$）显著正相关（0.445），说明新产品销售收入越多，企业越倾向于提高广告强度。结合创新方程的估计结果，创新和广告强度之间的确存在相互影响的关系，验证了纳入广告方程的合理性。行业规模（$SIZE$）对广告强度（$A/S$）具有显著的负效应（−2.245），与理论上预期的行业规模越大，企业议价能力越强，利润率越高，也就越有能力支付广告费用不符，原因在于研发和广告作为增强市场势力的手段是互补的，行业规模与研发投入正相关而与广告强度负相关，说明大规模行业企业更愿意将经费投资于技术创新而非广告。产品属性（$CONS$）对广告强度（$A/S$）具有显著的正效应（0.416），说明生产最终消费品的企业比生产中间产品的企业进行了更多的广告投资来刺激市场需求。行业成长性的衡量指标产业增加值（$IAV$）与广告强度正相关（2.230），验证了处于成长期的产业随着市场规模的不断扩大，行业内企业把更多资金投入于广告以提高产品差异性。销售额增长率（$GR$）和前一期利润（$\pi_i-1$）的估计结果均没有通过检验，说明二者对广告强度的影响较弱。

### （三）市场势力方程

（1）与单方程回归模型中新产品销售收入与市场势力弱相关的实证结论不同，联立方程回归模型的估计结果表明创新能力对市场势力具有显著的负效应（-0.103），说明在考虑了变量的内生性问题后，技术创新与市场势力之间的双向因果关系更加明确，研发活动的频繁加剧了市场竞争程度。广告强度（$A/S$）与市场势力（$MP$）正相关（0.366），说明广告强度越大，市场势力越强，原因在于广告不但通过构造产品差异性使顾客更加忠诚，而且在提高行业进入壁垒的同时扩大了产品需求范围，有利于增强行业内的市场势力。

（2）工艺创新专利（$PROCESS$）对市场势力（$MP$）产生了显著的正效应（0.256），对此的解释是：工艺创新更倾向于增加产品产量，有利于企业降低生产成本和扩大规模，以产能的方式提高整体竞争能力，促使市场势力的形成。行业规模（$SIZE$）与市场势力（$MP$）存在显著的正向关系（0.788），说明行业规模越大，就具有更长、更多垂直整合的产业链条，易于出现具有议价能力和控制力的主导企业，从而提升市场势力。

（3）权益利润率（$\pi/K$）与市场势力（$MP$）显著负相关（-0.367）。权益利润率代表行业获利能力，根据德姆塞茨的研究：在市场集中度为10%~50%的区间内，利润率不仅不随着市场集中度的提高而上升，有时反而会有所下降；只有当市场集中度超过50%以后，才存在市场集中度与利润率的正相关关系。通过对37个工业行业集中度的统计，$CR_4$的均值为15.65%，$CR_8$的均值也仅为22.56%，说明目前我国绝大多数工业行业的集中度偏低，行业资源配置效率不高，行业利润率仍处于较低水平。

需要指出，单方程回归（OLS）模型参数估计本来并不显著的变量，在联立方程回归模型中开始变得显著，如市场势力与技术创新相互之间的负效应、产品属性对广告强度的正效应、广告强度和工艺创新对市场势力的正效应等，说明若不考虑市场势力与创新能力之间的内生性，可能会导致错误的实证结论。

## 7.3　买方市场势力与技术创新关系的实证

### 7.3.1　模型构建与变量选择

**（一）模型构建**

以现有研究的有益成果为基础，结合"供给推动"和"需求拉动"假说的分析框架，从卖方和买方市场条件两个角度考察技术创新的决定因素，并将资产专用性纳入其中，构建如下基本模型：

$$INNOV = f(SC, DC, AS) \tag{7—6}$$

式中，$INNOV$ 代表厂商的技术创新活动；解释变量 $SC$ 为卖方市场条件，反映了供给方市场状况与创新活动之间的关系；$DC$ 为买方市场条件，反映了作为产品需求方的买方对创新活动的作用，具体包括需求规模、买方技术能力和买方市场势力等；$AS$ 为资产专用性，为更加全面地考察资产专用性对创新行为的影响，也将其分为卖方和买方的资产专用性程度。

**（二）变量选择**

1. 技术创新变量

一般地，技术创新活动可以从创新投入和创新产出两方面加以衡量。创新投入反映了厂商从事技术创新活动的动力，主要包括研发经费投入和研发人员投入，具体指标为研发强度和研发人员密度；创新产出则反映了企业技术创新的能力及其给企业经营绩效带来的影响，具体指标包括申请专利数、新产品销售额所占比重、新产品出口额所占比重等。由于本书讨论的重点是影响厂商技术创新活动的因素，创新投入更能够体现本书的研究目的，因此所选的技术创新变量为研发强度（$II$）和研发人员密度（$EI$）。

2. 卖方市场条件

从卖方角度来说，技术创新与企业规模、市场竞争状况密切相关。由于研究重点为下游市场对上游企业技术创新的影响，因此在卖方市场条件下，只考察卖方市场势力的效应。衡量市场势力的变量主要有勒纳指数、

产业集中度和企业数等，各指标均有其优缺点，如：计算勒纳指数所需的
边际成本十分难以获取，采用平均成本代替边际成本则导致结果缺乏准确
性；而产业集中度刻画了市场中最大几家企业的集中程度，没有顾及产业
内部企业之间的规模差异性。鉴于变量选择的合理性与数据可得性，本书以
行业内企业个数（SMP）作为卖方市场势力的指示指标。综合以往研究结论，
卖方市场势力与技术创新之间的关系是不确定的：在相对分散行业中，企业
数目较多，单个企业的市场占有率较低，企业难以获得垄断利润，缺少研究
开发的资金支撑，技术创新动力不足；同时，集中度较低的行业存在另一种
倾向，即大量企业的存在提高了行业竞争强度，激励企业从事研究开发活动。
据此，企业数与技术创新之间的关系可能正相关，也可能负相关。

　　3. 买方市场条件

　　对厂商而言，技术创新的最终目标是满足市场需求以创造市场化收
益，而影响该目标实现的买方市场条件主要包括买方市场需求规模
（BDS）、买方技术能力（BTA）和买方市场势力（BMP）。

　　买方市场需求规模可以用需求增长率代表。市场需求增长率越高，说
明产品的市场需求空间越大，由此产生两种相反的效应：第一，技术创新
具有风险高、回报率低的特征，巨大的市场需求规模所带来的期望收益能
够起到摊薄前期固定投入、降低技术创新风险的作用，有利于增强企业技
术创新的动力；第二，面对不断增长的市场需求所带来的稳定现金流，卖
方的竞争压力降低，导致缺少技术创新激励。因而，买方市场需求增长率
与技术创新之间的预期关系不能确定。

　　在纵向关联度强的行业中，买方技术能力越强，对中间产品就具有更
高的要求，继而通过产业间的传导机制带动上游厂商进行技术创新投入。
买方技术能力用研发强度，即下游厂商的研发经费支出占总销售收入的比
重来表示。买方技术能力预期与卖方技术创新活动呈正向关系。

　　买方市场势力是我们所要考察的核心变量。与卖方类似，买方市场势
力同样用企业数来衡量。买方市场势力对上游企业技术创新的影响也是双
重的：一方面，下游企业数越少，集中度越高，其技术创新能力越强，需
要上游企业为其提供相匹配的中间产品，从而带动上游企业进行研发投入；
另一方面，买方市场势力越强，对纵向关联产业就越具有控制力，继而使
上游企业的利润水平遭受损失，导致缺少足够的资金和人员投入创新活动
中。因此，买方企业数与卖方技术创新的关系是不确定的，可能正相关，
也可能负相关。

　　此外，卖方市场势力和买方市场势力两个自变量可能存在交互作用，可以用二者的乘积 $SMP \times BMP$ 加以表示。$SMP$ 作为调节变量影响 $BMP$ 与技术创新的关系，$BMP$ 也是如此。

　　4. 资产专用性

　　德姆塞茨认为，与那些非耐久性投资相比较，生产过程中耐久性资产的作用越重要，企业资产一体化程度相对越高。对专用性物质资产的度量比对场所专用性和专用性人力资本的度量要相对简单，为某项特殊交易所做出的设备、工具等投资一般来说是可以通过资产负债表计算出来的，而且这些投资大部分是固定资产。遵循德姆塞茨的做法，本书将固定资产总额与总资产的比率作为资产专用性（AS）的指示变量，并从卖方和买方两方面考察资产专用性与技术创新之间的关系。

　　按照多西的观点，卖方厂商的资产专用性越强，其从原有技术范式跳跃到另一个技术范式时产生的转换成本越大，形成了对技术创新更大的阻力，不利于创新机会的出现和技术变革的推进。而且，厂商自身的资产专用性越强，越容易被下游企业"拿住"，削弱了技术创新的动力。因此，预期卖方资产专用性（SAS）与自身技术创新呈负相关。

　　买方资产专用性越强，技术创新的转换成本越高，在使得买方研发投入激励不足的同时，也会导致买方在与卖方谈判过程中不愿意采纳可能带来资产变更的新产品和新技术，通过这种机制传导至上游产业，阻碍了上游厂商的技术创新活动。这样，买方资产专用性（BAS）预期与卖方技术创新活动之间呈负向关系。

　　通过变量的选择，可以将基本模型［见模型（7—6）］具体化为计量经济模型。考虑到卖方、买方市场势力与技术创新之间的关系并不确定，在线性模型的基础上，借鉴部分文献的做法，假定市场势力与创新之间存在倒 U 形关系，由此产生下面四个模型：

$$II_{it} = \alpha_0 + \alpha_1 SMP_{it} + \alpha_2 BSD_{it} + \alpha_3 BTA_{it} + \alpha_4 BMP_{it}$$
$$+ \alpha_5 SMP \times BMP + \alpha_6 SAS_{it} + \alpha_7 BAS_{it} + \varepsilon_{it} \quad (7—7)$$

$$EI_{it} = \alpha_0 + \alpha_1 SMP_{it} + \alpha_2 BSD_{it} + \alpha_3 BTA_{it} + \alpha_4 BMP_{it}$$
$$+ \alpha_5 SMP \times BMP + \alpha_6 SAS_{it} + \alpha_7 BAS_{it} + \varepsilon_{it} \quad (7—8)$$

$$II_{it} = \alpha_0 + \alpha_1 SMP_{it} + \alpha_2 SMP^2 + \alpha_3 BSD_{it} + \alpha_4 BTA_{it}$$
$$+ \alpha_5 BMP_{it} + \alpha_6 BMP^2 + \alpha_7 SMP \times BMP$$
$$+ \alpha_8 SAS_{it} + \alpha_9 BAS_{it} + \varepsilon_{it} \quad (7—9)$$

$$EI_{it} = \alpha_0 + \alpha_1 SMP_{it} + \alpha_2 SMP^2 + \alpha_3 BSD_{it} + \alpha_4 BTA_{it}$$
$$+ \alpha_5 BMP_{it} + \alpha_6 BMP^2 + \alpha_7 SMP \times BMP$$
$$+ \alpha_8 SAS_{it} + \alpha_9 BAS_{it} + \varepsilon_{it} \qquad (7\text{—}10)$$

### 7.3.2　数据来源

选择上下游产业关联度高、规模收益明显、资金和技术密集的汽车工业作为实证对象，根据研究目标，将汽车工业细分为摩托车、汽车和改装汽车的零部件与整车生产等包括上下游关系的七类细分行业，考察汽车产业内部整车企业的买方市场势力、资产专用性对零部件供应商技术创新的影响。数据样本来源于 2001—2009 年《中国汽车工业年鉴》，变量描述性统计如表 7—4 所示。

**表 7—4　　　　　　　　变量符号、衡量指标及其描述性统计**

| 变量 | 衡量指标 | 单位 | 符号 | 均值 | 标准差 | 最大值 | 最小值 |
|---|---|---|---|---|---|---|---|
| 被解释变量：技术创新 | | | | | | | |
| 研发强度 | 研发经费支出/销售收入 | % | $II$ | 1.59 | 0.48 | 2.96 | 0.43 |
| 研发人员密度 | 研发人员数/总人员数 | % | $EI$ | 4.08 | 1.53 | 8.36 | 0.92 |
| 解释变量：卖方市场条件 | | | | | | | |
| 卖方市场势力 | 卖方企业数 | 个 | $SMP$ | 966.76 | 813.53 | 1 971 | 3 |
| 解释变量：买方市场条件 | | | | | | | |
| 市场需求增长率 | （第 $t$ 期销售量－第 $t-1$ 期销售量）/第 $t-1$ 期销售量 | % | $BDS$ | 14.49 | 9.05 | 37.75 | 2.68 |
| 买方技术能力 | 买方研发经费支出/销售收入 | % | $BTA$ | 1.83 | 1.27 | 7.26 | 0.97 |
| 买方市场势力 | 买方企业数 | 个 | $BMP$ | 224.06 | 64.47 | 558 | 115 |
| 相互影响度 | 卖方企业数×买方企业数 | 个² | $SMP \times BMP$ | 71 816.96 | 84 608.03 | 222 066 | 7 395 |
| 解释变量：资产专用性 | | | | | | | |
| 卖方资产专用性 | 卖方固定资产/总资产 | % | $SAS$ | 47.69 | 6.48 | 70.07 | 26.53 |
| 买方资产专用性 | 买方固定资产/总资产 | % | $BAS$ | 40.36 | 3.71 | 46.03 | 27.85 |

### 7.3.3　实证结果

在进行回归之前，首先要分析面板数据的平稳性（单位根检验），以免造成虚假回归或者伪回归，确保估计结果的有效性。本书采用通常采用的两种面板数据单位根检验方法，即相同根单位根检验 Levin-Lin-Chu（LLC）检验和不同根单位根检验 ADF-Fisher 检验。如果在两种检验中均拒绝存在单位根的原假设，则说明此面板序列是平稳的，反之则说明不平稳。通过对所采集的汽车工业数据进行单位根检验，得到各个变量的检验结果（如表 7—5 所示）。

表 7—5　　　　　　　　　各变量单位根检验结果

| | Levin-Lin-Chu test（$p$ 值） | ADF-Fisher Chi-square（$p$ 值） | 判断结果 |
|---|---|---|---|
| II | 0.000 0 | 0.000 0 | 平稳 |
| EI | 0.000 0 | 0.043 2 | 平稳 |
| SMP | 0.000 0 | 0.006 5 | 平稳 |
| SSMP | 0.000 0 | 0.004 1 | 平稳 |
| BDS | 0.000 0 | 0.009 1 | 平稳 |
| BTA | 0.000 0 | 0.000 0 | 平稳 |
| BMP | 0.000 0 | 0.000 0 | 平稳 |
| BBMP | 0.000 0 | 0.000 5 | 平稳 |
| SBMP | 0.000 0 | 0.000 0 | 平稳 |
| SAS | 0.000 0 | 0.000 2 | 平稳 |
| BAS | 0.000 0 | 0.000 0 | 平稳 |

由面板数据的单位根检验可知，所选变量的原序列在 5% 的显著水平下均拒绝原假设，而且均为 0 阶单整，可以进一步进行协整检验。本书采用高（Kao）协整检验[①]的方法对变量间是否存在长期稳定的均衡关系进行检验，经检验可得模型 7—8 的 ADF 统计量为 −2.397 2，$p$ 值为0.008 3，在 1% 的显著水平下拒绝不存在协整关系的原假设；模型 7—9的 ADF 统计量为 3.795 6，$p$ 值为 0.000 1，同样在 1% 的显著水平下拒绝不存在协整关系的原假设。两个模型均通过了协整检验，说明变量之间存在着长期稳定的均衡关系，其方程回归残差是平稳的。这样，可以在此基

① 高（Kao，1999）、高和蒋（Kao and Chiang，2000）利用推广的 DF 和 ADF 检验提出了检验面板协整的方法，这种方法的零假设是没有协整关系，并且利用静态面板回归的残差来构建统计量。

础上直接对原方程进行回归，此时的回归结果是较精确的。

在选择面板数据模型时，首先利用 F 检验判断是选择混合效应模型还是选择固定效应模型，再通过 Hausman 检验来确定是建立个体随机效应模型还是个体固定效应模型。由 F 检验可知，四个模型在 5% 的显著水平下均拒绝混合效应模型的原假设，应建立固定效应模型。进一步，根据 Hausman 检验的结果，四个模型在 5% 的显著水平下均拒绝随机效应模型的原假设，因此应建立个体固定效应模型。为了解决异方差和序列相关问题，本书以 cross section SUR① 为权数，采用 PCSE 方法②对面板数据进行回归，估计结果见表 7—6。

表 7—6　　　　　　　　　　　模型估计结果

| 变量及常数项 | 模型 7—7 II | 模型 7—8 EI | 模型 7—9 II | 模型 7—10 EI |
|---|---|---|---|---|
| C | 4.694 0*** (9.445 2) | 4.742 1*** (3.592 5) | 7.689 9*** (6.509 0) | 5.772 3 (1.457 0) |
| SMP | 0.000 7** (2.233 5) | 0.007 7*** (6.459 7) | −0.006 6*** (−5.536 7) | 0.008 7 (1.403 8) |
| SMP×SMP | | | 2.27E−06*** (6.610 5) | −1.08E−06 (−0.572 3) |
| BDS | 0.021 2*** (10.857 0) | 0.002 4 (0.308 8) | 0.016 2*** (6.812 5) | 0.008 5 (1.197 5) |
| BTA | 0.298 6*** (18.758 1) | 0.089 2* (−1.748 3) | 0.087 3*** (10.148 2) | 0.067 1 (−1.191 2) |
| BMP | −0.005 1*** (−4.046 7) | −0.009 6** (2.376 7) | 0.002 8 (0.673 7) | −0.015 2** (−1.980 2) |
| BMP×BMP | | | −5.59E−06* (−1.893 9) | 8.93E−06 (1.663 9) |
| SMP×BMP | −5.04E−06*** (−7.225 1) | −1.81E−05* (−5.241 2) | −6.46E−06*** (−6.677 6) | −5.34E−06*** (−3.488 0) |
| SAS | 0.012 8*** (4.443 0) | 0.066 3*** (8.823 7) | 0.011 2* (1.893 4) | 0.059 1*** (5.371 1) |
| BAS | −0.034 1*** (−8.944 9) | −0.205 9*** (−7.314 3) | −0.042 8*** (−9.667 2) | −0.144 6*** (−5.292 9) |
| F 值 | 53.579 3 | 12.282 0 | 22.368 1 | 9.753 5 |
| P 值 | 0.000 0 | 0.000 0 | 0.000 0 | 0.000 9 |

① 以 cross section SUR 为权数，既能克服异方差，又能克服残差自相关。
② 贝克和卡茨（Beck and Katz, 1995）引入的 PCSE 估计方法是面板数据模型估计方法的一个创新，可以有效地处理复杂的面板误差结构，如同步相关、异方差、序列相关等，在样本量不够大时尤为有用。

续前表

| 变量及常数项 | 模型 7—7 | 模型 7—8 | 模型 7—9 | 模型 7—10 |
|---|---|---|---|---|
| | $II$ | $EI$ | $II$ | $EI$ |
| 调整后 $R^2$ | 0.916 8 | 0.702 9 | 0.837 9 | 0.679 3 |
| $F$ 检验的 $P$ 值 | 0.000 0 | 0.000 0 | 0.000 0 | 0.000 1 |
| Hausman 检验的 $P$ 值 | 0.024 8 | 0.001 6 | 0.000 0 | 0.000 0 |
| $D$-$W$ 值 | 2.411 8 | 2.019 2 | 2.316 8 | 2.163 7 |

说明：括号内数字为估计系数的 $t$ 值。\*\*\*，\*\* 和 \* 分别代表在 1％、5％和 10％的水平下显著。

由回归结果可知，模型 7—7 和模型 7—8 调整后的 $R^2$ 值分别为 0.916 8 和 0.702 9，方程整体拟合度较好；$F$ 值分别为 53.579 3 和 12.282 0，方程显著性较高；D-W 值分别为 2.411 8 和 2.019 2，不存在序列自相关。比较而言，加入市场势力平方项的模型 7—9 和模型 7—10 调整后的 $R^2$ 值为 0.837 9 和 0.679 3，$F$ 值为 22.368 1 和 9.753 5，方程拟合度和显著性均有一定程度的下降，变量系数的显著性也不十分理想，说明加入市场势力平方项后方程的解释程度反而有所降低。因此，采取模型 7—7 和模型 7—8 的参数估计结果，具体分析如下：

（1）在卖方市场条件中，卖方市场势力（SMP）的指示变量企业数与技术创新正相关，说明卖方市场中企业数目较多，垄断力量较小，导致竞争激烈，从而增强企业技术创新的动力。结合以往研究的结论，卖方市场势力与技术创新之间的关系可正可负，与行业特性等因素有关。对于汽车工业上游的零部件和发动机等行业来说，企业数量较多，规模偏小，大部分企业缺乏核心竞争力，只有不断寻求技术创新，才能满足行业竞争的需要。

（2）在买方市场条件中，需求规模（BDS）对上游厂商技术创新具有显著的正效应，市场需求增长率越高，企业研发经费和研发人员投入越多，说明市场需求空间的扩大起到了通过利润增长而摊薄创新成本及风险的作用，增强了汽车企业技术创新的动力。

买方技术能力（BTA）与上游厂商技术创新显著正相关，研发强度和研发人员密度都会随着买方技术能力的提升而增加，且研发人员的敏感度更强，说明在纵向关联较强的汽车工业中，如果下游厂商拥有较强的技术能力，就会在技术标准等方面对中间产品提出更高要求，从而通过产业间的传导机制带动上游厂商进行创新投入。

买方市场势力（BMP）的指示变量下游企业数目对技术创新具有负效应，其中对研发强度的影响较为显著，对研发人员密度的影响稍弱，与彼得斯（Peters）采用德国汽车产业数据分析市场势力与技术创新关系的实证结果基本相符。尽管理论上买方势力对上游企业技术创新的影响是双重的，但是研究结果表明：负效应更显著，买方企业数越少，技术创新能力越强。上游厂商为满足买方对中间产品的更高要求，会更多从事技术创新活动。

体现市场势力交互作用的 SMP×BMP 系数显著为负，说明当把买方势力作为调节变量时，若买方企业数较少，卖方企业数与技术创新正相关；若买方企业数较多，则卖方企业数与技术创新负相关。也就是说，下游行业较为集中时，上游行业同样具备一定市场势力反而不利于技术创新；而下游市场势力较弱时，较为集中的上游市场更能够激励企业从事研发活动。

（3）卖方资产专用性（SAS）对技术创新具有正效应，这与多西关于资产专用性与转换成本关系的论断不一致，对此可以从厄特巴克和阿伯内西提出的技术生命周期理论中找到依据。按照产业创新过程模型，在流动阶段，技术和市场存在很大的不确定性，企业主要从事产品创新，产品本身面临巨大的风险，技术创新方的资产专用性很强，下游生产方多采用通用设备，资产专用性较弱；在过渡阶段，产品开始向主导设计收敛，市场不确定性下降，技术创新方资产专用性程度下降，而下游生产方开始使用专用设备进行生产，资产专用性程度上升；进入稳定阶段后，技术日趋标准化，技术创新方的资产专用性程度较弱，生产方为提高效率而普遍采用专用设备，资产专用性程度较高。对于汽车零部件和整车生产来说，都已经进入产业创新的稳定阶段，技术标准较为成熟，此时尽管上游零部件厂商的固定资产投资在增加，但多数为通用性资产，专用性资产所占份额较少，因此出现固定资产投资与研发投入正相关的结果。

买方资产专用性（BAS）对技术创新具有显著的负效应，符合理论预期。买方的固定资产比例越大①，技术创新的转换成本越高，在使得买方研发投入激励不足的同时，也会导致买方在与卖方谈判过程中不愿意采

---

① 根据技术生命周期（A-U）模型，汽车行业处于产业创新的稳定阶段，处于下游的整车生产倾向于投资专用性设备，使得专用性资产在固定资产中比例较高，则固定资产比例与技术创新的关系在很大程度上体现了资产专用性对技术创新的影响。

纳可能带来资产变更的新产品和新技术，通过这种机制传导至上游产业，妨碍了上游厂商的技术创新活动。

通过对买方市场势力和资产专用性的考察，可得到如下结论：企业技术创新不仅受自身规模和所处市场结构的影响，还与作为买方的下游行业市场势力有关；买方企业数与技术创新负相关，说明买方市场势力能够促进上游厂商技术创新；而交互作用项的估计结果则显示，上下游行业之间较为对等的市场抗衡力量反而不利于技术创新活动的开展。同时，买方技术能力对企业技术创新也具有积极影响，较高的市场需求增长率所带来的利润有利于激发企业技术创新动力。同时，企业自身的资产专用性对其技术创新具有正效应，与多西的理论预期相反，原因在于随着技术趋于成熟，上游零部件行业的固定资产投资多流向通用性设备，固定资产比例并不一定能够真实地反映资产专用性程度。买方资产专用性通过传导机制影响上游企业的技术创新，买方较强的资产专用性会阻碍上游厂商的技术创新。

# 第 8 章  产业间技术进步的溢出效应：
# 基于两部门模型

技术创新具有公共物品的属性，某行业的技术进步将带来相关行业技术水平的提升，即溢出效应。产业间的技术溢出具有什么样的特征，遵循什么样的路径，是技术创新研究需要思考的问题。本章将以装备制造业这种纵向关联性较强而且产业间技术溢出较为明显的行业为例，利用两部门模型对技术溢出效应加以测算，并对技术溢出的影响因素进行实证检验。

## 8.1  产业间技术溢出的理论基础

### 8.1.1  产业间技术溢出的内涵

技术溢出的概念最早源于阿罗，他认为技术发明与创新，或者即使是更一般的技术知识与信息，都具有公共产品的一些特征，并且这种为特定应用目的而开发的技术知识由于其固有的非对抗性很容易溢出，用于其他不同的用途。当这种新技术转化为公共商品而不为创新企业所独占时，溢出效应就会出现了。此后，很多学者也给出了技术溢出的不同定义，如克劳斯·库尔蒂（Klaus Kultti）和托马斯·塔卡罗（Tuomas Takalo）将技术溢出简单描述为"一个企业的创新投入减少了其他企业的生产成本"。在技术溢出的测度上，埃里克·迪岑巴赫（Erik Dietzenbacher）则认为溢出应由创新部门之外的其他部门的产出变化占所有部门产出变化的百分比来测度。

随着国际贸易的发展，技术溢出理论最常见地被应用于该领域中。国内外很多学者都给出了各自关于 FDI 技术溢出效应的定义，如卡维斯（Caves）认为 FDI 技术溢出是由跨国公司自身的创新活动所产生的知识的外部性在与东道国的互动过程中产生的，或者是因为跨国公司的进入所带来的竞争压力而使得东道国产业内原有的各种扭曲得到消除，并由此产生的准租金不能被跨国公司完全获得，从而产生了技术溢出效应。科克（Kokko）在研究跨国公司技术溢出时认为，技术溢出效应实际上就是跨国公司在东道国设立子公司而引起当地技术进步或者生产力的提高，而跨国公司又无法获得全部收益的情形。国内学者李平在继承科克的某些想法后，给出了技术溢出的概念，认为技术溢出是指通过技术的非自愿扩散促进当地技术和生产力水平的提高，是一种经济外部性的表现。卢健在研究国际贸易中的技术溢出效应时，将技术溢出定义为：先进技术拥有者有意识或无意识地转让或传播其技术，主要包括国际溢出、国内溢出、产业内溢出和产业间溢出四种形式。何洁在考察 FDI 对工业部门的溢出及影响因素时，进一步把溢出效应定义为 FDI 对东道国的经济效率和经济增长或发展能力产生无意识影响的间接作用，它可以发生在同一产业内，也可以发生在不同产业间。

通过国内外学者对技术溢出效应的界定可以看出，技术溢出本质上其实是一种外部效应，主要是由于技术知识及产品信息的公共产品特性导致的技术扩散，或由企业和产业之间的竞争压力引发的，并且这种溢出效应大都并非技术创新主体自愿，而是通过非市场交易的途径获得的。

产业间技术溢出是技术溢出的主要形式之一。如果经济系统被看做一个由产业构成的复杂网络，并且产业间相互提供中间产品和资本品，那么一个产业的技术进步会影响到其相关产业的发展，反之，其相关产业的技术进步又会影响该产业部门的技术进步，这也就是所谓的产业间技术进步的交互作用，这种交互作用会促成产业间技术进步的转移与吸纳。而通常这一部门是产业链条中或是经济系统中的关键部门，其技术活动将会通过结构上的关联效应对其上下游产业乃至整个经济系统产生强烈的影响，这也就发生了产业间的技术溢出效应。

## 8.1.2　装备制造业技术溢出的研究背景

### （一）装备制造业的带动作用

装备制造业是为国民经济各部门简单再生产和扩大再生产提供技术装备的各制造工业的总称，具有产业关联度高、对经济增长带动作用强、技术资金密集等特点。高度发达的装备制造业，是一国工业现代化的基础和经济实力的集中表现，也是决定一国在经济全球化进程中国际分工地位的关键因素。按照产业关联理论，经济活动过程中产业之间存在着广泛和密切的技术经济联系，由于科学技术知识的公共产品性质，产业技术创新活动具有正的外部性，特定产业的技术进步不仅会带来本部门的经济发展，还会通过企业间和产业间的技术波及效应，引致相关部门乃至整个经济系统的发展。尤其对于装备制造这种关系到国民经济发展的支柱性和战略性产业，工业经济各部门都是装备产品的用户产业，其技术水平和创新能力是各行业调整转型、优化升级的物质基础和重要保障，"没有先进的技术装备就没有先进工业"的观点已在各界达成共识。因此，从理论层面讲，装备制造业技术进步不仅会促进自身产出增长，同时还会产生外溢效应，相应提高非装备制造部门的生产效率，进而带动整个工业经济部门的发展。

在政策层面，装备制造业技术进步的作用越来越受到工业化国家及发展中国家的重视。① 1993 年，美国政府批准了由联邦科学、工程与技术协调委员会（FCCSET）主持实施的"先进制造技术"（AMTP）计划，后又出台"制造技术中心"（MTC）计划以促进制造技术的发展。日本在优先发展先进制造技术的三个"振兴法"基础上，于 1990 年提出"智能制造系统"（IMS）计划，目的是将美国软件技术和西欧精密仪表的特长与日本制造技术相结合，创造出先进的智能制造系统。自 1994 年开始，欧盟连续实施"第四届框架计划"和"第五届框架计划"，其中与先进制造技术有关的项目占有相当大的比重。1991 年，韩国正式启动高级先进技术国家计划（G-7 计划），该计划中的"先进制造系统"项目旨在通过制造技术水平的提高改进产品质量，提高生产效率。与此同时，我国政府近年来也开始强调装备制造业在国民经济中的重要地位，相继出台促进装备制造业技术进步的各项政策，从"十一五"规划到《国家中长期科学和技术发展规划纲要》，再到《国务院关于加快振兴装备制造业的若干意见》，政府把振兴装备制造业提升到事关国家与民族安全的前所未有的高

---

① 世界其他国家包括国际组织并没有明确提出"装备制造业"的概念。通常所指的装备制造业，相当于国际产业分类标准的 382 除电气外机械制造业（非电气机械）、383 电气机械制造业（电气机械）、384 运输设备制造业（运输设备）、385 科学、测量、控制、光学设备制造业（专业和科学设备）；相当于美国 1994 年北美产业分类标准（NAICS）的 35 工业机械及设备制造业、36 电子及其他电气设备制造业、37 运输设备制造业、38 仪器及相关设备制造业；相当于欧洲国家的"资本货物制造业"。参见国家发展计划委员会产业发展司：《中国装备制造业发展研究总报告（上册）》（专题篇），北京，国家发展计划委员会产业发展司出版社，2002。

度，明确了装备制造业技术水平对于带动相关产业部门发展、增强产业自
主创新能力与核心竞争力的关键作用。可以看出，政府部门已经意识到装
备制造业在经济发展中的基础性地位，相应的扶持政策和措施也已达到一
定力度。那么，就我国实际情况而言，装备制造业的技术进步是否如理论
和政策所预期，对非装备制造部门产生了技术溢出效应，并促进了整个工
业经济的增长呢？

### （二）部门间技术溢出的研究进展

对于技术进步和产出增长的关系，新古典经济增长理论把技术进步看
做外生变量，认为资本和劳动是经济增长的源泉，但资本的边际产出效率
递减导致任一经济体都不可能存在长期的增长。内生增长理论提出技术进
步内生假说，大致有两类模型：一是建立在阿罗干中学模型基础上，包括
罗默（Romer）的知识外溢和卢卡斯（Lucas）的人力资本模型等；二是
以阿格因（Aghion）与霍伊特（Howitt）为代表的熊彼特主义内生创新
增长模型。罗默在 1986 年发表的《收益递增与长期增长》一文对阿罗的
干中学模式进行了重大修正和扩展，提出一个由外部效应、产出生产中的
收益递增和新知识生产中的收益递减三个要素共同构成的竞争性均衡模
式，开拓了知识外溢和干中学的内生增长思路。卢卡斯强调人力资本的重
要性，认为溢出效应来自人力资本而不是实物资本的投资，每一单位人力
资本的增加除引起产出提高外，还会引起社会平均人力资本水平的上升，
提高社会平均运作效率。1990 年，罗默提出引入人力资本后的第二个内
生增长模型，假设存在资本、劳动、人力资本和技术四种投入，并将社会
生产划分为研究部门、中间品生产部门和最终品生产部门，研究部门使用
人力资本和现存知识生产新知识，中间品生产部门利用新知识和最终品生
产生产者耐用品，最终品生产部门利用人力资本、生产者耐用品和劳动生
产最终产品，从而说明技术和人力资本对经济增长都具有决定性的作用。
内生增长理论在 20 世纪 90 年代的另一个重要进展是新熊彼特主义复兴，
进一步强调技术创新在产出增长中的内生性作用。格罗斯曼（Grossman）
和赫尔普曼（Helpman）假定经济存在研究部门与消费品部门，前者研制
新型消费品，后者购买研究部门的新设计，新设计所蕴涵的知识促使研究
部门降低成本和提高生产率，消费多样化使消费者满足程度提高。在知识
具有上述两种外部性的情况下，社会产出实现内生增长。1992 年，阿格
因和霍伊特在新古典框架下建立了一个包含随机因素的、由垂直创新推动
的内生经济增长模型，之后在《内生增长理论》一书中对技术进步的创造

性破坏在经济增长过程中的作用进行了详尽分析。杨（Yong）构建了一个用创新和干中学共同解释经济增长的模型，其中技术创新表现为消费品品种的增加，干中学体现创新的溢出效应，最终得到经济增长率的高低取决于创新成本高低的结论。在上述理论框架下，技术进步与产出增长之间关系的实证检验围绕着一国宏观或产业层面数据展开。巴罗（Barro）利用包括发达国家和发展中国家在内的跨国数据，证明若各国在人力资本储蓄倾向、人口增长率政治稳定和民主化程度等方面条件相同，国家间经济增长率存在着趋同的趋势。阿布拉莫维茨（Abramovitz）利用16个国家1870—1979年间的数据计算了初始劳动生产率与其后劳动生产率变化之间的等级相关系数，也发现了不同国家间生产率趋同的特征。伯恩斯坦（Bernstein）和贾菲的研究表明某一产业的研发活动可降低关联产业的生产成本或提高其劳动生产率水平，推动一国经济增长方式的转变与产业结构的升级。亨德森（Henderson）和贾菲进一步证明了某产业技术进步有助于其他产业劳动生产率的提高，从而提升经济体的生产效率。

　　对于部门之间溢出效应的国内外研究，理论框架通常采用两种形式：一是扩展的单部门模型，主要应用于FDI外溢效应研究，核心方法是将外资作为独立生产要素纳入内资企业的生产函数中，并通过建立能够测度外资影响的内资企业生产函数来评价FDI的技术溢出效应。例如，R.芬德利（R.Findlay，1978）在FDI经由传染效应提高东道国技术水平的假设条件下，构建了一个简单的内生动态模型，检验了技术差距、外资份额等静态特征对技术扩散效果的影响；小泉和科佩奇（Koizumi and Kopecky，1980）认为外商投资内含的技术具有公共产品性质，会给社会带来额外利益，通过构建国际资本长期流动模型考察了FDI对一国经济增长的影响；罗默（Romer，1990），阿格因（Aghion，1992）和巴罗（Barro，1997）以内生增长模型为基础，分析了国际技术溢出效应对经济持续增长的决定性作用；罗德里格斯·克莱尔（Rodriguez-Clare，1996）研究了FDI的行业间溢出，认为如果跨国公司的最终产品大量使用中间品，且母国与东道国在中间产品生产方面存在较大差异，东道国将因FDI行业间溢出而受益；马库森和维纳布尔斯（Markusen and Venables，1999）则强调了FDI通过中间投入和服务需求扩张所产生的对东道国生产率提升的动态效应，包括竞争效应和联系效应，得到跨国公司不仅可以促进东道国中间品制造企业的发展，还能够对东道国最终品制造企业发展产生促进效果的结论。

对部门间溢出效应的研究，另一种形式是两部门模型。菲德（Feder，1983）为考察出口对经济增长的贡献，将整个经济分为出口与非出口两类部门，创新性地构建了一个可测度出口部门对非出口部门外部效应的函数，通过对 19 个国家及地区和 31 个国家及地区两组样本 1964—1973 年的数据进行实证，检验了出口部门通过外部经济效应和要素生产率差别效应影响非出口部门，从而间接促进经济增长的机制。而后，学者们对菲德两部门模型进行了不同程度的改进，以研究部门间的溢出效应。拉姆（Ram，1985）以 73 个发展中国家 1960—1977 年数据为样本，利用两部门模型，对出口对于经济增长的促进作用进行了检验，得到出口的带动作用在 1960—1970 年间并不明显而 1970—1977 年间比较显著的结论。之后拉姆（Ram，1987）对菲德模型加以扩展，分别以 88 个发展中国家的截面和时间序列数据为基础，实证检验了出口对经济增长的影响，以及政府出口鼓励政策的经济效应。罗伯特和亚历山大（Robert and Alexander，1994）将两部门模型扩展为包括政府、出口与非出口在内的三部门模型，对 OECD 国家的实证研究表明政府部门和出口部门与经济增长显著正相关，但政府和出口部门的溢出效应并不显著。奥德多孔（Odedokun，1996）利用两部门模型考察了金融部门对实体经济的外部效应和对经济增长的影响，基于 71 个发展中国家的考察发现金融部门对经济增长的带动作用在低收入国家更加明显。王（Wang，1999；2000）在菲德两部门模型中引入适应性预期过程，通过构建考虑供给引导和需求带动双向外部效应的动态两部门模型，研究了金融发展和经济增长两者之间的因果关系，对台湾地区的实证结果表明金融部门对实体经济的外部效应大于实体经济对银行的外部效应。国内学者杨全发（1998）利用两部门模型考察了出口贸易的技术外溢效应，得到外溢效应并不显著的结论。许和连（2005）使用扩展的三部门模型，把经济系统分为非出口部门、初级产品出口部门和工业制成品出口部门，对出口贸易的技术外溢效应进行了研究，发现我国出口贸易对国内非出口部门的技术外溢效应主要集中在工业制成品出口部门。何洁（2000）以 Feder 两部门模型为基础，将工业经济部门分为外资和内资两大类，把外资部门的资本纳入内资部门的生产函数中，考察 FDI 对工业部门的溢出及其影响因素，发现 FDI 的外溢效应中存在经济发展门槛效应，同时溢出效应的发挥与当地基础设施建设水平、人均收入水平和当地人口数量之间显著正相关。

研究装备制造业技术进步的溢出效应，需解决的问题是装备制造业技术进步是否具有正的外部性，并在多大程度上扩散到其他工业部门？基于国内外现有研究的有益成果，同时考虑到根据国民经济行业分类将工业划分为装备制造和非装备制造两大类部门的合理性与可行性，在本章 8.2 将菲德两部门模型的研究思路推广到装备制造业与其他工业部门相互作用关系的分析框架中来，探讨装备制造业技术进步的外溢效应。

## 8.2　技术进步溢出效应的两部门模型

了解了产业间溢出效应和装备制造业的研究背景，下面将借鉴菲德等学者两部门模型的研究成果，把整个工业分为装备制造和非装备制造两大类部门，以此构建两部门模型，考察装备制造业技术进步的溢出效应。假定 $Y_t$ 为 $t$ 时刻工业部门总产出；$K_t$，$L_t$ 分别代表整个工业在 $t$ 时刻的资本和劳动投入；$E_t$，$N_t$ 为装备制造业各部门和非装备制造业各部门在 $t$ 时刻的总产出；$K_E$，$L_E$，$T_E$ 分别表示装备制造业各部门在 $t$ 时刻的资本投入、劳动投入和技术进步；$K_{Nt}$，$L_{Nt}$ 为非装备制造业在 $t$ 时刻的资本和劳动投入，则

$$Y_t = E_t + N_t \tag{8—1}$$

$$K_t = K_E + K_{Nt} \tag{8—2}$$

$$L_t = L_E + L_{Nt} \tag{8—3}$$

假设装备制造业和非装备制造业的生产函数分别为：

$$E_t = E(L_E, K_E) \tag{8—4}$$

$$N_t = N(L_{Nt}, K_{Nt}, T_E) \tag{8—5}$$

其中，式（8—5）假设装备制造业的技术进步影响非装备制造业的产出。

分别对式（8—1）、（8—2）、（8—3）、（8—4）、（8—5）求全微分得：

$$dY = dE + dN \tag{8—6}$$

$$dK = dK_E + dK_N \tag{8—7}$$

$$dL = dL_E + dL_N \tag{8—8}$$

$$dE = E_{L_E} \times d_{L_E} + E_{K_E} \times dK_E \tag{8—9}$$

$$dN = N_{L_N} \times dL_N + N_{K_N} \times dK_N + N_{T_E} \times dT_E \tag{8—10}$$

则

$$dY = dE + dN = E_{L_E} \times dL_E + E_{K_E} \times dK_E + N_{L_N} \times dL_N$$
$$+ N_{K_N} \times dK_N + N_{T_E} \times dT_E \qquad (8\text{—}11)$$

其中，$E_{L_E}$，$E_{K_E}$，$N_{T_E}$，$N_{L_N}$，$N_{K_N}$ 分别代表装备制造业部门劳动投入的边际产量、资本投入的边际产量、技术进步的边际产量、非装备制造业的劳动投入边际产量、资本投入的边际产量。

假定要素没有得到最优配置，即部门间的要素边际产量存在差异，并设差异值相等，都为 $\theta$，则两个部门要素边际产量的相互关系可以表示为：

$$E_{L_E}/N_{L_N} = E_{K_E}/N_{K_N} = 1 + \theta \qquad (8\text{—}12)$$

对式（8—11）进行公式转换，得：

$$dY = N_{L_N} \times dL + N_{K_N} \times dK + \frac{\theta}{1+\theta} \times dE + N_{T_E} \times dT_E \quad (8\text{—}13)$$

再假定，装备制造业部门的技术进步（$T_E$）对非装备制造业部门的溢出弹性是不变的，则

$$N_t = N(L_{Nt}, K_{Nt}, T_{Et}) = T_E^\lambda \varphi(L_{Nt}, K_{Nt}) \qquad (8\text{—}14)$$

由式（8—14）得：

$$N_{T_E} = \lambda \times \frac{N}{T_E} \qquad (8\text{—}15)$$

将式（8—15）代入式（8—13）得：

$$dY = N_{L_N} \times dL + N_{K_N} \times dK + \frac{\theta}{1+\theta} \times dE$$
$$+ \lambda \times \frac{N}{T_E} \times dT_E \qquad (8\text{—}16)$$

式（8—16）两边同时除以 $Y$，得：

$$\frac{dY}{Y} = N_{L_N} \times \frac{L}{Y} \times \frac{dL}{L} + N_{K_N} \times \frac{K}{Y} \times \frac{dK}{K} + \frac{\theta}{1+\theta} \times \frac{E}{Y} \times \frac{dE}{E}$$
$$+ \lambda \times \frac{N}{Y} \times \frac{dT_E}{T_E} \qquad (8\text{—}17)$$

式（8—17）中，$\dfrac{dL}{L}$，$\dfrac{dK}{K}$ 分别为工业部门劳动投入增长率和资本投入增长率；$\dfrac{E}{Y} \times \dfrac{dE}{E}$ 为装备制造业产出对整个工业产出的占有率与其增长

率的乘积，表示装备制造业对整个工业增长的直接贡献；$\dfrac{N}{Y} \times \dfrac{\mathrm{d}T_E}{T_E}$ 则说明了装备制造业技术进步通过与非装备制造业部门 $N$ 的弹性关系影响整个工业经济增长。

现令 $C1$，$C2$，$C3$，$C4$ 分别等于式（8—17）中的 $N_{L_N} \times \dfrac{L}{Y}$，$N_{K_N} \times \dfrac{K}{Y}$，$\dfrac{\theta}{1+\theta}$，$\lambda$，同时用 $gi$，$gl$，$gk$，$ce$，$cetn$ 分别表示 $\dfrac{\mathrm{d}Y}{Y}$，$\dfrac{\mathrm{d}L}{L}$，$\dfrac{\mathrm{d}K}{K}$，$\dfrac{E}{Y} \times \dfrac{\mathrm{d}E}{E}$，$\dfrac{N}{Y} \times \dfrac{\mathrm{d}T_E}{T_E}$，则式（8—17）将转换成如下形式：

$$gi = C_1 \times gl + C_2 \times gk + C_3 \times ce + C_4 \times cetn \qquad (8—18)$$

式（8—18）将作为测算装备制造业技术进步溢出效应"两步法"实证模型的基础形式。其中，对于装备制造部门技术进步的度量，本书借鉴柯布-道格拉斯（Cobb-Douglas）生产函数（简称 C-D 生产函数）。C-D 生产函数描述了资本、劳动投入与产出之间的关系，是测算技术水平及技术进步的基本方法，其基本形式为：

$$Y = AK^{\alpha}L^{\beta} \qquad (8—19)$$

式中，$Y$ 代表产出，$K$，$L$ 分别为资本和劳动的投入；$\alpha$，$\beta$ 表示资本和劳动的产出弹性；$A$ 为技术水平，即全要素生产率（$TFP$）。则

$$A = \frac{Y}{K^{\alpha}L^{\beta}} \qquad (8—20)$$

则装备制造业技术进步的计算公式为：

$$T_E = \frac{E}{K_E{}^{\alpha}L_E{}^{\beta}} \qquad (8—21)$$

一般地，生产函数规模有报酬不变（$\alpha+\beta=1$）和规模报酬可变（$\alpha+\beta\neq1$）两种形式。在规模报酬不变的假设条件下，$\alpha+\beta=1$，式（8—21）转换为：

$$T_E = \frac{\dfrac{E}{L_E}}{\left(\dfrac{K_E}{L_E}\right)^{\alpha}} \qquad (8—22)$$

则

$$\frac{dT_E}{T_E} = \frac{d\frac{E}{L_E}}{\frac{E}{L_E}} - \alpha \times \frac{d\frac{K_E}{L_E}}{\frac{K_E}{L_E}} \tag{8—23}$$

将式（8—23）代入式（8—17），得：

$$\frac{dY}{Y} = N_{L_N} \times \frac{L}{Y} \times \frac{dL}{L} + N_{K_N} \times \frac{K}{Y} \times \frac{dK}{K} + \frac{\theta}{1+\theta} \times \frac{E}{Y} \times \frac{dE}{E}$$

$$+ \lambda \times \frac{N}{Y} \times (\frac{d\frac{E}{L_E}}{\frac{E}{L_E}} - \alpha \times \frac{d\frac{K_E}{L_E}}{\frac{K_E}{L_E}}) \tag{8—24}$$

此时，令 $cetn_1 = \frac{N}{Y} \times (\frac{d\frac{E}{L_E}}{\frac{E}{L_E}} - \alpha \times \frac{d\frac{K_E}{L_E}}{\frac{K_E}{L_E}})$，欲计算 $cetn_1$，需确定产出弹性

系数 $\alpha$。确定产出弹性系数的方法主要有三种：经验估计法、比值法和回归法。本书采用比值法对要素产出弹性进行测算。利用式（8—19）测算产出弹性时，由于资本投入、劳动投入两要素可能随时间有相同的变化趋势，因而变量之间可能存在严重的共线性问题，为减少共线性，通常以人均形式来表示两变量。所以，在规模报酬不变的条件下，弹性测算公式由式（8—19）推导得：

$$\ln \frac{Y}{L} = \ln A + \alpha \times \ln \frac{K}{L} \tag{8—25}$$

则装备制造业产出弹性测算公式为：

$$\ln \frac{E}{L_E} = C + \alpha \times \ln \frac{K_E}{L_E} + e \tag{8—26}$$

把式（8—26）所得产出弹性值代入式（8—24），即可计算 $cetn_1$ 的值，由此得到的模型即为在规模报酬不变的假设条件下，对装备制造业技术进步溢出效应进行弹性测算的"两步法"计算公式。

若将式（8—24）中的 $\frac{N}{Y} \times (\frac{d\frac{E}{L_E}}{\frac{K_E}{L_E}} - \alpha \times \frac{d\frac{K_E}{L_E}}{\frac{K_E}{L_E}})$ 进行分解，得到：

$$\frac{dY}{Y} = N_{L_N} \times \frac{L}{Y} \times \frac{dL}{L} + N_{K_N} \times \frac{K}{Y} \times \frac{dK}{K} + \frac{\theta}{1+\theta} \times \frac{E}{Y} \times \frac{dE}{E}$$

$$+\lambda \times \frac{N}{Y} \times \frac{\mathrm{d}\dfrac{E}{L_E}}{\dfrac{E}{L_E}} + (-\alpha) \times \lambda \times \frac{N}{Y} \times \frac{\mathrm{d}\dfrac{K_E}{L_E}}{\dfrac{K_E}{L_E}} \qquad (8-27)$$

此时，令 $\dfrac{N}{Y} \times \dfrac{\mathrm{d}\dfrac{E}{L_E}}{\dfrac{E}{L_E}}$，$\dfrac{N}{Y} \times \dfrac{\mathrm{d}\dfrac{K_E}{L_E}}{\dfrac{K_E}{L_E}}$ 分别为 $cetn_2$，$ce\dfrac{k}{l}n_1$；$(-\alpha) \times \lambda$ 等于 $C_5$。

结合式（8—18），则式（8—27）转换为：

$$gi = C_1 \times gl + C_2 \times gk + C_3 \times ce + C_4 \times cetn_2$$
$$+ C_5 \times ce\frac{k}{l}n_1 \qquad (8-28)$$

式（8—28）为规模报酬不变条件下，利用装备制造业技术进步溢出效应弹性测算的"一步法"计算公式。

在规模报酬可变条件下，$\alpha+\beta\neq1$，首先将式（8—21）各变量转换为人均形式，得：

$$T_E = \frac{\dfrac{E}{L_E}}{\left(\dfrac{K_E}{L_E}\right)^{\alpha} \times L_E^{(\alpha+\beta-1)}} \qquad (8-29)$$

则

$$\frac{\mathrm{d}T_E}{T_E} = \frac{\mathrm{d}\dfrac{E}{L_E}}{\dfrac{E}{L_E}} - \alpha \times \frac{\mathrm{d}\dfrac{K_E}{L_E}}{\dfrac{K_E}{L_E}} - (\alpha+\beta-1) \times \frac{\mathrm{d}L_E}{L_E} \qquad (8-30)$$

将式（8—30）代入式（8—17），得：

$$\frac{\mathrm{d}Y}{Y} = N_{L_N} \times \frac{L}{Y} \times \frac{\mathrm{d}L}{L} + N_{K_N} \times \frac{K}{Y} \times \frac{\mathrm{d}K}{K} + \frac{\theta}{1+\theta} \times \frac{E}{Y} \times \frac{\mathrm{d}E}{E}$$
$$+ \lambda \times \frac{N}{Y} \times \left[\frac{\mathrm{d}\dfrac{E}{L_E}}{\dfrac{E}{L_E}} - \alpha \times \frac{\mathrm{d}\dfrac{K_E}{L_E}}{\dfrac{K_E}{L_E}} - (\alpha+\beta-1) \times \frac{\mathrm{d}L_E}{L_E}\right] \qquad (8-31)$$

令 $cetn_3 = \dfrac{N}{Y} \times \left[\dfrac{\mathrm{d}\dfrac{E}{L_E}}{\dfrac{E}{L_E}} - \alpha \times \dfrac{\mathrm{d}\dfrac{K_E}{L_E}}{\dfrac{K_E}{L_E}} - (\alpha+\beta-1) \times \dfrac{\mathrm{d}L_E}{L_E}\right]$；而得到 $cetn_3$

需要对 $\alpha$，$(\alpha+\beta-1)$ 进行测算。

同理，由式（8—19）可得规模报酬可变条件下装备制造业产出弹性系数的测算公式：

$$\ln \frac{E}{L_E} = C + \alpha \times \ln \frac{K_E}{L_E} + (\alpha+\beta-1)\ln L_E + e \qquad (8—32)$$

把由式（8—32）得到的 $\alpha$ 和 $(\alpha+\beta-1)$ 代入式（8—31）中，即可计算 $cetn_3$ 的数值，由此得到的模型即为规模报酬可变条件下，测算装备制造业技术进步溢出弹性的"两步法"计算公式。

将式（8—31）中的 $\dfrac{\mathrm{d}\frac{E}{L_E}}{\frac{E}{L_E}} - \alpha \times \dfrac{\mathrm{d}\frac{K_E}{L_E}}{\frac{K_E}{L_E}} - (\alpha+\beta-1) \times \dfrac{\mathrm{d}L_E}{L_E}$ 进行分

解，得：

$$\frac{\mathrm{d}Y}{Y} = N_{L_N} \times \frac{L}{Y} \times \frac{\mathrm{d}L}{L} + N_{K_N} \times \frac{K}{Y} \times \frac{\mathrm{d}K}{K} + \frac{\theta}{1+\theta} \times \frac{E}{Y} \times \frac{\mathrm{d}E}{E}$$

$$+ \lambda \times \frac{N}{Y} \times \frac{\mathrm{d}\frac{E}{L_E}}{\frac{E}{L_E}} + (-\alpha) \times \lambda \times \frac{N}{Y} \times \frac{\mathrm{d}\frac{K_E}{L_E}}{\frac{K_E}{L_E}}$$

$$+ (1-\alpha-\beta) \times \lambda \times \frac{N}{Y} \times \frac{\mathrm{d}L_E}{L_E} \qquad (8—33)$$

令式（8—33）中的 $\dfrac{N}{Y} \times \dfrac{\mathrm{d}\frac{E}{L_E}}{\frac{E}{L_E}}$，$\dfrac{N}{Y} \times \dfrac{\mathrm{d}\frac{K_E}{L_E}}{\frac{K_E}{L_E}}$，$\dfrac{N}{Y} \times \dfrac{\mathrm{d}L_E}{L_E}$ 分别为 $cetn_4$，

$ce\frac{k}{l}n_2$，$celn$，且 $(-\alpha)\times\lambda$ 和 $(1-\alpha-\beta)\times\lambda$ 分别等于 $C_5$ 与 $C_6$，结合式（8—18），可将式（8—33）转换为：

$$gi = C_1 \times gl + C_2 \times gk + C_3 \times ce + C_4 \times cetn_4 + C_5 \times ce\frac{k}{l}n_2$$

$$+ C_6 \times celn \qquad (8—34)$$

式（8—34）即为规模报酬可变条件下，测算装备制造业技术进步溢出弹性的"一步法"计算公式。经过上述公式推导，得到装备制造业技术进步溢出效应的计量检验模型。

在规模报酬不变的条件下，"两步法"和"一步法"的计算公式为：

$$gi = C_1 \times gl + C_2 \times gk + C_3 \times ce + C_4 \times cetn_1 + \mu \qquad (\text{I})$$

$$gi = C_1 \times gl + C_2 \times gk + C_3 \times ce + C_4 \times cetn_2$$
$$+ C_5 \times ce\frac{k}{l}n_1 + \mu \qquad (\text{II})$$

在规模报酬可变的条件下，"两步法"和"一步法"的计算公式为：

$$gi = C_1 \times gl + C_2 \times gk + C_3 \times ce + C_4 \times cetn_3 + \mu \qquad (\text{III})$$

$$gi = C_1 \times gl + C_2 \times gk + C_3 \times ce + C_4 \times cetn_4 + C_5 \times ce\frac{k}{l}n_2$$
$$+ C_6 \times celn + \mu \qquad (\text{IV})$$

## 8.3　技术进步溢出效应的实证检验

### 8.3.1　数据来源与变量选择

鉴于可得到的我国省际工业统计数据样本为规模以上企业，实证样本使用全部国有及规模以上非国有企业 2000—2007 年省际面板数据，来自 2001—2008 年国家统计局发布的《中国统计年鉴》、《中国工业经济统计年鉴》和《中国经济普查年鉴》。

按照国民经济行业分类标准（2002），装备制造业的产品范围包括机械、电子和兵器工业中的投资类制成品，分属于金属制品业、通用装备制造业、专用设备制造业、交通运输设备制造业、电器装备及器材制造业、电子及通信设备制造业、仪器仪表及文化办公用装备制造业 7 个大类 185 个小类。本书所处理的装备制造业数据来自上述 7 个行业的整合数据。在装备制造业产出弹性的测算中，产出以装备制造业总产值衡量，为消除价格因素影响，以 2000 年为基期，利用工业品出厂价格指数对装备制造业总产值进行平减，折算到实际值。对于资本投入量衡量指标的选择，现有文献中反映全社会资本投入量的指标主要有以下 5 种：（1）投资统计中的固定资产投资额；（2）积累额，即改革开放前物质生产部门的国民收入经过初次分配和再分配形成的积累额；（3）各部门的固定资产净值和流动资产平均余额；（4）国民经济核算中的资本形成存量净额或固定资本形成存量净额；（5）资本服务量。由于本书的主要研究目的是考察装备制造业技术进步的溢出效应，鉴于固定资产净值经常被用于测算各部门或各产业技术进步贡献率，为保证数据口径一致，因而在测算装备制造业产出弹性时选用固定资本净值年均净额衡量资本投入量，并用以 2000 年为基期的固定资产投资价格指数对其进行平减，折算到实际值，再利用国际上被广泛应用的永续盘存法（PIM）测算资本存量，其公式为：

$$K_{Et} = I_t + (1 - \delta)K_{Et-1} \tag{8—35}$$

式中，$K_{Et}$ 与 $K_{Et-1}$ 为 $t$ 期和 $t-1$ 期装备制造业资本存量，$I_t$ 为资本投入量，$\delta$ 为设备折旧率。由公式可知，资本存量测算的关键是折旧率和基期资本存量的确定，国内学者虽然对此进行了大量测算，但是目前尚未形成统一的计算方法。黄永峰关于中国制造业资本存量的研究中，在估计设备寿命期为 16 年的基础上，估算出设备的折旧率为 17%；张军则假定设备的寿命期为 20 年，得到的折旧率约为 15%。本书采用黄永峰的估计结果，假定设备折旧率 $\delta$ 为 17%。对于基期资本存量的确定，现有文献多将基期资本投入量除以 10% 作为基期资本存量，本书采取同样方法，用基期装备制造业固定资产净值年均余额除以 10% 作为基期资本存量。对于劳动投入量的选择，国内外研究主要采用以下三种衡量指标：（1）劳动者人数，即就业人员数；（2）总劳动时间，即平均劳动时间乘以就业人员数；（3）劳动者报酬。由于劳动者人数能够简明地体现劳动投入规模，统计数据容易获得且不存在价格调整的问题，因此本书采取与多数研究类似的做法，选择全部从业人员年均人数衡量劳动投入量。

在利用两部门模型测算装备制造业技术进步溢出弹性的衡量指标选取时，主要变量为 $gi$，$gl$，$gk$，$ce$，$cetn$，分别表示我国各地区全部国有及规模以上非国有工业企业的产值增长率、劳动投入增长率、资本投入增长率、装备制造部门的直接贡献以及装备制造业对非装备制造业的技术溢出。由模型的推导过程可知，直接贡献为各变量占总产值的比重与各自增长率的乘积，其中总产值选用我国各地区全部国有及规模以上非国有工业企业的工业总产值，并利用以 2000 年为基期的工业品出厂价格指数对其进行平减，消除价格因素，加以折算，得到实际值。劳动投入增长率根据各地区全部国有及规模以上非国有工业企业的全部从业人员年均人数计算得到，资本投入增长率根据各地区全部国有及规模以上非国有工业企业的固定资产年均净额计算得到。由于技术溢出多存在时滞，因此实证模型中所有与 $cetn$ 相关的变量均采用滞后变量。另外，数据处理过程中涉及的资本变量指标和资本存量的测算与上文在进行装备制造业产出弹性测算时使用的资本存量测算方法相同。表8—1列出了实证检验所用变量的符号及各指标的描述性统计。

表8—1　　　　　　　　　　　变量符号及描述性统计

| 变量符号 | | 均值 | 标准差 | 最大值 | 最小值 |
|---|---|---|---|---|---|
| 测算产出弹性指标 | $E/L_{E,t}$ | 27.561 51 | 17.862 46 | 98.160 90 | 1.821 429 |
| | $K/L_{E,t}$ | 61.133 83 | 47.739 57 | 446.497 0 | 22.141 20 |
| | $E_{i,t}$ | 2 297.335 | 4 032.037 | 28 535.92 | 0.510 000 |
| | $K_{E,t}$ | 2 974.478 | 3 074.644 | 13 749.69 | 9.200 000 |
| | $L_{E,t}$ | 63.253 00 | 91.124 57 | 621.000 0 | 0.280 000 |
| 技术进步溢出效应测算指标 | $gi_{i,t}$ | 0.217 539 | 0.087 628 | 0.471 560 | 0.002 427 |
| | $gl_{i,t}$ | 0.030 439 | 0.079 340 | 0.344 415 | −0.339 350 |
| | $gk_{i,t}$ | −0.002 052 | 0.043 746 | 0.123 465 | −0.064 552 |
| | $ce_{i,t}$ | 0.063 236 | 0.052 927 | 0.244 071 | −0.018 123 |
| | $cetn_{1i,t-1}$ | 0.134 090 | 0.159 538 | 1.493 587 | −0.926 952 |
| | $cetn_{2i,t-1}$ | 0.138 109 | 0.145 233 | 1.595 893 | −0.056 381 |
| | $cetn_{3i,t-1}$ | 0.124 317 | 0.181 897 | 0.853 661 | −1.798 591 |
| | $cetn_{4i,t-1}$ | 0.134 021 | 0.094 487 | 0.813 949 | −0.174 805 |
| | $cek/ln_{i,t-1}$ | 0.029 146 | 0.635 357 | 7.982 386 | −0.386 556 |
| | $celn_{i,t-1}$ | 0.004 418 | 0.102 905 | 0.704 140 | −0.470 816 |

### 8.3.2　实证检验过程

本书利用2000—2007年间全国除香港、澳门和台湾以外的其他31个省份面板数据进行回归，实证检验装备制造业技术进步的溢出效应。

#### （一）技术进步溢出弹性的估计

首先估计装备制造业资本与劳动投入的产出弹性，从产出弹性的测算结果可以看出（如表8—2所示），在假定生产函数规模报酬可变和不变两种情况下，资本投入的产出弹性$\alpha$和劳动投入的产出弹性$\beta$均十分显著，$\alpha$值为0.596 300和0.896 777，$\beta$值为0.403 700和0.408 119，表明资本对产出的贡献率比劳动投入大。由于投入要素的弹性系数差异与要素使用密集程度高度相关，有学者已得到我国重工业部门和资本密集型产业的资本弹性系数大于轻工业和劳动密集型产业的结论，因此我国装备制造业是一种典型的资本密集型行业，资本往往与相应的技术结合在一起，资本要素投入对产业经济增长具有重要作用。另外，假设生产函数为规模报酬可变时，$\alpha+\beta-1\approx0.305>0$，属于规模报酬递增的类型。

表8—2 装备制造业产出弹性测算结果

| 规模报酬假定 | $\alpha+\beta=1$ | $\alpha+\beta\neq1$ | |
| --- | --- | --- | --- |
| 常数项及产出弹性值 | $\alpha$ | $\alpha$ | $\alpha+\beta-1$ |
| 常数项 | 0.755 294<br>(0.992 545) | −1.457 048*<br>(−3.228 586) | |
| 弹性值 | 0.596 300*<br>(3.093 380) | 0.896 777*<br>(7.531 433) | 0.304 896*<br>(43.133 45) |
| $Ad\text{-}R^2$ | 0.356 054 | 0.731 690 | |
| $F$ 值 | 16.136 34 | 67.357 78 | |
| Prob（$F$-statistic） | 0.000 000 | 0.000 000 | |

说明：括号内数字为估计系数的 $t$ 值。* 代表在1%的水平下显著。

为进一步估计装备制造业技术进步的溢出效应，忽略地区间个体差异，将装备制造业资本与劳动的产出弹性值视为一个平均值，代入装备制造业技术进步溢出效应的回归模型中。同样，选择混合面板数据的最小二乘法和固定效应模型进行估计。为消除横截面异方差问题，使用 White 异方差一致协方差矩阵对模型进行修正，参数估计值见表8—3。

表8—3 装备制造业技术进步溢出效应的实证结果

| 规模报酬假定 | | $\alpha+\beta=1$ | | $\alpha+\beta\neq1$ | |
| --- | --- | --- | --- | --- | --- |
| 变量 | | 一步法 | 两步法 | 一步法 | 两步法 |
| 常数项 | | 0.149 459*<br>(18.065 94) | 0.160 913*<br>(15.509 02) | 0.151 511*<br>(18.510 31) | 0.160 222*<br>(15.069 99) |
| $gl_{i,t}$ | | 0.296 611*<br>(4.148 063) | 0.349 151*<br>(6.175 214) | 0.296 179*<br>(4.164 246) | 0.350 411*<br>(6.411 397) |
| $gk_{i,t}$ | | 0.620 371*<br>(4.265 687) | 0.628 900*<br>(4.589 921) | 0.596 612*<br>(3.740 337) | 0.644 788*<br>(4.695 151) |
| $ce_{i,t}$ | | 0.520 703*<br>(5.393 829) | 0.547 708*<br>(5.999 271) | 0.512 122*<br>(5.583 881) | 0.552 412*<br>(5.916 031) |
| $cetn_{i,t-1}$ | $cetn_{1i,t-1}$ | | 0.079 958<br>(1.337 695) | | |
| | $cetn_{2i,t-1}$ | 0.158 045*<br>(3.886 001) | | | |
| | $cetn_{3i,t-1}$ | | | | 0.080 433<br>(1.465 353) |
| | $cetn_{4i,t-1}$ | | | 0.150 723*<br>(3.840 917) | |

续前表

| 规模报酬假定 | | $\alpha+\beta=1$ | | $\alpha+\beta\neq1$ | |
|---|---|---|---|---|---|
| 变量 | | 一步法 | 两步法 | 一步法 | 两步法 |
| $cek/ln_{i,t-1}$ | $cek/ln_{1i,t-1}$ | $-0.276\,398^*$<br>$(-3.522\,674)$ | | | |
| | $cek/ln_{2i,t-1}$ | | | $-0.237\,374^{**}$<br>$(-2.465\,686)$ | |
| $celn_{i,t-1}$ | | | | $0.033\,156$<br>$(0.548\,783)$ | |
| $Ad\text{-}R^2$ | | 0.617 931 | 0.599 305 | 0.615 606 | 0.598 494 |
| $F$ 值 | | 27.039 00 | 27.755 74 | 24.440 05 | 27.665 60 |
| Prob（$F$-statistic） | | 0.000 000 | 0.000 000 | 0.000 000 | 0.000 000 |

说明：括号内数字为估计系数的 $t$ 值。* 和 ** 分别代表在 1% 和 5% 的水平下显著。

## （二）结果分析

由四个模型的回归结果可知，对应解释变量前系数的符号完全一致，调整后的方程总体估计可决系数均在 0.60 左右，通过了方程整体的显著性检验，方程拟合度较高。考察单个解释变量的参数显著性，规模报酬不变和规模报酬可变的回归结果相差不多，但"一步法"和"两步法"的估计结果存在一定差异，特别是运用"一步法"对装备制造业技术进步溢出弹性的估计值在 1% 水平上显著为正；而"两步法"估计值没有通过 T 检验，其原因是：利用"两步法"对模型进行估计时，首先需测算劳动与资本的产出弹性，然后将测算结果代入模型中进行回归，如此将不免产生误差，影响实证结论。比较而言，"一步法"的估计值更加准确，因此下面将主要以"一步法"的参数估计为准，进行解释。

变量 cetn 的系数估计值为装备制造业对非装备制造部门的技术溢出效应，在两种生产函数性质的约束条件下均显著为正，证明装备制造业技术进步对其他工业部门的确存在外溢效应。同时，变量 ce 系数估计值在 1% 的水平下显著，说明装备制造业对整个工业增长的直接贡献十分明显，估计值分别为 0.51 和 0.52，表示其他条件不变的情况下装备制造业产值变化 100%，整个工业总产值的变动将达到 51% 和 52%，装备制造业对整个工业具有很强的带动作用。并且，由 $C_3=\theta/(1+\theta)>0$，得 $\theta>0$，意味着装备制造业边际生产率高于非装备制造业。生产函数的不同假定会对参数估计产生一定影响，使得估计结果存在一定差异，下面针对表 8—3 中"一步法"所得实证结论具体说明，如下：

（1）假定规模报酬不变时，装备制造业技术进步溢出效应的估计结果在 1％水平下显著，溢出弹性为 15.8％，说明装备制造业技术水平上升 100％，非装备制造部门产出增长 15.8％。溢出效应并不十分显著的原因在于：一方面，我国装备制造业自身技术水平不高，生产效率偏低，所生产设备无法达到有效带动其他工业行业产出增长的要求；另一方面，非装备制造业设备更新换代速度缓慢，2001—2004 年固定资产净值（生产设备一般计入固定资产）的增长率为 −6.8％，−5.4％，−4.0％，−1.6％，连续四年负增长，2005—2007 年虽然增长率为正，也仅为 0.2％，2.8％和 4.4％，2001—2007 年的平均增长率为 −1.5％，即使将设备折旧因素考虑在内，总体设备更新速度依然较慢，导致我国装备制造业无法充分享受装备制造业技术进步的溢出成果。这种现象在波恩兹坦（Borenztein）研究 FDI 技术外溢效应时被称为"门槛效应"，指影响技术外溢效应发挥预期作用的诸多因素的某一特定水平在"门槛"之上，技术溢出效应才得以充分体现。在装备制造业自身技术水平有限的情况下，非装备制造部门设备换代不及时，没有达到"门槛"要求，使得技术溢出效果不理想。

同时，装备制造业对整个工业经济具有显著的带动作用，直接贡献率 $C_3 = 52\%$。由 $C_3 = \theta/(1+\theta)$，得 $\theta = 1.08$，说明装备制造业的要素边际产出比非装备制造部门高出 108％。就业增长对工业增长的贡献约占 30％，投资增长对工业增长的贡献占 62％，可以看出我国工业经济增长在很大程度上归功于资本投资，也反映了目前投资拉动型经济增长的现状。

（2）假设规模报酬可变时，装备制造业技术溢出的参数估计仍然在 1％水平下显著，溢出弹性为 15.1％，与规模报酬不变时十分接近。由 $C_3 = \theta/(1+\theta) = 51.2\%$，得 $\theta = 1.05$，说明装备制造业的要素边际产出比其他工业高出 105％，因此大力发展装备制造业将给我国经济增长带来强大动力。此外，就业增长对工业增长的贡献约占 30％，投资增长的贡献占 60％，在说明劳动、投资对工业经济增长都具有促进作用的同时反映了投资拉动的现实。

**（三）稳健性检验**

在固定资产投资资本存量的测算中，对于采取何种折旧率这一点尚未达成一致。不同取值可能会影响装备制造业技术溢出的弹性值，因此，为得到更加稳健的实证结果，本书除选取在制造业资本存量计算中被通常采用的 17％折旧率外，还选择了龚六堂和谢丹阳对全国各省份都假定的 10％折旧率，以及帕金斯（Perkins）采用的 5％折旧率，分别在规模报酬不变和可变两种规模报酬假定下对装备制造业技术进步溢出弹性进行了测算。根据上述实证结果，可知利用"两步法"对装备制造业技术进步溢出弹性的测算存在误差。因此，稳健性检验均采用"一步法"进行测算。实证结果见表8—4。

**表8—4　　　不同折旧率下装备制造业技术进步溢出弹性的稳健性检验**

| 固定资产投资存量折旧率 | 折旧率＝10％ | | 折旧率＝5％ | |
|---|---|---|---|---|
| 规模报酬假定 | 规模报酬不变 | 规模报酬可变 | 规模报酬不变 | 规模报酬可变 |
| 常数项 | 0.135 391* (25.270 97) | 0.138 728* (24.481 00) | 0.156 990* (12.441 04) | 0.167 870* (14.387 46) |
| $gl_{i,t}$ | 0.307 312* (4.431 512) | 0.305 326* (4.451 815) | 0.281 415* (3.597 260) | 0.270 247* (3.351 775) |
| $gk_{i,t}$ | 0.679 423* (3.851 194) | 0.622 658* (3.309 138) | 0.460 283* (4.341 735) | 0.398 548* (3.566 382) |
| $ce_{i,t}$ | 0.485 646* (4.897 941) | 0.478 163* (5.193 663) | 0.653 020* (7.485 655) | 0.575 191* (7.582 181) |
| $cetn_{i,t-1}$　$cetn_{2i,t-1}$ | 0.153 762* (3.605 653) | | 0.086 172* (3.060 826) | |
| $cetn_{4i,t-1}$ | | 0.133 004* (3.168 456) | | 0.100 589* (3.190 092) |
| $cek/ln_{2i,t-1}$ | −0.241 281* (−3.272 485) | −0.149 677 (−1.547 925) | −0.248 939* (−2.985 657) | −0.151 430** (−2.256 009) |
| $celn_{i,t-1}$ | | 0.080 840 (1.238 122) | | 0.113 086** (2.133 140) |
| $Ad\text{-}R^2$ | 0.611 910 | 0.610 486 | 0.620 738 | 0.624 425 |
| $F$ 值 | 26.385 20 | 23.939 60 | 27.350 85 | 25.334 13 |
| Prob（$F$-statistic） | 0.000 000 | 0.000 000 | 0.000 000 | 0.000 000 |

说明：括号内数字为估计系数的 $t$ 值。＊和＊＊分别代表在1％和5％的水平下显著。

　　根据实证结果，不同资本折旧率下装备制造业技术进步的溢出弹性值均显著为正。若折旧率为10％，规模报酬不变和可变两种情况下的溢出弹性分别等于15.3％和13.3％。若折旧率为5％时，溢出弹性分别等于8.6％和10.1％。而且，方程拟合程度较高，方程整体和各变量的显著性都较好，通过了稳健性检验，证明了装备制造业技术进步能够带动非装备制造部门产出增长的结论。

　　综合省际面板数据的参数估计结果和稳健性检验，无论将生产函数性质设为规模报酬不变或规模报酬可变，无论选用三种折旧率中的哪一种，装备制造业技术进步与非装备制造部门产出之间均存在正向关系，装备制造业对整个工业经济具有巨大的推动作用，在统计上非常显著。尽管不同估计方法得到的回归结果存在细微差异，但装备制造业对非装备制造部门的技术溢出和对整个工业经济的推动作用得到确认，证实了基于产业关联理论的推断和国家制定一系列促进装备制造业发展和技术进步政策的合理性。

### 8.3.3 不同区域分组下技术进步溢出弹性的估计

在运用我国所有省份的面板数据样本估计装备制造业技术进步溢出弹性时，暗含的假定是装备制造业技术溢出效应在所有地区是相同的。但实际上，装备制造业自身的生产效率（部分地代表技术水平）和非装备制造部门设备的更新换代速度等因素会对技术进步溢出效应造成影响。为检验上述两个因素对装备制造业技术进步溢出弹性的作用，下面对全国全部地区进行了分组处理，进而探讨不同约束条件下的技术溢出弹性值。假定资本存量的折旧率为 17%，同时在分组估计中仅利用"一步法"测算装备制造业技术进步溢出弹性值。

#### （一）按装备制造业生产效率分组的技术溢出弹性估计

以人均工业总产值表示生产效率，如果某个省份在 2000—2007 年间装备制造业人均工业总产值的均值高于 25.88 亿元/万人（25.88 为全部地区 2000—2007 年间装备制造业人均工业总产值的平均数），则被划归为生产效率较高的地区分组，否则被划归为生产效率较低的地区分组。按照该划分标准，装备制造业生产效率较高的地区包括 14 个，分别是：北京、天津、辽宁、吉林、上海、江苏、浙江、安徽、福建、山东、湖北、广东、广西、重庆，其余 17 个省份被划归为装备制造业生产效率较低的分组。其中，为得到更加精确的实证结果，剔除了 4 个变量数据不全的省份，分别为河南、湖南、海南和西藏。按装备制造业生产效率分组的技术溢出弹性估计结果如表 8—5 所示。

根据实证结果可知，按照装备制造业生产效率进行地区分组后，技术进步的溢出弹性值存在着明显差异。在规模报酬不变的条件下，装备制造业生产效率较高的地区得到的装备制造业技术进步溢出弹性值为 26.31%，而较低地区得到的弹性值仅为 3.81%，两者相差接近 23%；在规模报酬可变的条件下，生产效率较高的地区得到的装备制造业技术进步溢出弹性值约为 20.56%，较低地区得到的弹性值仅为 9.61%，两者相差近 11%。两种情况均说明：装备制造业自身的生产效率对技术溢出效应具有重要影响，生产效率越高，技术溢出效应越明显。

**表 8—5　　　　按装备制造业生产效率分组的技术进步溢出效应估计结果**

| 分组标准 | 装备制造业生产效率 | | | |
| --- | --- | --- | --- | --- |
| 规模报酬假定 | 规模报酬不变 | | 规模报酬可变 | |
| 变量 | 生产效率高 | 生产效率低 | 生产效率高 | 生产效率低 |
| 常数项 | 0.118 698**<br>(11.605 85) | 0.162 099**<br>(17.929 04) | 0.108 812**<br>(10.572 09) | 0.160 187**<br>(18.094 62) |
| $gl_{i,t}$ | 0.305 953**<br>(3.523 704) | 0.382 321**<br>(7.058 146) | 0.283 416**<br>(3.450 943) | 0.348 141**<br>(4.063 749) |
| $gk_{i,t}$ | 0.090 900<br>(0.371 820) | 1.638 597**<br>(7.968 534) | 0.550 667*<br>(1.774 505) | 1.594 833**<br>(6.713 383) |
| $ce_{i,t}$ | 0.593 972**<br>(7.442 753) | 1.273 574**<br>(4.128 342) | 0.682 682**<br>(9.581 417) | 1.372 924**<br>(5.384 346) |
| $cetn_{4i,t-1}$ | 0.263 109**<br>(3.599 043) | 0.038 168*<br>(1.726 999) | 0.205 603**<br>(3.904 901) | 0.096 144*<br>(1.764 808) |
| $cek/ln_{2i,t-1}$ | −0.343 963**<br>(−5.513 977) | −0.001 186<br>(−0.494 497) | −1.235 567**<br>(−5.010 599) | −0.065 558<br>(−0.462 209) |
| $celn_{i,t-1}$ | | | −0.746 008**<br>(−4.546 330) | 0.113 482<br>(1.305 592) |
| $Ad\text{-}R^2$ | 0.747 839 | 0.575 531 | 0.775 207 | 0.668 561 |
| F 值 | 25.615 42 | 11.440 33 | 27.020 73 | 15.120 04 |
| Prob（F-statistic） | 0.000 000 | 0.000 000 | 0.000 000 | 0.000 000 |

说明：括号内数字为估计系数的 t 值。** 和 * 分别代表在 1% 和 10% 的水平下显著。

**（二）按非装备制造部门设备更新速度分组的溢出弹性估计**

下面以固定资产投资存量的增长率衡量设备更新速度。若某一省份在 2001—2007 年间非装备制造业平均固定资产投资存量增长率高于 −0.011 89（−0.011 89 为所有省份 2001—2007 年非装备制造业固定资产投资存量增长率的平均值），则被划归为非装备制造部门设备更新速度较快的地区分组，否则被划归为设备更新速度较慢的地区分组。根据该分组标准，非装备制造部门设备更新速度较快的地区有 13 个，分别是：河北、山西、内蒙古、江苏、浙江、福建、山东、河南、湖北、海南、贵州、陕西、宁夏，其余 18 个省份被划归为非装备制造部门设备更新速度较慢的分组，同样剔除了河南、湖南、海南和西藏 4 个变量数据不全的省份，实证结果如表 8—6 所示。

根据实证结果可知，按照非装备制造部门设备更新速度进行地区分组后，装备制造业技术进步的溢出弹性值同样存在着明显差异。在规模报酬不变条件下，非装备制造部门设备更新速度较快的地区得到的技术进步溢出弹性值约为 23.47%；而较慢地区分组的弹性值仅为 9.89%，且影响不显著。在规模报酬可变条件下，非装备制造部门设备更新速度较快的地区技术进步溢出弹性值约为 34%，远高于较慢地区的 12.88%，相差超过 21%。两种情况都说明非装备制造部门的设备更新速度能够对装备制造业技术进步的溢出效应有重要影响。设备更新速度快的地区，装备制造业技术进步的溢出效应更加明显。

表 8—6　　按非装备制造部门设备更新速度分组的技术进步溢出效应实证结果

| 分组标准 | 非装备制造业设备更新速度 | | | |
|---|---|---|---|---|
| 规模报酬假定 | 规模报酬不变 | | 规模报酬可变 | |
| 变量 | 更新速度快 | 更新速度慢 | 更新速度快 | 更新速度慢 |
| 常数项 | 0.151 916*** (5.592 464) | 0.161 357*** (12.422 55) | 0.155 607*** (6.261 152) | 0.149 129*** (20.046 38) |
| $gl_{i,t}$ | 0.482 262*** (5.629 162) | 0.162 041 (1.077 186) | 0.409 575*** (6.918 856) | 0.159 338 (1.038 501) |
| $gk_{i,t}$ | 0.375 315 (1.087 291) | 1.136 149** (2.052 745) | 0.015 347 (0.049 735) | 1.346 115* (2.301 717) |
| $ce_{i,t}$ | 0.404 295 (1.098 040) | 0.622 331*** (6.878 039) | 0.285 508 (1.231 791) | 0.715 618*** (10.753 22) |
| $cetn_{4i,t-1}$ | 0.234 664*** (3.333 032) | 0.098 921 (1.370 826) | 0.340 030*** (4.498 372) | 0.128 788* (1.784 164) |
| $cek/ln_{2i,t-1}$ | −0.001 408 (−0.413 879) | −0.177 509 (−1.289 086) | 0.156 025 (1.233 496) | −0.408 438** (−2.042 333) |
| $celn_{i,t-1}$ | | | 0.306 789*** (3.703 813) | −0.269 563 (−1.237 027) |
| $Ad\text{-}R^2$ | 0.534 044 | 0.619 472 | 0.654 710 | 0.623 162 |
| $F$ 值 | 8.449 828 | 16.465 29 | 12.204 33 | 15.281 62 |
| Prob（$F$-statistic） | 0.000 000 | 0.000 000 | 0.000 000 | 0.000 000 |

说明：括号内数字为估计系数的 $t$ 值。***、**、* 分别代表在 1%、5%、10%的水平下显著。

通过不同区域分组下装备制造业技术进步溢出效应的估计结果可知，装备制造业自身的生产效率和非装备制造部门的设备更新速度影响技术溢出效应的发挥。装备制造业生产效率越高，非装备制造部门设备更新速度越快，装备制造业技术进步的溢出效应越明显，否则越微弱。因此，应进一步增加装备制造业的研发投入，提高产业创新能力和生产效率，同时促进其他工业部门设备更新换代，充分发挥装备制造业的带动作用，以推动整个工业经济的快速增长。

# 第9章 技术溢出与研发策略

　　随着技术变革的加快、产品生命周期的缩短和新技术研究开发的复杂化,普通企业很难依靠自身资源实现所有的创新目标,许多企业选择合作研发,以赢得规模经济效应、获取互补性资源、避免重复性研发投入和克服研发的成本障碍。以参与方在产业价值链中的关系作为标准,合作研发可以分为四种类型:与行业内企业的水平合作、与上下游企业的垂直合作、两者兼有的混合合作与不合作。由于研发利益主体进行研发投资时,不能排除其他利益主体通过自由使用研发投资产生的技术知识获得收益,且获得收益者不必为此支付费用,从而产生了技术溢出效应,具体包括同一产业内的水平溢出和纵向产业间的垂直溢出,这种广泛存在的技术溢出效应会作用于企业研发决策。那么,水平和垂直技术溢出分别对不同合作研发模式下的企业研发投资具有什么影响呢?哪种合作研发模式最有利于促进企业研发投资呢?本章将围绕这些问题展开研究。

## 9.1 溢出效应与技术创新关系的理论依据

### 9.1.1 溢出效应与研发活动的关系

　　技术溢出与企业研发活动之间关系的国外研究可追溯到20世纪60年代。阿罗最早提出了企业旨在降低生产成本的研发活动对其他企业生产存在正的外部性,并利用外部性解释了技术溢出效应对经济增长的作用。斯宾塞(Spence)利用一个静态模型分析了地区间和行业间的技术溢出问题,认为当衡量企业间技术溢出程度的参数上升时,一方面,由于部分新知识技术流入竞争对手那里,溢出方不能获得任何回报,技术溢出将使其研发激励下降;另一方面,溢出方也会得到来自其他企业的技术溢出,为减少同样生产成本所需的研发投入随之下降，更多的研发投入会增加该企业的成本优势，技术溢出也就具有了促进企业研发投入的作用。这样，技术溢出对企业研发决策的效应是两方面的，由于一个地区通常不会注意本地区创新活动对其他地区技术溢出的影响，却能充分利用来自其他地区的技术溢出，因此后一种效应更加明显。此后，由于一直难以准确度量溢出效应，关于技术溢出的经验性研究进展缓慢，直到贾菲创新性地构造了技术溢出衡量指标才改变了这一状况。贾菲搜集了专利申请、研发投入和销售收入数据，利用每个企业的技术位置向量（由每个企业在各个技术导向部门的研发投入份额构成的向量）和市场位置向量（由每个企业在各个市场导向部门的销售收入份额构成的向量）构造了技术溢出指标，用回归方法分析了技术溢出对企业专利申请、研发投入和经营绩效的影响，发现技术溢出的作用十分显著。随着对技术溢出研究的逐步深入，学者们发现，除了产业内的水平溢出之外，上下游产业间还普遍存在着垂直溢出。斯图尔斯（Steurs）扩展了传统的 AJ 模型，研究了产业内水平技术溢出与产业间垂直技术溢出对研发决策、产量和社会福利的效应，结果表明垂直溢出比水平溢出更有利于增加研发投入、产量和社会福利。彼得（Peter）将垂直技术溢出纳入模型中，发现研发投资、利润水平和社会福利随垂直溢出的增加而提高，而水平技术溢出对三者的影响是不确定的。阿塔拉（Atallah）通过建立一个包括两个纵向相关产业的 AJ 模型，得到与彼得基本一致的研究结论。

　　近年来，国内学者也开始对区域或产业间的技术溢出效应展开研究。龚艳萍从产业组织的角度分析了产业内水平溢出与产业间垂直溢出以及不同溢出水平下不同合作类型对企业投资行为的影响，结果表明企业研发投资总是随垂直溢出的提高而增加，水平溢出对研发投资的效应不确定。吴延兵认为，技术溢出效应虽然在一定程度上削弱了研发激励，但在一定的范围内，技术溢出可以增加整个社会的福利，并且证明了存在一个使社会福利最大化的技术溢出最优比率，即使社会福利没有实现最大化，也存在一个溢出比率的帕累托最优区间。尹静在构造了部门之间技术相邻指标和技术溢出指标基础上，分析了中国各省、自治区和直辖市制造业行业之间的技术溢出特征，发现地区间的技术溢出与地区经济发展阶段存在着紧密联系，进而得到与斯宾塞一致的实证结论，即地区（制造业行业）间技术溢出会使该地区（制造业行业）的研发投入和专利申请数上升。韩颖应用基于投入产出的产业间研发溢出效应测算方法计算了我国 1997、1999、

2000、2002、2005 年 7 个产业的产业间垂直溢出效应，比较了同产业不同时间水平溢出效应的变化，结果发现各产业的技术溢出效应在不断减小。

### 9.1.2　溢出效应与研发合作的关系

技术溢出效应是一种客观存在，如何更好地发挥其作用是一项需要长期研究的课题，而随着企业纷纷参与到研发合作中来，越来越多的学者开始关注研发合作能否充分利用技术溢出的作用。阿斯普瑞蒙特（Aspremont）和杰奎明（Jacquemin）为研发合作问题研究奠定了一个理论性的框架，之后的众多文献都是建立在两位学者开拓性论文基础上的。阿斯普瑞蒙特和杰奎明在一个两阶段的同质产品的双寡头垄断市场上，分别考察了企业在产出阶段和研发投资阶段的三种不同战略方式：一是企业在研发投资阶段和产出阶段独立地进行古诺竞争；二是企业在研发投资阶段进行合作，但在产出阶段进行古诺竞争；三是企业在研发投资阶段和产出阶段都进行合作。通过对三种不同战略方式的讨论，发现在溢出参数超过 0.5 这个临界值水平时，研发合作要比研发竞争带来更高的产出水平和研发投入；而在溢出参数低于 0.5 这个临界值水平时，研发竞争却要比研发合作带来更多产出和研发投入；同时，企业在研发投资和产出阶段都进行合作要比仅在研发投资阶段进行合作带来更高的研发支出。在阿斯普瑞蒙特和杰奎明的研究之后，凯米恩把研发合作方式推广为"R&D 卡特尔"、"RJV 竞争"和"RJV 卡特尔"三种，比较了三种研发合作模式下研发的投资水平，结果表明：在"RJV 卡特尔"方式下的有效研发投入高于"R&D 卡特尔"和"RJV 竞争"方式，原因在于"RJV 卡特尔"方式下技术溢出被完全内生化，不存在"搭便车"现象，企业会以联盟利益最大化为目标，确定各自的研发投资。铃村（Suzumura）分析了存在着多家企业的产业中的技术溢出效应，通过引进次优福利函数，讨论了研发合作对社会收益的影响，结果表明研发合作对社会收益存在正效应。阿塔拉将研发合作分为不合作、水平合作、垂直合作和混合合作四种情况进行比较，分析表明何种研发合作模式能带来更多的研发投资取决于水平溢出和垂直溢出的高低：在水平溢出和垂直溢出水平较低时，垂直合作可以带来更多的研发投资；在水平溢出和垂直溢出水平较高时，混合合作可以带来更多的研发投资。卡斯曼（Cassiman）和魏基勒（Veugeler）运用比利时制造业行业的数据分析了研发合作与溢出效应之间的关系，把溢出效应分为"流入"效应（incoming）和"流出"效应（outgoing）两种，"流入"效应是指从竞争对手那里获得信息，"流出"效应则是竞争对手从自身研发活动中获得信息。研发合作在某种程度上能够提高信息的流进，对信息的流出则是不确定的。信息流入对企业研发合作有显著的正向影响，而信息流出对企业的研发合作有显著的负向影响。

国内学者也开始研究技术溢出与研发合作的有关问题，并取得了一些进展。霍沛军从上游厂商从事研发投资、下游厂商从事研发投资和上下游厂商同时从事研发投资三种情况出发，分析了垂直一体化合作与不合作的效应，结果表明垂直研发合作能够促进企业研发活动，提高最终产品的产量，从而有利于提高产业利润和社会福利水平。潘淑清通过构造一个两阶段博弈模型，对寡头垄断企业合作创新效率进行了讨论，发现当技术溢出效应达到一定程度时，研发合作有利于实现社会福利最大化，技术溢出水平越大，研发合作对企业越有利，企业就会更多地进行研发投资。黄波以两阶段双寡头模型（简称 AJ 模型）为基础，建立了存在纵向溢出效应的供应链上下游企业研发博弈模型，采用逆向归纳法求出了模型均衡解，并提出上下游企业在产量和研发完全合作时的一种利润分配机制，研究结果表明，研发合作有利于增加最终产品供给、供应链上下游企业研发投入和销售利润。

综观国内外现有研究，尽管学者们广泛讨论了考虑技术溢出条件下的企业合作研发投资和社会福利效应问题，并取得了卓有成效的研究成果，但多数文献仅分析了产业内水平溢出或者产业间垂直溢出的一种情况，而现实中的企业面临的技术溢出不仅源于行业内部，还来自上下游企业之间，对于此类问题的理论研究较为少见，国内更是基本处于空白状态。本章后面的内容将以 AJ 模型和阿塔拉的分析框架为基础，研究同时存在产业内水平溢出、产业间垂直溢出情况下企业合作研发的投资决策问题，并就合作研发模式选择进行讨论。

## 9.2 存在技术溢出的三阶段古诺竞争模型

### 9.2.1 模型假设

阿斯普瑞蒙特和杰奎明提出了 AJ 模型，该模型把企业研发投资战略分为两个阶段：第一阶段，企业直接进行研发投资，带来生产工艺的改进和新产品，该阶段的研发决策非常重要，会直接影响产品的市场份额和销售利润；第二阶段，产品在市场上展开竞争，企业进行研发投资的目的是促使产品在市场上获利，不论研发过程中是合作还是不合作，结果都以本企业在市场竞争中获得竞争优势为目的。以 AJ 模型的分析框架为基础，本书将上下游企业纳入研究中，提出如下假设：

假设一：市场中有两个完全相同的买方（下游企业）和两个完全相同的卖方（上游企业），下游企业将上游企业生产的中间产品转化成最终产品。如果不进行研发，上游企业每单位产品的成本为 $s$，并以价格 $t$ 将中间产品出售给下游企业。下游企业将中间产品转化成最终产品的成本为 $r$，以价格 $p$ 出售给最终消费者。下游企业的需求函数是线性的，函数为 $p(Y_b) = a - wY_b$，其中，$Y_b = y_{b1} + y_{b2}$。

假设二：上游企业提供的一单位中间产品只能转化为下游企业生产的一单位最终产品，上游企业和下游企业的总产出相等。

假设三：企业进行以降低成本为目的的研究开发活动，$x_{bi}$ 为下游企业 $i$ 的研发产出，$x_{si}$ 为上游企业 $i$ 的研发产出。$ux_{bi}^2$ 是下游企业的研发成本函数，$ux_{si}^2$ 是上游企业的研发成本函数[①]，以反映研发投入的报酬递减性。

假设四：下游企业每单位研发可使自身减少 1 单位成本，同行业竞争者每单位研发使该企业减少的成本为 $h_1$（水平溢出），上游企业每单位研发使该企业减少的成本为 $v_1$（垂直溢出）；上游企业每单位研发同样可使自身减少 1 单位成本，同行业竞争者每单位研发使该企业减少的成本为 $h_2$，下游企业每单位研发使该企业减少的成本为 $v_2$，且 $h_1$，$h_2$，$v_1$，$v_2 \in [0, 1]$。

根据上述假设，下游企业中企业 $i$ 的单位成本分别为：

$$c_{bi} = t + r - x_{bi} - h_1 x_{bj} - v_1(x_{s1} + x_{s2}),$$
$$i = 1, 2; j = 3 - i \tag{9—1}$$

---

① AJ 模型中采用了二阶可导凹函数表示研发成本函数，以反映研发投入报酬递减性。借鉴上述方法，本书采用 $u_{bi}x_{bi}^2$ 和 $u_{si}x_{si}^2$ 分别表示下游企业与上游企业的研发成本函数，其中，$u_{bi}$ 和 $u_{si}$ 分别表示下游企业与上游企业的研发效率，且 $u_{bi} > 0$，$u_{si} > 0$，$u_{bi}$ 和 $u_{si}$ 的值越小，研发成本越小，研发效率越高。为了便于研究，本书假设上游企业和下游企业的研发效率相等，即 $u_{bi} = u_{si} = u$。

上游企业中企业 $i$ 的单位成本为：

$$c_{si} = s - x_{si} - h_2 x_{sj} - \nu_2(x_{b1} + x_{b2}), i = 1,2; j = 3 - i \quad (9—2)$$

由此可知，企业生产的单位成本不仅取决于自身研发决策，还与行业内竞争对手、纵向关联企业的研发决策有关。

假设五：为保证开展研发活动后企业生产成本为正，$r$ 和 $s$ 要满足如下条件：

$$r > x_{bi} + h_1 x_{bj} + \nu_1(x_{s1} + x_{s2}) - t \quad (9—3)$$

$$s > x_{si} + h_2 x_{sj} + \nu_2(x_{b1} + x_{b2}) \quad (9—4)$$

### 9.2.2 三阶段古诺竞争模型

将 AJ 模型拓展为包括上下游企业，并且把企业决策分为三个阶段，即包括一个研发阶段和两个产出阶段的模型。第一阶段，所有企业同时进行研发决策；第二阶段，上游企业决定产量；第三阶段，下游企业决定产量。由此，构成了三阶段不完全信息动态博弈模型，可采用逆向归纳法求解。

**（一）第三阶段：下游企业决定产量**

在第三阶段，下游两家寡头企业决定各自产量，其利润函数为

$$\pi_{bi} = [p(Y_b) - c_{bi}]y_{bi} - u x_{bi}^2, i = 1,2 \quad (9—5)$$

下游企业的目标是利润最大化，即

$$\text{Max}_{y_{bi}} \pi_{bi} = [p(Y_b) - c_{bi}]y_{bi} - u x_{bi}^2, i = 1,2 \quad (9—6)$$

通过 $\pi_{bi}$ 对 $y_{bi}$ 求一阶导数并令其为 0，得

$$y_{bi} = \frac{a - t - r + (2 - h_1)x_{bi} - (1 - 2h_1)x_{bj} + \nu_1(x_{s1} + x_{s2})}{3w},$$

$$i = 1,2; j = 3 - i \quad (9—7)$$

将式（9—7）代入 $p(Y_b) = a - wY_b$ 中，得

$$p = \frac{a + 2(t + r) - (h_1 + 1)(x_{b1} + x_{b2}) - 2\nu_1(x_{s1} + x_{s2})}{3} \quad (9—8)$$

同样，由式（9—7）可得

$$t = \frac{2(a-r)+(h_1+1)(x_{b1}+x_{b2})+2\nu_1(x_{s1}+x_{s2})-3w(y_{s1}+y_{s2})}{2}$$

$$(9\text{—}9)$$

## （二）第二阶段：上游企业决定产量

在第二阶段，上游两家寡头企业决定产量，其利润函数为

$$\pi_{si} = [t(Y_s)-c_{si}]y_{si} - ux_{si}^2, i=1,2 \tag{9—10}$$

其中 $t(Y_s)$ 表示中间产品的价格 $t$ 为上游企业总产出 $Y_s$ 的函数，$Y_s=y_{s1}+y_{s2}$，上游企业的目标同样是利润最大化，即

$$\text{Max}_{y_{si}}\pi_{si} = [t(Y_s)-c_{si}]y_{si} - ux_{si}^2, i=1,2 \tag{9—11}$$

通过 $\pi_{si}$ 对 $y_{si}$ 求一阶导数并令其为 0，得

$$y_{si} = \frac{\begin{array}{c}2(a-r-s)+(1+h_1+2\nu_2)(x_{b1}+x_{b2})\\+2(2-h_2+\nu_1)x_{si}+2(-1+2h_2+\nu_1)x_{xj}\end{array}}{9w},$$

$$i=1,2;j=3-i \tag{9—12}$$

由假设二可知上游企业和下游企业的总产出相等，则总产出可表示为

$$Y_s = Y_b = \frac{\begin{array}{c}4(a-r-s)+2(1+h_1+2\nu_2)(x_{b1}+x_{b2})\\+2(1+h_2+2\nu_1)(x_{s1}+x_{s2})\end{array}}{9w} \tag{9—13}$$

将式（9—13）代入 $p(Y_b)=a-wY_b$，得

$$p = \frac{\begin{array}{c}5a+4(r+s)-2(1+h_1+2\nu_2)(x_{b1}+x_{b2})\\-2(1+h_2+2\nu_1)(x_{s1}+x_{s2})\end{array}}{9} \tag{9—14}$$

将式（9—13）代入式（9—9），得

$$t = \frac{\begin{array}{c}2(a-r+2s)+(1+h_1-4\nu_2)(x_{b1}+x_{b2})\\-2(1+h_2-\nu_1)(x_{s1}+x_{s2})\end{array}}{9} \tag{9—15}$$

## （三）第一阶段：所有企业同时进行研发决策

在第一阶段，上下游企业同时进行研发决策。为更加全面地考察企业的研发决策，本书将企业合作研发模式分为不合作（NC）、水平合作（HC）、垂直合作（VC）与混合合作（GC）四种情况。

情况一：不合作

在不合作的情况下，企业研发决策的目标是使自身利润最大化，即

$$\text{Max}_{x_{bi}} \quad \pi_{bi}, i=1,2 \tag{9—16}$$

$$\text{Max}_{x_{si}} \quad \pi_{si}, i=1,2 \tag{9—17}$$

解方程 $\dfrac{\partial \pi_{bi}}{\partial x_{bi}}=0$, $\dfrac{\partial \pi_{si}}{\partial x_{si}}=0$，得

$$x_{bi}^{NC} = \frac{(a-r-s)(4\nu_2-7h_1+11)}{\substack{-23-4h_1-6h_2+7h_1^2+6h_2^2-30\nu_1-26\nu_2 \\ +10h_1\nu_2+6h_2\nu_1-12\nu_1^2-8\nu_2^2+81uw}} \tag{9—18}$$

$$x_{si}^{NC} = \frac{6(a-r-s)(\nu_1-h_2+2)}{\substack{-23-4h_1-6h_2+7h_1^2+6h_2^2-30\nu_1-26\nu_2 \\ +10h_1\nu_2+6h_2\nu_1-12\nu_1^2-8\nu_2^2+81uw}} \tag{9—19}$$

情况二：水平合作

在水平合作的情况下，企业研发决策的目标是使产业内利润最大化，即

$$\text{Max}_{x_{bi}} \quad (\pi_{b1}+\pi_{b2}), i=1,2 \tag{9—20}$$

$$\text{Max}_{x_{si}} \quad (\pi_{s1}+\pi_{s2}), i=1,2 \tag{9—21}$$

解方程 $\dfrac{\partial(\pi_{b1}+\pi_{b2})}{\partial x_{bi}}=0$, $\dfrac{\partial(\pi_{s1}+\pi_{s2})}{\partial x_{si}}=0$，得

$$x_{bi}^{HC} = \frac{4(a-r-s)(h_1+2\nu_2+1)}{\substack{-10-8h_1-12h_2-4h_1^2-6h_2^2-24\nu_1-16\nu_2 \\ -16h_1\nu_2-24h_2\nu_1-24\nu_1^2-16\nu_2^2+81uw}} \tag{9—22}$$

$$x_{si}^{HC} = \frac{6(a-r-s)(h_2+2\nu_1+1)}{\substack{-10-8h_1-12h_2-4h_1^2-6h_2^2-24\nu_1-16\nu_2 \\ -16h_1\nu_2-24h_2\nu_1-24\nu_1^2-16\nu_2^2+81uw}} \tag{9—23}$$

情况三：垂直合作

在垂直合作的情况下，企业研发决策的目标是上下游企业合作体的利润最大化，即

$$\text{Max}_{x_{bi},x_{si}}(\pi_{bi}+\pi_{si}), i=1,2 \tag{9—24}$$

解方程 $\dfrac{\partial(\pi_{bi}+\pi_{si})}{\partial x_{bi}}=0$, $\dfrac{\partial(\pi_{bi}+\pi_{si})}{\partial x_{si}}=0$，得

$$x_{bi}^{VC} = x_{si}^{VC} = \cfrac{2(a-r-s)(5\nu_2 - 2h_1 + 7)}{\begin{array}{c}-28 - 10h_1 - 10h_2 + 4h_1^2 + 4h_2^2 - 38\nu_1 - 38\nu_2 \\ -2h_1\nu_2 - 2h_2\nu_1 - 20\nu_1^2 - 20\nu_2^2 + 81uw\end{array}}$$

$$(9\text{—}25)$$

情况四：混合合作

在既有水平合作又有垂直合作的情况下，企业研发决策的目标是所有企业总利润最大化，即

$$\text{Max}_{x_{bi},x_{si}}(\pi_{b1}+\pi_{b2}+\pi_{s1}+\pi_{s2}), i=1,2 \qquad (9\text{—}26)$$

解方程 $\dfrac{\partial(\pi_{b1}+\pi_{b2}+\pi_{s1}+\pi_{s2})}{\partial x_{bi}}=0$， $\dfrac{\partial(\pi_{b1}+\pi_{b2}+\pi_{s1}+\pi_{s2})}{\partial x_{si}}=0$，得

$$x_{bi}^{GC} = x_{si}^{GC} = \cfrac{10(a-r-s)(h_1+2\nu_2+1)}{\begin{array}{c}-20 - 20h_1 - 20h_2 - 10h_1^2 - 10h_2^2 - 40\nu_1 - 40\nu_2 \\ -40h_1\nu_2 - 40h_2\nu_1 - 40\nu_1^2 - 40\nu_2^2 + 81uw\end{array}}$$

$$(9\text{—}27)$$

# 9.3　技术溢出与研发投资模式选择

## 9.3.1　技术溢出对不同合作模式下企业研发投资的影响

根据不同研发合作模式下企业研发产出函数，可分别对 $h_1$， $h_2$， $\nu_1$， $\nu_2$ 求导，由一阶导数的符号判断出水平和垂直技术溢出对企业研发投资的效应①，以考察技术溢出对企业研发投资决策的影响（如表 9—1 所示），具体分析如下：

表 9—1　　　　　　技术溢出对企业研发投资的影响

|  | 不合作（NC） | 混合合作（GC） | 水平合作（HC） | 垂直合作（VC） |
|---|---|---|---|---|
| $\partial x_{bi}/\partial h_1$ | ± | + | + | ± |
| $\partial x_{bi}/\partial h_2$ | ± | + | + | + |
| $\partial x_{si}/\partial h_1$ | ± | + | + | ± |
| $\partial x_{si}/\partial h_2$ | ± | + | + | + |

① 根据假设三，研发成本函数 $ux_{bi}^2$ 和 $ux_{si}^2$ 为 $x_{bi}$ 与 $x_{si}$ 的单调递增函数，说明研发产出越多，企业需进行越多的研发投资，因此可以由 $x_{bi}$ 和 $x_{si}$ 与技术溢出的关系考察技术溢出对企业研发投资决策的影响。

续前表

|  | 不合作（NC） | 混合合作（GC） | 水平合作（HC） | 垂直合作（VC） |
|---|---|---|---|---|
| $\partial x_{bi} / \partial v_1$ | ＋ | ＋ | ＋ | ＋ |
| $\partial x_{bi} / \partial v_2$ | ± | ＋ | ＋ | ＋ |
| $\partial x_{si} / \partial v_1$ | ± | ＋ | ＋ | ＋ |
| $\partial x_{si} / \partial v_2$ | ＋ | ＋ | ＋ | ＋ |

**（一）水平溢出对企业研发投资的影响**

在不合作的情况下，下游企业间的水平溢出（$h_1$）和上游企业间的水平溢出（$h_2$）对上下游企业研发投资（$x_{bi}$ 和 $x_{si}$）的影响都是不确定的。

在混合合作与水平合作的情况下，下游企业间的水平溢出（$h_1$）和上游企业间的水平溢出（$h_2$）对上下游企业的研发投资都具有正效应。在垂直合作的情况下，下游企业间的水平溢出（$h_1$）对上下游企业研发投资的影响是不确定的；上游企业间的水平溢出（$h_2$）对上下游企业的研发投资具有正效应。

**（二）垂直溢出对企业研发投资的影响**

在不合作的情况下，自上而下的垂直溢出（$v_1$）对下游企业的研发投资（$x_{bi}$）具有正效应，对上游企业研发投资（$x_{si}$）的影响不确定；自下而上的垂直溢出（$v_2$）对上游企业的研发投资具有正效应，对下游企业研发投资的影响不确定。在混合合作、水平合作与垂直合作三种情况下，无论是上游向下游的垂直溢出（$v_1$），还是下游向上游的垂直溢出（$v_2$），对上下游企业的研发投资都具有正效应。

### 9.3.2　研发投资的外部性与企业合作研发模式比较

为了进一步对企业合作研发模式进行比较，假设上下游行业内部的水平技术溢出相等，行业之间的垂直技术溢出也相等，即 $h_1 = h_2 = h$，$v_1 = v_2 = v$。对不同合作研发模式下企业研发投资的比较需考虑外部性问题，研发合作会使企业研发投资对其他合作者产生的外部性内部化。在本书的分析框架下，存在三种外部性：水平外部性（$H$），垂直外部性（$V$）和交互外部性（$D$）。一般地，水平外部性在水平与混合合作的情况下被内部化，垂直外部性在垂直与混合合作的情况下被内部化，而交互外部性只有在混合合作的情况下才能被内部化。不同合作研发模式下企业研发投资比较的结果取决于这些外部性的正负以及是否被内部化，通常内部化为正的外部性将增加研发投资的水平，而内部化为负的外部性将降低研发投资的水平。

企业进行研发投资带来的水平外部性 $H$，垂直外部性 $V$ 和交互外部性 $D$ 分别为：

$$H=\frac{\partial \pi_{s1}}{\partial x_{s1}}+\frac{\partial \pi_{s2}}{\partial x_{s1}}+\frac{\partial \pi_{b1}}{\partial x_{b1}}+\frac{\partial \pi_{b2}}{\partial x_{b1}} \tag{9—28}$$

$$V=\frac{\partial \pi_{b1}}{\partial x_{s1}}+\frac{\partial \pi_{b2}}{\partial x_{s2}}+\frac{\partial \pi_{s1}}{\partial x_{b1}}+\frac{\partial \pi_{s2}}{\partial x_{b2}}>0 \tag{9—29}$$

$$D=\frac{\partial \pi_{b1}}{\partial x_{s2}}+\frac{\partial \pi_{b2}}{\partial x_{s1}}+\frac{\partial \pi_{s1}}{\partial x_{b2}}+\frac{\partial \pi_{s2}}{\partial x_{b1}}>0 \tag{9—30}$$

通过计算，$H$ 的符号不确定，$V$ 和 $D$ 的符号为正，表明垂直和交互外部性为正的外部性。结合三种外部性的计算结果，可以对不同研发合作模式下企业研发投资额进行两两比较（如表 9—2 所示）。

表 9—2　　　　　　　　研发投资与合作研发模式比较

| 合作研发模式 | 企业研发投资 |
|---|---|
| 垂直与不合作 | $X^{VC}>X^{NC}$ |
| 垂直与水平 | $X^{VC}>X^{HC}$ |
| 混合与水平 | $X^{GC}>X^{HC}$ |
| 垂直与混合 | $7h+5v-2>0$，$X^{GC}>X^{VC}$<br>$7h+5v-2<0$，$X^{GC}<X^{VC}$ |
| 混合与不合作 | $X^{NC}>X^{GC}$ 或 $X^{NC}<X^{GC}$ |
| 水平与不合作 | $X^{HC}>X^{NC}$ 或 $X^{HC}<X^{NC}$ |

说明：$X$ 表示企业的研发投资总额（四个企业研发投资的加总），上标代表不同研发合作类型。

（1）$X^{VC}>X^{NC}$

在不合作的情况下，外部性没有被内部化。在垂直合作的情况下，企业将垂直外部性 $V$ 内部化。由于垂直外部性是正外部性（$V>0$），因此垂直合作模式下企业的研发投资大于不合作模式下企业的研发投资。

（2）$X^{VC}>X^{HC}$

在垂直合作与水平合作的情况下，垂直外部性 $V$ 和水平外部性 $H$ 分别被内部化。当 $h$ 水平较低时，某企业研发投资的增加会减少同行业企业的利润，故 $H<0$，又 $V>0$，所以 $V>H$，因此垂直合作模式下企业的研发投资大于水平合作模式下企业的研发投资；当 $h$ 水平较高时，$H>0$，但 $V>H$，因此垂直合作仍优于水平合作；当 $h=1$ 时，$V=H$，$V^{VC}=$

$X^{HC}$，垂直合作与水平合作模式下企业的研发投资相同。①

（3）$X^{CC} > X^{HC}$

在混合合作的情况下，垂直外部性 $V$、水平外部性 $H$ 和交互外部性 $D$ 都被内部化；而在水平合作的情况下，只有水平外部性 $H$ 被内部化。由于混合合作和水平合作会使 $H$ 内部化，而混合合作还使 $V$ 和 $D$ 内部化，且 $V+D>0$，因此 $X^{CC}>X^{HC}$，混合合作模式下企业的研发投资大于水平合作模式下企业的研发投资。

（4）$X^{CC}$ 与 $X^{VC}$ 的大小取决于 $7h+5v-2$ 的符号

在垂直合作的情况下，垂直外部性 $V$ 被内部化；在混合合作的情况下，垂直外部性 $V$、水平外部性 $H$ 和交互外部性 $D$ 都被内部化。由于混合合作与垂直合作都会使 $V$ 内部化，而混合合作还使 $H$ 和 $D$ 内部化，因此垂直合作与混合合作模式下企业研发投资的多少取决于 $H+D$ 的符号。当 $h$ 和 $v$ 的水平较低，满足 $7h+5v-2<0$ 时，$H<0$，且 $|H|>D$，垂直合作模式下企业的研发投资大于混合合作模式下企业的研发投资；随着 $h$ 和 $v$ 的增加，$H$ 也随之增加，当 $7h+5v-2>0$ 时，$H>0$，混合合作模式下企业的研发投资大于垂直合作模式下企业的研发投资。

（5）$X^{NC}$ 与 $X^{CC}$

在不合作的情况下，外部性没有被内部化；而在混合合作的情况下，垂直外部性 $V$、水平外部性 $H$ 和交互外部性 $D$ 均被内部化，因此不合作和混合合作模式下企业的研发投资的大小取决于 $H+V+D$ 的正负。当 $h$ 和 $v$ 的水平较低时，$H<0$，且 $|H|>D+V$，不合作模式下企业的研发投资大于混合合作模式下企业的研发投资；随着 $h$ 和 $v$ 的增加，$H$ 递增，当 $H+V+D>0$ 时，混合合作模式下企业的研发投资大于不合作模式下企业的研发投资。

（6）$X^{NC}$ 与 $X^{HC}$

在不合作的情况下，外部性没有被内部化。在水平合作的情况下，水平外部性 $H$ 被内部化，不合作和水平合作企业的研发投资取决于 $H$ 的符号。当 $h$ 和 $v$ 的水平较低时，$H<0$，不合作模式下企业的研发投资大于水平合作模式下企业的研发投资；随着 $h$ 和 $v$ 的增加，$H$ 递增，当 $H>0$ 时，水平合作模式下企业的研发投资大于不合作模式下企业的研发投资。

---

① 理论上，技术溢出水平可能等于 1，即完全溢出，但现实中这种情况很少见，因此在两种模式的比较过程中将极端情况忽略。

假设研发投资是有效率的，则从全社会角度来说，研发投资对社会福利具有正效应，即研发投资越多，社会福利水平越高。在社会福利最大化的目标下，结合不同合作研发模式的比较可知：第一，当水平和垂直技术溢出（h，v）都较低时，垂直合作＞不合作＞混合合作＞水平合作，垂直合作模式能够最大化企业研发投资，对社会最优；第二，随着技术溢出水平（h，v）的提高，垂直合作＞混合合作＞不合作＞水平合作，垂直合作模式下企业研发投资最多；第三，当技术溢出水平（h，v）继续上升且满足 $7h+5v-2>0$ 时，混合合作＞垂直合作＞水平合作＞不合作，混合合作模式下企业研发投资最多；第四，若水平技术溢出接近于极限（$h=1$）时，混合合作＞垂直合作＝水平合作＞不合作，混合合作模式仍然是促进企业研发投资的最优选择。

### 9.3.3　数值模拟结果及分析

为了验证理论模型的正确性和有效性，本书利用 matlab 软件对四种合作研发模式下企业研发投资决策比较的结果进行数值模拟。首先，根据模型假设并结合现实情况对各参数赋初始值，其中取 $a=200$，$r=50$，$s=100$，$u=5$，$w=4$[①]；然后，基于 matlab 软件的数值模拟结果画出三维图像（如图 9—1 所示），在三维坐标系中，x 轴为水平技术溢出 h，y 轴为垂直技术溢出 v，z 轴为企业研发投资额 X。为了使数值模拟结果的比较更加清晰，对四种合作研发模式分别进行两两比较，共得到六张三维图像。

从图（a），图（b）和图（c）可以看出，无论水平溢出和垂直溢出处于什么水平，垂直合作优于不合作和水平合作，混合合作优于水平合作，与上一节所得到的结论（1），（2）和（3）一致。由图（d）可知，在水平溢出和垂直溢出都较低时，垂直合作优于混合合作；水平溢出和垂直溢出都较高时，混合合作优于垂直合作，与结论（4）相符。根据图（e）和图（f），当水平溢出和垂直溢出都较低时，不合作优于水平合作与混合合作；当水平溢出和垂直溢出都较高时，水平合作和混合合作优于不合作，与结论（5）和（6）一致。通过数值模拟，验证了不同合作模式下企业研

① 由假设二可知，$p=a-wY\geqslant t+r\geqslant s+r$，则 $a-s-r\geqslant wY>0$，因此，在 $a$，$r$ 和 $s$ 的赋值中，应满足 $a-s-r>0$；四种合作研发模式下的 $x$ 应为正值，由于 $a-s-r>0$ 且 $h$，$v\in[0,1]$，因此 $x$ 各表达式的分子均大于 0，为保证 $x$ 为正值，应使 $x$ 各表达式的分母大于 0。通过计算得到：当 $uw>3.95$（$u>0$，$w>0$）时，$x$ 各表达式均大于 0。本书在满足上述条件的前提下，对各参数赋不同初始值进行多次模拟，结果一致。

发投资比较的结论。

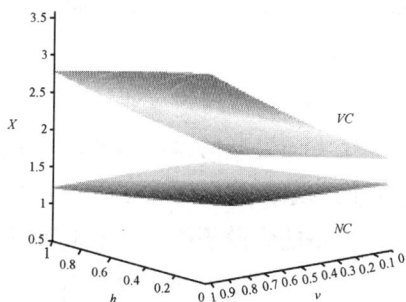

图（a）　垂直合作与不合作

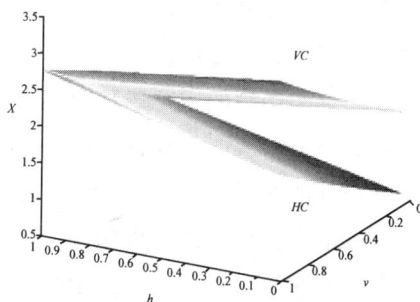

图（b）　垂直合作与水平合作

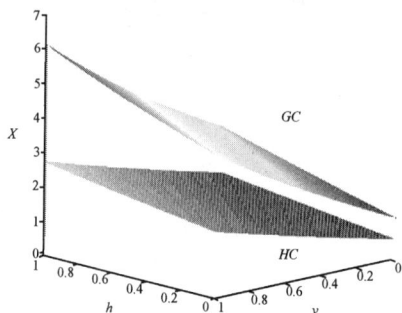

图（c）　混合合作与水平合作

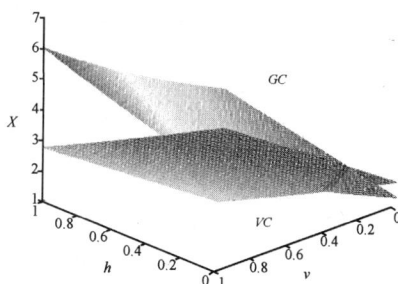

图（d）　垂直合作与混合合作

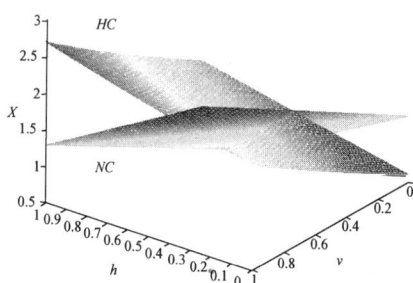

图（e）　混合合作与不合作

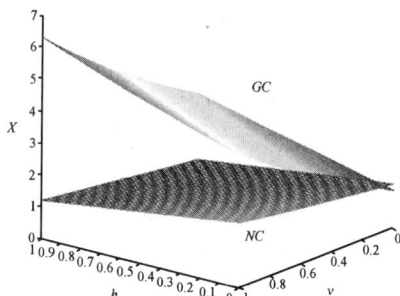

图（f）　水平合作与不合作

**图 9—1　四种研发合作模式比较的数值模拟结果**

通过前面的模型构建和数值模拟，可以得到如下结论：除了在不合作的情况下，企业研发投资总是随着垂直技术溢出的上升而增加。当企业选择混合合作或水平合作时，企业的研发投资总是随水平技术溢出的上升而增加；当企业选择不合作或垂直合作时，水平技术溢出对企业研发投资的影响不确定。企业研发投资具有正的垂直和交互外部性，而水平外部性可正可负。当水平溢出和垂直溢出较低时，水平溢出带来的负外部性影响了混合合作和水平合作的效率，垂直合作可以使研发投资最大化；当水平溢出和垂直溢出较高时，水平溢出带来的负外部性逐渐减弱，甚至变为正外部性，混合合作为最优选择。

在现实经济的运行过程中，企业是异质性的，体现为企业间的研发产出和研发成本等方面存在着一定差异。为了方便模型构建，本书忽略了企业异质性的影响。同时，假定行业内企业间的水平技术溢出相同，上下游企业间的垂直技术溢出也相同，这些较为严格的假设条件有待未来研究进一步放宽和拓展。另外，由于数据资料的限制，实证中利用数值模拟的方法对研究结论加以检验，随着企业层面统计数据的逐步完善，利用计量经济分析等研究工具有望得到更为确凿和更具说服力的实证结论。

# 第 10 章　技术创新的公共政策设计

在经济全球化背景下，新技术及其产业化以前所未有的速度和规模发展，技术创新能力成为一国能否在国际竞争中取得优势的关键因素。与此同时，由于技术创新的高投入和不确定性，以及技术创新成果的公共性和外部性，技术创新过程存在一定程度的市场失灵，需要政府部门利用公共政策加以弥补，对技术创新活动进行扶持。本章将基于研发投入—市场化收益的标准对产业技术创新的模式进行分类，考察不同模式下市场失灵的原因与表现，揭示市场失灵产生的关键环节，进而提出公共政策设计的思路与方法。

## 10.1　产业技术创新模式分类：基于研发投入—市场化收益的标准

### 10.1.1　技术创新政策的相关研究

在国外技术创新政策理论的研究中，新古典经济学派在承认政府干预技术创新具有合理性的基础上，提出"二分法"的技术创新政策框架：政府不必在产业部门的技术开发、扩散及商业化过程中扮演任何角色，而只需对大学和公共部门的基础科学研究进行资助。新熊彼特学派将技术创新视为一个由科学、技术和市场三者相互作用构成的复杂过程，重视对微观运作机制的探讨，指出技术创新过程中的各个环节都需要政策支持。国家创新体系学派认为影响技术创新绩效的障碍除"市场失灵"外，还存在由于国家创新体系结构缺陷导致的"系统失灵"，强调技术创新政策应基于"系统范式"建设功能完善的组织间网络，提高知识、信息和资源扩散及配置效率。中小企业政策学派指出了中小企业在技术创新方面的两大优

势：组织结构灵活和资源共享倾向性较强，易于适应市场需求的变化，并
有利于集群创新和网络化组织的发展，能够更有效地发挥合作创新中的协
同效应。

国内研究方面，肖鹏从供给、需求和环境三个层面探讨了促进技术创
新的财税政策。金雪军基于演化范式研究了技术创新政策的含义及分类，
强调政策制定者的学习过程，并在更宽泛的含义上提出了技术创新政策、
技术以及产业结构的协同演化。卢锐从激励制度、协调制度、企业家制
度、专利制度和学习制度等方面分析了制度对技术创新政策的影响。邵庆
国认为完整的技术创新政策是由知识产权保护、公共采购、财政金融、产
业发展管制、科学技术发展、市场环境优化和经营机制激励等构成的政策
链条。聂鸣在对比目标导向和能力导向两类政策特点的基础上，提出我国
技术创新政策应由以目标导向为主向以能力导向为主进行调整。

关于技术创新政策的研究多从企业技术创新的微观层次和国家创新体
系建设的宏观层次展开，并没有从产业层面探讨技术创新的不同模式及其
所表现出的特征与区别。本书将以研发投入—市场化收益为标准对产业创
新模式进行分类，研究市场失灵的成因与表现，进而提出有利于产业创新
的公共政策设计。

### 10.1.2　产业创新模式的分类标准

作为介于企业创新（微观）与国家创新体系（宏观）之间的中间层
次，产业技术创新是指以提高产业竞争力为目标的包括技术开发（或引
进、消化吸收）、生产、商业化到产业化的一系列活动的总和。由于各个
产业的基本属性不同，产业创新的具体模式也有所区别。英国经济学家弗
里曼对电力、钢铁、石油、化学、合成纤维、汽车、电子和计算机等产业
的创新状况进行了实证研究，得到各产业技术创新的形式和内容各有侧重
的结论。汪秀婷提出国外产业创新包括技术推动、政策拉动、企业联动和
环境驱动四种模式。易将能从创新途径的角度将产业创新模式分为创造新
能力和创造新产业两大类。陆国庆认为信息技术革命背景下产业创新包括
传统产业流程的信息化再造模式、竞争规则创新模式和产业融合创造全新
产业模式。

本质上，创新是市场主体以实现利润最大化为目标，应用新知识、新
技术开发出新产品及新工艺，并成功实现首次商业化的活动。真正意义上
的创新活动需满足两个基本条件：一是"投入"，即新产品和新工艺只有

通过研发投入才能实现，研发投入是创新的基础和起始点；二是"产出"，即技术创新以"利润"为导向，新产品须得到市场认可才能获得高额收入，并为进一步研发提供资金基础，因而市场化预期收益是创新的最终目标。本书根据技术创新研发经费的主要来源和市场化预期收益的高低，将产业创新模式分为四种类型：自发型创新、实验型创新、应用型创新和系统型创新（如表 10—1 所示）。

表 10—1　　　　　　　　　　　　产业创新模式的分类

| 市场化预期收益 | 研发经费来源 | |
|---|---|---|
| | 企业 | 政府 |
| 高 | 自发型创新 | 实验型创新 |
| 低 | 应用型创新 | 系统型创新 |

### 10.1.3　产业创新模式的基本特征

在自发型创新模式下，技术创新的市场化预期收益较高，创新成果的市场化难度小，企业开展技术创新活动存在较大激励，因此研发投入主要来源于企业自有资金，且研发经费投入强度大。通用设备制造业、专用设备制造业、通信设备、计算机及其他电子设备制造业等是此类创新模式的代表，以专用设备制造业为例（如表 10—2 所示），2004—2006 年三年研发经费分别为 34.7 亿元、55.2 亿元和 75.9 亿元，其投入强度（研发经费支出与产品销售收入的比例）均超过 1％，2006 年达到 1.7％，在所有产业部门中处于前列。另外，此类行业生产的创新产品大都作为"投入品"提供给与其垂直相关的上下游行业，因而是一种"投入型"创新模式。

表 10—2　　　　　　　　　　典型行业研发经费投入情况

| 年份 | 专用设备制造业 | | 医药制造业（化学、生物、生化） | | 农副食品加工业 | | 航空航天器制造业 | | 工业企业平均 |
|---|---|---|---|---|---|---|---|---|---|
| | 研发经费（亿元） | 研发经费投入强度（％） | 研发经费（亿元） | 研发经费投入强度（％） | 研发经费（亿元） | 研发经费投入强度（％） | 研发经费（亿元） | 研发经费投入强度（％） | 研发经费投入强度（％） |
| 2004 | 34.7 | 1.00 | 28.2 | 1.30 | 5.4 | 0.07 | 25.3 | 5.36 | 0.71 |
| 2005 | 55.2 | 1.60 | 40.0 | 1.50 | 8.7 | 0.09 | 27.8 | 3.56 | 0.76 |
| 2006 | 75.9 | 1.70 | 52.6 | 1.76 | 13.4 | 0.26 | 33.3 | 4.17 | 0.77 |

资料来源：中华人民共和国国家统计局编：《中国统计年鉴 2007》，北京，中国统计出版社，2007。

在某些行业中，尽管技术创新的市场化预期收益高，但由于创新成果难以市场化，对技术水平要求十分严格，创新风险较高，导致普通企业缺乏创新激励，研发经费主要来源于政府，技术创新活动大多在大型企业、研发机构和高等院校的实验室里实现，因而称其为实验型创新模式。《国家中长期科学和技术发展规划纲要（2006—2020 年）》确定的生物技术、信息技术、自动化技术、能源技术、新材料和海洋技术 6 个重点技术领域即属于此类创新模式的典型，2004—2006 年期间，国家财政拨款中科技三项费支出分别达到 484.0 亿元、609.7 亿元、779.9 亿元，加上国家自然科学基金等部门的支持，研发经费投入始终保持在较高水平。以医药制造业（包括化学药品、生物和生化制品制造业）为例，2006 年研发经费投入强度达到 1.76%，大大超过工业企业 0.77% 的平均水平。

应用型创新模式的特点是：技术创新的市场化预期收益较低，研发投入主要来源于企业，但由于行业技术水平和企业规模、资金等方面的限制，产业创新激励相对较弱，主要通过垂直或旁侧关联产业创新产品的投入来完成，农副食品加工业、纺织业、服装及其他纤维制品制造业是此类创新模式的代表。另外，在纺织、服装制造业中（如表 10—3 所示），1997—2003 年间（除 2001 年外）消化吸收经费占引进技术经费之比的均值仅为 2.21% 和 3.11%，说明企业缺乏自主创新能力，主要依靠相关产业技术引进带动本产业技术进步，可称其为应用型创新。

**表 10—3　　　　　纺织、服装制造业消化吸收与引进技术经费情况**

| 年份 | 技术引进经费（亿元） | | 消化吸收经费（亿元） | | 消化吸收/引进技术 | |
|---|---|---|---|---|---|---|
| | 纺织业 | 服装制造业 | 纺织业 | 服装制造业 | 纺织业 | 服装制造业 |
| 1997 | 12.75 | 1.62 | 0.37 | 0.029 | 2.90% | 1.79% |
| 1998 | 8.77 | 0.91 | 0.17 | 0.000 6 | 1.94% | 0.06% |
| 1999 | 6.51 | 0.61 | 0.33 | 0.026 | 5.07% | 4.26% |
| 2000 | 13.61 | 1.12 | 0.38 | 0.11 | 2.79% | 9.82% |
| 2002 | 19.24 | 3.24 | 0.046 | 0.043 | 0.24% | 1.33% |
| 2003 | 23.27 | 3.72 | 0.067 | 0.052 | 0.29% | 1.40% |
| 均值 | 14.03 | 1.87 | 0.227 | 0.043 | 2.21% | 3.11% |

资料来源：科学技术部专题研究组编：《我国产业自主创新能力调研报告》，北京，科学出版社，2006。

在航空航天、分布式自动化控制系统、半导体等生产复杂产品系统的产业中，技术创新具有技术密集度高、涉及技术领域广、小批量定制化和集成度高等特点，如波音飞机仅发动机就由 2 000 多个元器件组成，其中许多元器件并非标准件，而是为发动机特殊定制。从产品研发、设计、实验到投产的一系列创新过程是多项制造工程技术的集成，不仅要以多门类的基础科学和应用科学为基础，而且此类产业创新将给电子信息、能源、材料等高技术产业的技术进步带来极大的牵动效应，具有显著的正外部性，可称之为系统型创新模式（或复杂产品系统型创新）。尽管产业创新的市场化预期收益低，潜在的研发风险导致企业缺乏创新激励，但由于这些产业技术水平的提高对国民经济发展具有重要的战略性意义，政府将投入巨额财政资金支持此类产业的技术创新。

## 10.2　产业创新过程中的市场失灵

由于技术创新收益的外部性、创新过程的不确定性等特征，创新投资活动面临着一定程度的市场失灵。下面将根据产业创新模式的四种类型，对市场失灵产生的原因加以分析。

### 10.2.1　自发型创新：研发经费投入不足

对于自发型创新模式，企业虽然拥有强烈的技术创新激励，但同时也面临着研发资金和外部性约束。

#### （一）资金约束

自发型创新产业内部企业规模较小、固定资产有限，由于不完全信息带来的道德风险，使中小企业很难获得商业银行的信贷支持，加上政府服务功能的缺失，包括发放贷款审批环节过多、资本市场进入门槛高等问题，造成了融资过程中高昂的交易成本，在企业自有资金无法满足研发经费需要的情况下，尤其对于初创期的中小企业，技术创新被极大地抑制。

#### （二）外部性约束

技术创新的共性之一是创新成果可以在没有市场交易条件下被无偿获得。对于作为"投入品"提供给相关产业的技术创新而言，正外部性更加显著，这在某种程度上影响了企业进行技术创新的积极性，导致研发经费不足。截至 2006 年年底，我国 57.6% 的软件企业年营业收入在 500 万元以下，超过 1 亿元的企业不足 5%，平均规模仅 25 人，300 人以上的公司寥寥无几，多数软件企业在较低层面上进行着重复性工作，短视行为严重，许多企业甚至没有研发投入。

### 10.2.2　实验型创新：创新成果难以市场化

实验型创新属于技术密集型行业，科技人员比较集中，创新活动多在专业实验室内完成，创新动力和研发经费不存在问题，市场失灵主要出现在创新成果的市场化过程中，其原因如下。

#### （一）技术扩散效率

此类产业的研发活动大都在专门实验室内进行，要实现创新成果的市场价值，必须依赖技术创新的成功扩散，以及能否实现商业化。比如生物科技中基因技术的产业化，医药制造业中 β 射线的临床应用等，都离不开生物、化学等领域创新成果与生产实践的有效衔接，这在很大程度上取决于技术扩散的效率和外围商业部门的知识储备情况。

#### （二）消费者的需求识别

制造者不能清楚地识别潜在的需求或者没能有效地将创新成果传达给潜在使用者。由于此类产业的创新产品是以高技术为基础，商家难以准确掌握潜在需求者的情况，增加了创新成果市场化的风险系数与难度。以我国生物制药产业为例，其技术水平与国际尖端水平的差距仅有 3~5 年，但下游产业化水平远远落后于发达国家，研发、生产和销售的严重脱节阻碍了技术成果产业化，抑制了企业技术创新的动力。

### 10.2.3　应用型创新：技术创新激励缺失

应用型创新主要通过上游产业的创新成果投入来实现，尽管与自发型创新关系紧密，但市场失灵的成因有所不同。

#### （一）创新动力不足

产业内企业规模普遍较小，未形成规模经济，无力承担研发经费支出，且竞争激烈程度较弱，缺乏技术创新激励。以农副产品加工业为例，企业设备简陋，有的甚至还停留在手工作坊式的生产阶段，劳动生产率低下，虽也能够通过使用上游产业的创新技术获得收益，却由于资金原因根本无法负担高昂的研发成本，也不会专门设置研发机构和聘用科研人员。在全国食品加工企业职工中，大中专毕业生只占 1.5% 左右，整体素质不高。

#### （二）无法享受创新收益

由于产业技术水平的制约，企业在利用上游产业创新"输入"过程中，只能消化吸收部分技术创新成果，无法充分享受创新带来的收益，农副产品加工业的设备和技术 80%仍然处于 20 世纪七八十年代的水平，缺乏产品自主开发能力，新工艺、新材料、新技术的应用程度低，在技术引进过程中重视硬件，忽视软件，配套性差，缺乏技术创新动力。

### 10.2.4　系统型创新：高投入与高风险性

复杂产品系统本身复杂的功能和界面均以系统集成的形式完成，产业创新属于突破性技术创新的范畴。造成其市场失灵的原因包括如下几个方面。

#### (一) 高昂的研发投入

复杂产品技术创新的前期研发投入极其巨大，甚至多达几十亿元的创新费用使普通企业根本无法负担，且回报周期较传统大规模制造品长，仅投资决策就可能要耗费数月或数年的时间。作为一国在日益激烈的国际竞争环境中赖以生存和发展的有效途径，以航空航天系统、高速列车、分布式自动化控制系统和半导体生产线等为代表的产业创新需要由国家完成。在国家财政资金有限或者技术能力无法满足自主创新的条件下，系统型创新将难以顺利开展。

#### (二) 高风险性

相对于其他产业创新模式，系统型创新是建立在一整套不同的科学技术原理之上的一种"破坏性"创新，蕴涵着更大的技术风险和市场风险，若技术突破成功且成为行业技术标准，随着网络效应的逐步显现，能够获得超额收益，如微软视窗操作系统在计算机软件领域的成功案例；若技术创新无法成为市场标准，仍然沿着原有技术轨道发展，就会受学习曲线的制约而无法完成技术跨越，面临着被市场淘汰的风险，如 Navigator 浏览器由于始终无法超过微软的 IE 而退出市场竞争的案例——2007 年美国在线（AOL）不再开发 Navigator 的决定宣布此种浏览器退出市场竞争。

为了进一步探讨出现市场失灵的根源，将技术创新过程简化为研发投入、创新成果和市场化三个关键环节（如图 10—1 所示）。市场化收益通过循环投入到研究开发中，形成一个技术创新的正反馈回路。根据不同产业创新市场失灵的成因，可得到如下结论：自发型和应用型创新的市场失灵皆源于研发经费投入不足，即技术创新的开端；系统型和实验型创新的市场失灵发生在技术创新的中间过程中，前者由于产品复杂性而使得研发投入到创新成果之间的产品开发面临着巨大困难，后者则是因为技术扩散效率等问题而导致创新成果难以转化为市场化收益。

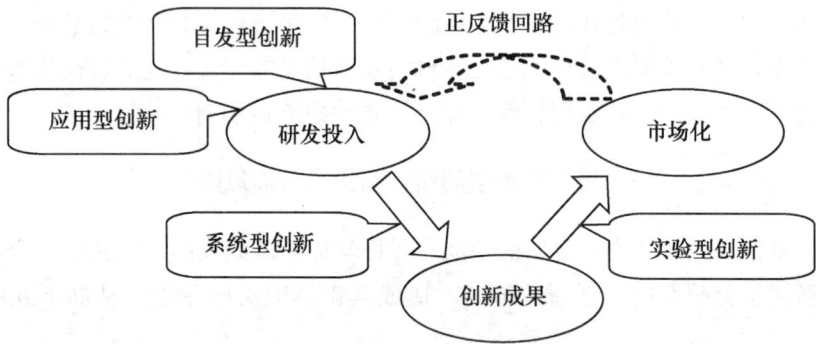

图 10—1　市场失灵产生的关键环节

# 10.3　有利于技术创新的公共政策设计

在不同类型的产业中，技术创新面临着不同程度的市场失灵，完全依靠市场机制的调解无法实现技术创新资源的最优配置及社会福利的最大化，需要政府设计恰当的公共政策加以扶持。

## 10.3.1　自发型创新：公开招投标机制与税收激励

在具有自发型创新特征的典型产业中，中小企业往往是一些关键性技术创新的源泉，而规模劣势决定了其很难从商业银行等金融机构获得资金支持，因此政府在完善金融市场建设以降低中小企业融资成本的同时，需从科技投入与科技税收政策两方面解决中小企业的资金瓶颈问题。

### （一）竞争性的公开招投标机制

转变以往科技经费直接划拨到企业的传统模式，成立以财政资金为主体的政府专项基金，吸引风险投资等社会资金的参与，专门用于支持中小企业的研发经费投入。对于政府投入到中小企业的技术创新经费，应当预先向社会公示，引入竞争性的公开招投标机制，即由政府发起或参与设立创新投资基金，投资于预期良好的技术创新项目以及属于鼓励发展范围的初创型中小科技企业。同时，为了防范创新投资风险，避免受资助企业的败德行为，促进投资基金效益最大化，政府发起或者控股的创新投资基金需委托专业风险投资机构进行跟踪管理，建立技术创新的监控机制，提高专项资金的使用效率。

### （二）税收激励

深化税收制度改革，在科技型中小企业中率先推行消费型增值税，允许抵扣外购的专利权、非专利技术等无形资产和技术设备的固定资产进项税金；对研究开发费、技术转让费，按产品实际摊销数额从产品销售收入中扣除。增加技术创新、研究与开发等投资的税收抵免措施（例如，美国规定：用于高技术研发的投资在前三个征税年度享受 30％的税收减免），对用于技术创新研究的新技术设备实行加速折旧制度。同时，加大对科技人员税收优惠的力度，包括对科技人员的科技收入（如技术援助费、版权费）减免个人所得税，引导科技人员接受更多的教育和培训，增加人力资本投资。

## 10.3.2　实验型创新：创新成果与需求的有效连接

实验型创新的市场失灵源于创新成果的市场化过程，因而政府公共政策设计也应从此入手，促进技术创新需求与供给的有效连接。

### （一）调整技术创新的主攻方向

作为以盈利为目的的经济组织，企业具有通过技术创新实现利润最大化的内在推动力，以及把科技成果转化为产品的工程技术能力和社会化的配套能力，相反，作为非营利性组织的高等院校和科研院所不具备这种能力，而大多数实验型创新却恰恰来自这些机构的实验室中，因此可能会出现创新成果与市场需求相脱节的状况。政府应引导科研机构适当调整技术创新的目标和方向，促进高新技术成果产业化。

### （二）培育科技中介服务机构

引导科技中介服务机构向专业化、规模化和规范化方向发展，真正起到桥梁和纽带的作用，促进科研机构和生产企业之间的知识流动与技术转移，提高技术扩散和创新成果转化效率。如美国的先进技术计划（ATP）制订的目的就是向企业与科研机构的联合体提供启动资金，进行高新技术的应用研究与产业化开发。

### （三）完善创新服务体系建设

有效整合社会科技资源，加强高校和科研机构的科技经营意识，形成包括专业技术服务中心、技术交易所、中小企业信用担保中心等机构在内的互助式技术创新服务网络，促进资源共享与优势互补，构筑有利于技术创新成果商品化和市场化的新型体制。

### 10.3.3　应用型创新：合约研发与产学研合作网络建设

由于自身技术水平的制约，应用型创新产业无法完全享受上游产业创新投入带来的收益，因而公共政策设计一方面以提高产业技术水平为目标，另一方面要增强消化吸收能力，具体包括两种形式：合约研发与产学研合作网络建设。

**（一）合约研发**

利用政府、产业及科研机构的分工，推动研究开发工作，建立政府与创新主体间的长效合作关系。鼓励企业与科研单位联办技术开发中心，在企业建立中试基地、技术转化实验室、工程实验室等，提高企业在实用型技术方面的开发能力，缩短技术创新与生产应用的距离。

**（二）产学研合作网络建设**

彻底改变科研、教学、推广和生产脱节的现象，基于产业界和学术界的内在需求形成合作关系，引导和协调科研、教学、推广机构的联合，鼓励科技人员在不同机构流动或兼职，促进科研院所和大专院校从事技术开发、技术咨询、技术服务和技术转让。继续发挥技术市场和行业协会等中介机构在产学研合作中的作用，倡导孵化器、技术转移网络以及信息平台等多种中介形式，促进技术推广和消化吸收。

### 10.3.4　系统型创新：研发联盟与公共创新平台

系统型创新的启动成本、回报周期和风险性大大高于其他产业创新模式，欲克服其市场失灵，应从解决技术创新本身的复杂性和风险性问题着手，政府公共政策设计需要从构建研发联盟和进行公共创新基础条件平台建设两方面展开。

**（一）构建研发联盟**

系统型创新的关键在于技术集成能力，集中体现在企业所掌握的技术深度与宽度上，其不但要有复杂产品的建构知识，还需深刻理解元件及部件知识。战略性研发联盟的建立，一方面可以分摊复杂产品的研发成本，实现"风险共担，利益共享"；另一方面也为系统集成商掌握相关新技术提供便利途径，有利于攻克技术难关。例如，电信领域的爱立信和诺基亚等发起成立了 WCDMA 联盟，美国高通公司等组建了 CDMA 2000 联盟；飞机制造领域的波音公司在全球建立起研发、生产及服务联盟，我国的西飞、成飞及沈飞公司已成为波音公司全球重要的合作伙伴。

## （二）公共创新基础条件平台建设

复杂产品系统创新需要强大的基础设施作为后盾，仅依靠某个企业的力量是无法完全胜任的。公共创新基础条件平台建设是以政府为主体，实现对基础设施的前期巨额投入，不仅为技术创新提供良好的硬件环境，而且通过对高等院校、重点实验室、工程中心的大型仪器进行整合集成与有效配置，实现资源协作共享，充分提高大型仪器设备使用效率，节约系统型创新的研发成本。如澳大利亚的航空航天复合材料研发平台 CRC、美国的纳米技术研发平台 NNI 以及我国正在筹备的大型飞机研发平台，不仅通过资助由高等校院和科研机构的研究人员主导的研究活动及基础设施建设，增加了基础研究经费，而且为关键技术的突破创造了有利条件。

市场经济并不排斥政府干预，尤其在无法避免"市场失灵"时，必须充分发挥政府的宏观调控作用。随着《国家中长期科学和技术发展规划纲要（2006—2010）》的发布，政府通过"火炬计划"、"育苗工程"和"造林工程"等一系列技术创新扶持政策的实施，成功引入了孵化器、创业投资、创新基金等政策工具，在一定程度上推动了国家创新体系的形成和企业技术创新能力的提高，但整体效果并不十分理想，尤其对于推动重点行业技术进步缺乏更加明确的政策框架和实施手段。

# 第11章 产业演化中技术与制度的协同演进

前面讨论了技术创新与产业演化的关系，以及如何通过促进技术创新推动产业演化的问题。在技术创新驱动产业演化的过程中，制度创新发挥了不可忽视的作用。本章将通过对产业演化驱动因素相关理论的介绍，探讨技术创新与制度创新的互动关系，分析基于技术和制度协同提升的产业演化过程，并以中国水电行业的发展历程进行案例分析。

## 11.1 产业演化驱动因素的相关理论

按照熊彼特对创新的定义，其创新理论既包含了技术创新的思想，如引入新的产品、采用新的生产方法；也包含了制度创新的思想，如开辟新的市场、实行新的企业组织形式等。之后，创新理论朝着两个方向发展：一是以弗里曼等为代表的技术创新学派，即从技术的创新、模仿和扩散等角度就技术创新及其在经济与产业发展中的作用进行研究；二是以诺斯等为代表的制度创新学派，把制度因素从熊彼特的经济发展理论中分离出来，探讨制度创新、制度变迁对经济增长的影响。

技术创新学派将熊彼特的创新理论和研究方法同新古典学派的微观经济理论结合起来，强调技术创新和技术进步在经济增长中的核心作用，将技术创新视为一个复杂过程，重视对黑箱内部运作机制的揭示。门施（Mensch）发展了熊彼特的长波技术论，把技术创新看成经济增长和长期波动的主要动因，提出了基础技术创新的前提、环境及长波变动模式，并指出经济衰退和经济危机刺激了技术创新活动，大批技术创新的出现成为经济发展的基础。弗里曼在承认技术创新和由技术创新所导致的新兴产业是推动长波上升、经济增长主要动力的同时，更强调技术创新对劳动就业的影响，以及科学技术政策对技术创新的刺激作用，为政府提出了三套科学技术政策，用以刺激技术创新、扩大劳动就业。20 世纪 90 年代，新熊彼特主义的复兴进一步强调技术创新在产出增长中的内生性作用。格罗斯曼和赫尔普曼假定经济存在研究部门和消费品部门，前者研制新型消费品，后者购买研究部门的新设计，新设计所蕴涵的知识促使研究部门成本降低和生产率提高，消费多样化使消费者满足程度提高，在知识具有上述两种外部性的情况下，社会产出实现内生增长。阿格因和霍依特在新古典框架下建立了一个包含随机因素、由垂直创新推动的内生经济增长模型，之后在《内生增长理论》一书中对技术进步的创造性破坏在经济增长过程中的作用进行了详尽分析。

制度创新学派把熊彼特的创新理论与制度理论结合起来，深入研究了制度安排对经济增长的影响，认为制度才是决定技术创新进而推动经济增长的核心因素。戴维斯和诺斯在《制度变迁与美国经济增长》一书中提出了制度创新理论，分析了制度创新与经济增长的关系，认为制度变迁与技术进步有相似性，推动制度变迁和技术进步的行为主体都追求收益最大化，只有在预期收益大于预期成本的情况下，行为主体才会发起直到最终实现制度变迁。美国历史上金融业和商业的制度变迁都是为了实现社会总收益的增加而又不使个人收益减少，这里的制度已不是传统经济增长理论中的既定因素，而是作为一个变量。之后，诺斯与托马斯明确指出：对经济增长起决定性作用的是制度性因素而非技术性因素，技术进步本身就是经济增长而不是经济增长的原因。在《西方世界的兴起》一书中，诺斯进一步完善了制度与经济增长的关系，认为有效率的经济组织是经济增长的关键，有效率的经济组织的产生需要在制度上做出安排和确立产权，以便对经济活动造成一种激励效应，只有从制度方面保证创新主体应得到的最低限度的收益，经济才能够实现增长。达龙·阿西莫格鲁（Daron Ace-moglu）以欧洲殖民地制度逆转与收入逆转的案例证实了制度决定论，又以 1500—1850 年大西洋贸易与欧洲兴起的案例为基础，分析了大西洋贸易与西欧兴起间的关系，认为在不同制度约束下，一国经济将有着不同的发展模式和增长效率，经济增长从根本上依赖制度发展，制度先于经济发展并决定经济增长。杨小凯利用超边际分析方法在新兴古典经济学框架下研究了交易费用、分工和经济增长之间的关系问题，指出一个国家的制度安排在很大程度上影响着该国日常经济活动的交易费用，交易费用又决定了分工水平，进而导致一国经济绩效的差异。另外，制度创新学派在充分肯定制度创新对于经济增长具有决定性作用的同时，也不否定技术创新对改变制度安排的收益和成本的普遍影响，认为技术创新不仅可以增加制度安排改变的潜在利润，而且可以降低某些制度安排的操作成本，从而使建立更为复杂的经济组织变得有利可图。

演化经济学倡导从进化生物学和其他自然科学中汲取丰富营养，在技术与制度的关系上，认为技术与制度是一种协同演化的关系。演化经济学将生态系统中的共生演化借鉴到经济系统中，认为经济系统的协同演化现象比比皆是，技术与制度的演化过程无非是从一种存在状态转化为另一种存在状态的过程，该过程符合达尔文的自然选择框架，即"变异—选择—保留"。与生物界共生演化不同的是，技术与制度并不存在类似生物界的对抗，二者之间是一种协同演化的关系，技术的创新导向需要支持性制度，同时会对其制度背景形成某种影响力；反之，制度也会影响技术的改进，或者决定哪一种技术可以在经济系统中保留下来并得以扩散。①

比较而言，技术决定论者认为技术创新通过催生新产品或改进原有产品的功能促进产业演化，但存在过于注重技术创新的推动效应，忽视制度创新的增长效应以及与技术创新协同作用的倾向。制度决定论者则坚持制度在产业演化中的决定性作用，认为技术创新只是产业演化所呈现的标志性特征，但在某种程度上过分夸大了制度变迁的影响，忽略了技术创新的先导效应及其与制度创新的相互选择机制。协同演化论突破了技术决定论和制度决定论的线性思维方式，具有更深刻的理论内涵和更强大的现实解释力，为揭示产业演进过程提供了更为全面和新颖的分析视角。从协同演化论的角度看，多数产业的演化过程是基于技术与制度的协同演进实现的，技术体系与制度体系贯穿产业发展的始终。下面将通过分析技术与制度之间的互动关系，分析基于技术和制度协同提升的产业演化过程。

## 11.2　基于技术与制度协同提升的产业演化过程

在协同演化理论框架下，技术创新与制度创新内在统一于产业演进过程中，二者虽各自具有增长效应，但任何一种创新的增长效应的发挥都依赖另一种创新的存在，并使另一种创新改变现有状态，同时又会受到另一

---

① 有关协同演化的相关理论研究，已经在本书第 1 章 "1.3" 节中进行过详细介绍，此处不再赘述。

种创新变化的影响及制约。

### 11.2.1　技术创新对制度创新的影响

技术创新能够改变原有制度安排下的成本及收益。技术创新是建立一种新的生产函数，在改变原有生产方式的同时产生新的收入流和收益分配，从而催生制度创新。同时，技术创新也可能产生高昂的交易费用，由此带来的交易成本将抵消技术创新带来的好处，为了从新技术中获取更多的潜在收益，制度创新的动力大大增强。从经济社会层面来说，技术创新同时具有正的和负的外部效应，正负效应的平衡也需要新制度体系的建立。例如，技术创新使得规模经济得以实现，规模经济的存在推动了产业活动的集聚与繁荣，也带来了交通拥堵、环境污染等负的外部效应，这就需要设计新的制度以发挥正外部性而降低负外部性。

技术创新能够扩大制度安排的选择集，影响制度结构的形成与变化。一方面，技术创新可以降低制度创新的成本，从而扩大制度安排的可行选择；另一方面，技术创新突破了原有制度变迁的技术瓶颈，为制度创新提供了技术可能性。例如，信息技术进步大大减少了信息传输成本，使得一系列旨在改进市场和促进商品流通的制度创新变得有利可图。电子商务、网络购物、虚拟交易平台的诞生正是基于信息技术的交易制度创新。

技术创新构成了制度创新的选择机制。技术创新过程中产生的技术知识，有助于进一步识别创新的时机和方向，推动后续的技术创新与制度创新。在产业演进的过程中，制度创新本身是一个反复的试错过程，需要不断地诱发、识别、调整和完善，而技术知识能否产生、整体认知能否确立、技术成果能否形成并在产业层面推广都可以作为检验制度安排是否合理，进而调整制度安排的有效工具。技术创新的过程伴随着对制度安排集的选择，从这个意义上说，制度创新过程实际上就是技术系统对外部环境的选择过程。

### 11.2.2　制度创新对技术创新的影响

制度为技术创新提供先期的诱导与激励。技术知识作为技术创新的基因，决定着技术创新出现的潜在可能性，而制度在技术知识产生过程中起到了关键作用。创造性的主体只有在良好的制度体系（如完善的知识产权保护制度）下，才能够充分发挥积极性与创造性，探求新的技术知识，推动新技术的产生。新技术知识最初多呈现隐性状态，适宜的制度环境更有利于隐性知识被激活并且表型化为一定的技术创新。在该过程中，制度安排构成了催生新技术知识的外部环境，为推动技术创新提供了重要动力及条件。

制度安排通过信息传播机制与风险规避机制，能够为技术创新提供约束与保障。源于个体的新技术知识需要转化为更有价值的整体知识，有效的信息传播机制可以促进共同认知的形成，并依靠创新群体整合产生杠杆效应，在更大范围内形成创新惯性，提高产业乃至宏观经济的持续创新能力，而一定的制度安排与组织建构则是信息传播机制的主要体现。同时，技术创新作为一种过程存在很大的不确定性，客观上要求有相应的制度安排为创新活动规避风险，如通过规范和约束创新主体的行为降低技术创新的潜在风险。

制度创新推动技术扩散，使技术创新上升为产业创新。从技术自身属性来看，技术创新并没有消除产业创新道路上的所有障碍，技术变化也没有带来激发其潜力所需要的根本组织变化，从而使得技术创新无法自动扩张为产业创新。制度创新的作用是通过新的组织形式（如产权、企业组织和分配方式的改变）提高创新激励水平、降低交易成本，为技术扩散开辟路径，促使技术创新转变为产业创新，实现由采用了新技术的新主导产业替代旧主导产业的更迭。

### 11.2.3　技术与制度协同提升产业演化的过程模型

根据学者们的相关研究，协同演进是指互动双方存在相互选择与反馈机制，二者演化的动力是交织在一起的，其中一方的变化会促使另一方改变现有状态并产生演进动力，而后者的变化又会反过来影响前者的状态与演进路径。从协同演进的内涵和特征来看，产业演化是技术与制度协同演进的过程，表现为在产业生命周期的不同阶段技术要素与制度要素互动创新形式的更迭，技术创新为产业的初创、成长和成熟提供根本动力，制度创新在产业演化的各个阶段对技术创新起着重要的促进、支撑和保障作用，二者互相推动、互为选择，呈现协同演化的态势（如图11—1所示）。

在产业形成期，带有新技术特征的产品需求开始显现，但新产品或新服务还未形成一定的产业规模，生产厂家仅有少数几个。在外界诱导因素作用下，新的政策导向和新生的引致需求等对现有产业技术提出了创新要求，技术系统对制度系统施加革新压力。在此压力下，制度系统进行先期的宏观制度变迁，例如明确产权、专利化技术创新成果等，改革原有不适宜新技术出现和发展的体制，为技术创新的开展提供良好的制度环境。

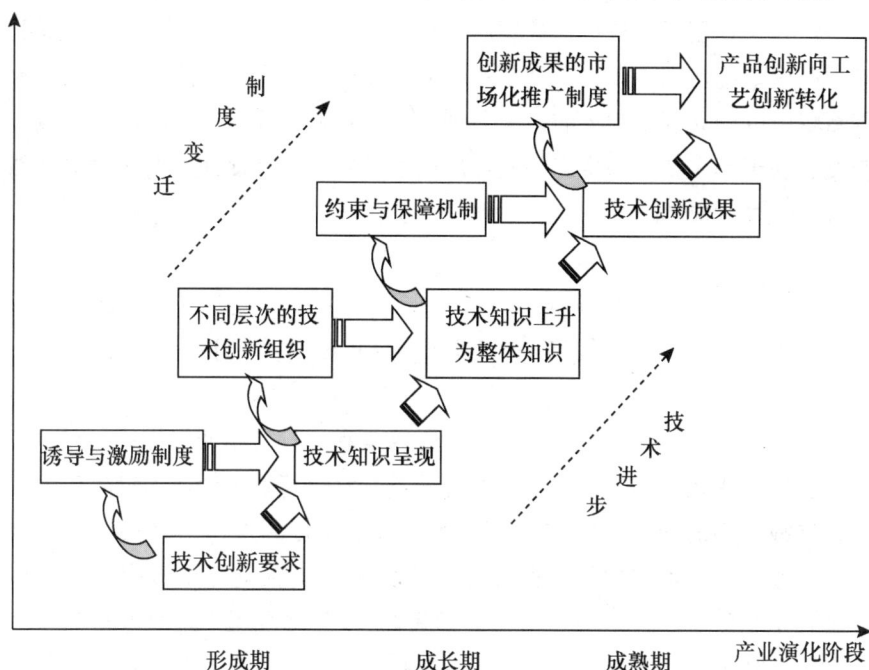

图 11—1　基于技术与制度协同提升的产业演进过程

产业成长期。在技术创新要求的前提下和先期确立的制度环境下，良好的制度安排有效地激发了技术创新主体的创造性潜质，使得新技术的内核——技术知识开始呈现。源于个体或单个企业的新技术知识往往要获得产业层面的共识，即转化为更有价值的整体知识（整体认知）。相应地，技术系统对制度系统提出了深层次的制度创新要求，形成更适宜的技术创新组织：在企业层面，要求个体企业内部调整原有的科层制，代之以研发小组等组织形式；在产业内的不同企业之间，要求建立新型的创新合作机制，如产业孵化器等。技术知识在高效创新组织的杠杆作用和放大效应下迅速演变为整体知识，而在整体认知进一步转化为技术创新成果的过程中，则需要制度系统提供相应的约束与保障机制：通过规章制度规范企业员工参与技术创新的行为，优化创新行为方式以适应各种条件和环境的变化；同时，严格创新工作程序，建立技术创新各阶段的信息反馈机制，以规避和降低创新过程中存在的不确定性风险。

产业成熟期。在制度系统的约束与保障机制作用下，技术系统所产生

的整体认知形成了突破性的技术创新成果，但是该成果并不能自动地扩张
到产业层面，而是需要制度系统建立相应的技术市场化及推广机制：一方
面，保证技术创新成果得以顺利产业化；另一方面，确保核心技术成果的
知识产权，维持进一步技术创新的动力。在产业步入成熟阶段之后，技术
创新将由以产品创新为主向以工艺创新为主转化，此时完善的市场化推广
制度有利于扩大新产品生产规模，形成规模经济，并促使厂商通过工艺创
新进一步降低成本。

## 11.3　来自中国水电行业的案例分析

　　水电是清洁能源，具有可再生、无污染和运行费用低等优势，有利于
提高资源利用效率和经济社会的综合效益，水电行业因此成为世界各国经
济发展战略中的优先发展重点。尽管我国水能资源理论蕴藏量居世界第
一，但改革开放前水电资源开发量还不到 10%，人均用电量仅相当于世
界平均水平的 1/3。自 1978 年起，短短 30 多年间我国水电行业得到了迅
猛发展：1993 年，全国水电年投产均超过 300 万千瓦；1999 年，水电总
装机容量达 7 297 万千瓦；2004 年 9 月，水电总装机容量突破 1 亿千瓦大
关；居世界第一。在我国水电行业 60 年的发展历程中，从产业空白状态
到总装机容量世界第一，技术和制度始终呈现相互促进、相互选择的关
系，水电技术水平的逐步提升是行业发展的基础，不断对制度创新提出新
要求，而制度体系的完善在满足行业发展需要的同时，也为进一步技术创
新创造了条件，二者共同推动水电行业的发展。正是基于水电行业的代表
性，下面就以水电行业为例说明产业演化过程中技术和制度的协同演进及
其作用（如表 11—1 所示）。

表 11—1　　　　　　水电行业发展中技术与制度的协同演化

| 产业演进阶段 | 技术创新 | 技术进步阶段 | 制度创新 | 制度变迁阶段 |
|---|---|---|---|---|
| 初创期 1980—1984 年 | 1. 迫切需要掌握混凝土面板堆石坝（CFRD）、超高碾压混凝土（RCC）等坝工建设技术。 2. 吉林红石水电站总承包试点中创造了国内中型水电建设最快速度。 | 技术创新要求 | 1. 整合全国水电科研力量，启动国家级水电研发计划。 2. 水电施工建设开始施行投资包干责任制。 | 诱导与激励制度 |

续前表

| 产业演进阶段 | 技术创新 | 技术进步阶段 | 制度创新 | 制度变迁阶段 |
|---|---|---|---|---|
| 成长前期 1985—1989 年 | 1. 国家水电研发计划成果显现，坝工技术实现突破。<br>2. 鲁布革冲击：创下单头进尺 373.7 米的国际先进纪录。 | 技术知识呈现 | 1. 国务院出台新规，拓展资金来源渠道。<br>2. 由鲁布革工程开始探索中国水电行业建设管理模式。 | 不同层次的技术创新组织 |
| 成长中期 1990—1994 年 | 1. 水电建设史上"五朵金花"涌现。<br>2. 1991 年 6 月，国内最早的大型混合式抽水蓄能电站——潘家口电站首台机组投产运行。<br>3. 1992 年，国内最早的水头超千米水电站——天湖水电站投产运行。 | 技术知识上升为整体知识 | 1. 在鲁布革冲击下，以业主负责制、建设监理制、招标承包制为核心的中国水电建设管理体制确立。<br>2. 依托新的建设管理体制，国际招标、技术引进在全行业兴起。 | 约束与保障机制 |
| 成长后期 1995—1999 年 | 1. 我国水轮发电机组的设计制造能力从 32 万千瓦一举跃上 55 万千瓦的新台阶。<br>2. 20 世纪建成投产的最大水电站二滩水电站头两台机组发电。<br>3. 坝工建设技术趋于成熟。<br>4. 三峡机组国产化模式形成。 | 重大技术创新成果 | 1. 《公司法》颁布实施后，二滩、乌江、五凌等水电建设企业相继走上现代企业道路。<br>2. 1997 年 9 月，电力部、水利部、国家工商行政管理局联合发布《水利水电土建工程施工合同条件》。<br>3. 以重点水电建设工程为依托，鼓励实施水电建设装机自主化。 | 创新成果的市场化推广制度 |
| 成熟期 2000 年至今 | 1. 2001 年 12 月 31 日，小浪底水利枢纽全部竣工，实现了多项技术突破。<br>2. 2004 年，以公伯峡水电站 1 号机组投产为标志，中国水电装机容量突破 1 亿千瓦，中国成为世界水电第一大国。 | 产品创新向工艺创新转化 | 1. 2002 年，国家电力体制改革实施：成立区域电网，公司电力企业推向市场，政企分离。<br>2. 大量社会资本涌向水电，存在一定程度的盲目投资和生态破坏，水电行业发展出现波动。 | 行业体制改革 |

　　按照水电行业发展不同时期的特征，可以将近 30 年的发展历程划分为三个阶段：1980—1984 年，水电行业初创期；1985—1999 年，水电行业成长期，由于成长期时间较长，成长期细分为前期（1985—1989 年）、

中期（1990—1994 年）和后期（1995—1999 年）；2000 年至今，水电行业成熟期。水电行业的发展不仅得益于技术的引进、消化、吸收和再创新，也取决于水电建设管理体制的调整、改革与变迁，技术与制度的协同演化推动着水电行业成长壮大。

### 11.3.1  水电行业初创期（1980—1984 年）

"文化大革命"期间，整个电力行业呈现停滞状态。改革开放之后，无论从政策导向还是从水电行业发展需求方面看，都迫切要求实现全行业的技术创新。在这种技术创新要求的推动下，旨在促进水电行业技术进步的先期诱导与激励制度开始建立。1978 年，在国家经济体制改革和全国科技规划的指导下，电力行业将"文化大革命"期间失散、过度分散的科研力量进行整合，建立了电源和电网重点研究基地，启动国家级水电研发计划，并依托国家科技攻关项目、国家自然科学基金项目引进研发混凝土面板堆石坝（CFRD）、超高碾压混凝土（RCC）等坝工建设技术。同时，为了更好地激励水电建设单位自主实行技术创新，国家也开始实施以市场化承包制为主的水电建设制度变迁。1982 年 5 月，吉林红石水电站由水电一局实行总承包试点，创造了当时国内中型水电站建设的最快速度，进而在全国水电建设中广泛推广，葛洲坝二期、紧水滩水电站和范厝水电站等自营工程也相继实行了投资包干责任制。1983 年 6 月，水利电力部作为建设单位在"五定"（重新审定建设规模、投资总额、建设工期、经济效益、主要协作条件）的基础上，以发包者的身份与承包单位葛洲坝工程局订立了葛洲坝二期工程承包合同，正式实行经济承包制。在水电行业的初创期，水电建设一直采用的"计划国家下达，材料国家供给，资金国家调拨，利润国家获取，队伍国家包养"自营制建设模式逐步得到改变，企业开始重视对国际水电先进技术的引入与消化吸收，制度方面则尝试实施水电建设的市场化承包制。

### 11.3.2  水电行业成长期（1985—1999 年）

成长期前期（1985—1989 年）。在前期国家级水电研发计划的带动下，我国水电行业在坝工建设技术上出现了一定的突破，一些标志性的水电建设新技术开始在个别建设项目中得到运用。从技术进步发展阶段角度来说，水电行业的技术知识开始呈现。1986 年，福建坑口大坝建成，是当时世界上第一座高 RCC 重力坝（75 米）；1987 年，龙羊峡水电站第一台机组投产运行，是当时单机容量最大、大坝最高、库容最大的水电站；1988 年 12 月，基于投资包干项目管理体制的葛洲坝水电站竣工，是当时世界上最大的低水头、大流量、径流式水电站。在该时期，虽然前一阶段建立的诱导与激励制度能够促进技术创新的开展，但全国性电力投资严重不足，水电行业开发程度极低，资金来源渠道单一的制度问题依然很棘手，20 世纪 80 年代初期国家财政已无力支持大规模的水电建设。于是，进一步、多层次的制度变迁显得尤为重要。1985 年，国务院出台《关于鼓励集资办电和实行多种电价的暂行规定》，拓展资金来源渠道，外资、银行贷款、中央与地方合资、社会集资、其他行业集资等多种资金筹措方式并举的集资制度开始在全国推广，有效地改变了长期以来水电行业投资不足的局面。在资金渠道得到拓展的同时，产生于单个建设项目中的技术知识也在极大程度上得到了外溢与推广。此外，该时期还产生了极具代表性的鲁布革工程——1986 年，由日本大成公司承建，中国企业施工，仅用 11 个月就打通了我国石灰岩地区断面最大的导流隧洞。在开挖直径 8.8 米的圆形发电隧道中，创造出单头进尺 373.7 米的国际先进纪录。在该时期，集资制度的建立和坝工技术的突破，为水电行业之后 10 年的快速发展奠定了坚实的基础。

　　成长期中期（1990—1994 年）。鲁布革工程取得了我国水电建设史上从未有过的成就，也推进了我国水电建设管理体制的变迁。继鲁布革工程之后，以"业主负责制、建设监理制、招标承包制"为核心的水电建设管理体制的初步框架得以确立和推广。作为新的建设管理体制试点，以优质、高效、节省著称的中国水电建设史上"五朵金花"——岩滩水电站、隔河岩水电站、广东抽水蓄能电站、漫湾水电站和水口水电站相继发电投产。这些新建成投产的水电项目在其建设过程中，都沿用了上一阶段个别水电建设项目中所采用的先进技术，对应技术进步发展阶段而言，属于水电行业技术知识上升为整体知识的过程。而此后，如何激励水电建设企业引进先进技术、发展自有技术专利成果成为制度体系完善的着力点，新的约束与保障机制开始形成。1992 年 11 月，国家计委正式颁发了《关于建设项目实行业主责任制的暂行规定》，业主负责制、建设监理制和招标承包制成为基本建设领域的三项标准制度。业主负责制和建设监理制的建立旨在规范与约束项目建设者在技术引进、施工建设过程中的行为，而招标承包制的建立一方面激励着水电建设企业吸收、引进和发展新技术，另一方面也在极大程度上保障了其技术成果的专利所有权。拥有先进技术的水电建设能够在项目招标中占有极大的优势与主动。在新制度体系的支撑和推动下，水电行业技术引进有了长足发展，一大批国际先进的水电技术与装备在我国水电建设项目中得到应用。1991 年，国内第一个大规模使用世界银行贷款、全方位实行国际招标和合同管理、建起风险与权益共担机制的独立发电项目二滩水电站开工。同时，作为最早的大型混合式抽水蓄能电站的潘家口水电站，从意大利引进 3 台额定容量 7 万千瓦的混流式水泵/水轮机—电动/发电机抽水蓄能机组，第一台机组于 1991 年 6 月投入运行，最早的水头超千米的水电站——天湖水电站，一期工程安装 2 台1.58 万千瓦机组，1992 年投入运行。

成长期后期（1995—1999 年）。尽管以业主负责制为核心的制度创新为水电行业带来了显著的经济效益，整个行业在长期的技术积累过程中也产生了诸多重大技术成果，但新制度与旧体制之间的关系并没有理顺。主管部门、投资者、业主和建设单位之间的关系经常交叉，业主行为不规范。一些重大水电建设技术的引进与实施单纯依靠旧体制背景下的业主难以消化吸收，重点水电流域的综合开发利用也需要水电体制、机制的市场化改革与之相配套。因此，旨在推动技术创新成果真正实现市场化运作与推广的制度变迁也就显得尤为重要。1994 年《公司法》施行后，水电建设企业以此为契机，向现代企业转变。1995 年，二滩水电开发公司改制为有限责任公司，成为我国大型基建工程中第一个有限责任公司。企业改制也为技术创新开拓了空间。二滩公司创造性地制定和采用"斜线切割法"的独特招标方式引进机电设备及技术，使水轮发电机组的设计制造能力从 32 万千瓦上升为 55 万千瓦，为巨型水轮发电机组的逐步国产化创造了条件，也"标志着我国水电建设进入国际先进行列"。此外，该时期水电行业在坝工建设、装备自主化进程等方面实现了诸多技术突破，具有代表性的特高碾压混凝土重力坝筑坝技术、特高混凝土面板堆石坝技术、特高拱坝及特高碾压混凝土拱坝技术、坝工基础工程技术等得以成功应用，自主化程度逐步提高。在行业管理上，实现了全行业面向市场、合理竞争的市场化制度，基于市场机制建立的有限责任公司与流域开发公司在流域开发和运营上实行一体化管理，有利于投资的滚动和放大，极大地促进了水能资源的配置利用。

### 11.3.3　水电行业成熟期（2000 年至今）

经过了近 15 年的快速发展之后，2000 年开始我国水电行业进入成熟期，表现为行业增速明显放慢，在前期多项关键技术实现突破后技术进步速度趋缓，规模急剧增长所带来的诸多问题开始显现，需要新的制度和机制加以解决。2002 年，国务院实施以"厂网分离"为标志的国家电力体制改革，原国家电力公司中剥离出的电力传输、配电等电网业务由国家电网公司运营，而各发电厂被划归分属五大"发电集团"（大唐、中电投、国电、华电、华能）运行。新组建的电力公司争相扩大自身区域范围内的电力投资规模，大量社会资本涌向水电行业，加速了水电行业技术成果的市场化进程，投资驱动下的水电装机规模迅速增加。2004 年，以公伯峡水电站 1 号机组投产为标志，中国水电装机容量突破 1 亿千瓦。如今，中国已超越美国，成为世界水电第一大国。但同时，大量涌向水电的社会资本存在盲目投资和生态破坏的现象，一度出现"跑马圈水"的不良发展态势，甚至形成了水电开发必然导致生态环境破坏的舆论，各类水电开发项目在不同程度上受阻。其直接后果是：2007 年国家审批的大中型水电项目仅为 270 万千瓦，不足同期电力增长总量的 5%，2008 年更是出现了全年没有一个大型水电项目得到国务院核准的尴尬局面（除三峡扩机和抽水蓄能外）。尽管水电行业发展在一段时期内陷入停滞状态，但在低碳经济和节能减排的大背景下，鉴于核电发展放缓，光伏、风电不够稳定，火电亏损的现实情况，水电行业仍具有一定的市场空间。特别是电力行业"十二五"规划对水电行业进行了重新定位，确立了水电项目对于优化电源结构、实现节能减排目标的不可替代的作用。在经历短暂的产业波动后，水电行业将逐渐回到稳定增长的轨道上来。

产业演化是技术和制度协同演化的结果，技术创新是产业演化的根本动力，制度创新为产业演化提供支撑和保证。一方面，产业演化过程中技术创新往往先于制度变迁，因此，在鼓励技术创新项目的同时不应忽略类似产业孵化器等政策平台与制度体系的构建；另一方面，在技术创新的过程中，要注重配套制度的跟进与调整，促进技术创新成果的顺利实现及产业化，尤其在我国产业结构调整的关键时期，要进一步明晰技术与制度之间的相互选择和制约关系，真正实现产业层面上技术与制度的协同演化。

# 参考文献

[1] 曹建海. 重大装备采购应当立足国内. 中国投资，2006（11）：16.

[2] 陈静，蔡敏，陈敬贵. 企业异质性：一种基于演化经济学视角的解释. 西南民族大学学报（人文社科版），2007（5）：198-200.

[3] [美] 德姆塞茨. 所有权、控制与企业. 北京：经济科学出版社，1999.

[4] 刁伟涛. 均衡范式：主流经济学的半机制. 经济学家，2006（1）：47-53.

[5] [加] 丁焕明. 科尔尼并购策略. 北京：机械工业出版社，2004.

[6] 董再平. 支持我国科技自主创新的税收政策探讨. 税务与经济，2007（1）：80-84.

[7] 范从来，袁静. 成长性、成熟性和衰退性产业上市公司并购绩效的实证分析. 中国工业经济，2002（8）：65-72.

[8] 范红忠. 有效需求规模、研发投入与国家自主创新能力. 经济研究，2007（3）：33-44.

[9] 樊茂清，任若恩. 基于异质性偏好的中国城镇居民消费结构研究. 中国软科学，2007（10）：37-46.

[10] 房汉廷，张缨. 中国支持科技创新财税政策述评（1978—2006年）. 中国科技论坛，2007（9）：10-16.

[11] 傅家骥，雷家骕，程源. 技术经济学前沿问题. 北京：经济科学出版社，2003.

[12] 高昌林，玄兆辉，张越，李爱民. 建立政府技术采购制度，促进企业技术创新. 科技管理研究，2006（4）：1-3，7.

[13] 龚六堂，谢丹阳. 我国省份之间的要素流动和边际生产率的差异分析. 经济研究，2004（1）：45-53.

[14] 龚艳萍，周育生. 基于 R&D 溢出的企业合作研发行为分析. 系统工程，2002（5）：59-64.

[15] 古松，刘占霞. 我国电信业务"十五"发展状况及趋势分析. 电信科学，2006（6）：70-73.

[16] 郭爱芳，周建中. 美国政府采购支持技术创新的做法及其借鉴意义. 科学学与科学技术管理，2003（1）：49-51.

[17] 韩杨. 中国绿色食品产业演进及其阶段特征与发展战略. 中国农村经济，2010（2）：33-43.

[18] 韩颖，李丽君，花园园，孙志敏. 我国 7 个产业的产业间 R&D 溢出效应纵向比较分析. 科学学研究，2010（4）：543-548.

[19] ［美］赫伯特·A·西蒙. 管理行为. 北京：机械工业出版社，2004.

[20] 何洁. 外商直接投资对中国工业部门外溢效应的进一步精确量化. 世界经济，2000（12）：29-36.

[21] 何锦义，刘晓静，刘树梅. 当前技术进步贡献率测算中的几个问题. 统计研究，2006（5）：29-35.

[22] 和矛，李飞. 行业技术轨道的形成及其性质研究. 科研管理，2006（1）：37-41，86.

[23] 洪梅，申丽静，陈良华. 政府采购促进自主创新的国际经验借鉴与启示. 现代管理科学，2007（4）：23-24.

[24] 胡朝阳. 政府采购促进科技创新的法律对策. 科技与经济，2001（5）：35-38.

[25] 胡卫. 作为创新政策工具的公共技术采购. 科学学研究，2004（1）：43-46.

[26] 胡卫. 论技术创新的市场失灵及其政策含义. 自然辩证法研究，2006（10）：63-67.

[27] 黄波，孟卫东，李宇雨. 基于纵向溢出的供应链上、下游企业 R&D 合作研究. 科技管理研究，2008（6）：477-479.

[28] 黄凯南. 共同演化理论研究评述. 中国地质大学学报（社会科学版），2008（04）.

[29] 黄凯南. 演化博弈与演化经济学. 经济研究，2009（2）：132-145.

[30] 黄少安，黄凯南. 论演化与博弈的不可通约性. 求索，2006（7）：1-4.

[31] 黄永峰，任若恩，刘晓生. 中国制造业资本存量永续盘存法估计. 经济学季刊，2002（1）：377-396.

[32] 霍沛军，宣国良. 纵向一体化对下游企业 R&D 投资的效应. 管理工程学报，2002，16（1）：44-47.

[33] 贾根良. 进化经济学：开创新的研究程序. 经济社会体制比较，1999（3）：67-72.

[34] 贾根良. 理解演化经济学. 中国社会科学，2004（2）：33-41.

[35] 贾根良. 奥地利学派的演进：传统与突变. 社会科学战线，2004（3）：65-71.

[36] 姜爱华. 促进小企业自主创新的政府采购政策探析——美国 ETIP 项目的经验与借鉴. 中国科技论，2007（5）：38-41.

[37] [荷] 杰克·J·弗罗门. 经济演化：探究新制度经济学的理论基础. 北京：经济科学出版社，2003.

[38] 金雪军，杨晓兰. 基于演化范式的技术创新政策理论. 科研管理，2005（3）：55-60.

[39] 靖继鹏，王欣，薛雯. 信息产业系统演化机理研究. 情报杂志，2008（5）：142-145.

[40] 科学技术部专题研究组. 我国产业自主创新能力调研报告. 北京：科学出版社，2006.

[41] [美] 肯尼斯·阿罗. 社会选择和个人价值. 成都：四川人民出版社，1987.

[42] [瑞士] 库尔特·多普菲. 演化经济学：纲领与范围. 北京：高等教育出版社，2004.

[43] 蓝庆新. 异质性、动态性与企业持续竞争优势. 社会科学辑刊，2006（4）：99-103.

[44] [美] 理查德·R·纳尔逊，悉尼·G·温特. 经济变迁的演化理论. 北京：商务印书馆，1997.

[45] 李国学. 资产专用性投资与全球生产网络的收益分配. 世界经济，2009（8）：3-13.

[46] 李骏阳，肖璐. 消费者选择对零供博弈结果的影响. 商业经济与管理，2010（5）：5-12.

[47] 李丽. 韩国政府采购制度及对我国的借鉴. 中国物流与采购，2005（4）：60-63.

［48］李梅英，吴应宇. 企业可持续竞争能力的基础——异质性. 东南大学学报（哲学社会科学版），2006（6）：52-54.

［49］李平，张庆昌. 技术创新对市场结构的动态效应分析. 产业经济评论，2007（2）：50-61.

［50］厉无畏，王慧敏. 产业发展的趋势研判与理性思考. 中国工业经济，2002（4）：5-11.

［51］刘刚. 企业的异质性假设——对企业本质和行为基础的演化论解释. 中国社会科学，2002（2）：56-68.

［52］刘少生. 论企业技术创新的自组织机制. 湖南社会科学，2001（1）：59-61.

［53］刘应宗，潘鹏程，徐江. 建设项目设计方激励机制分析. 华中科技大学学报（城市科学版），2006（9）：36-38.

［54］刘志高，王缉慈. 共同演化及其空间隐喻. 中国地质大学学报（社会科学版），2008（4）.

［55］刘志高，尹贻梅. 演化经济学的理论知识体系分析. 外国经济与管理，2007（6）：1-6.

［56］陆国庆. 基于信息技术革命的产业创新模式. 产业经济研究，2003（4）：31-37.

［57］卢锐，杨忠. 制度视野中的技术创新政策研究. 中国软科学，2004（10）：98-102.

［58］［美］罗伯特·托马斯，道格拉斯·C·诺斯. 西方世界的兴起. 北京：华夏出版社，2009.

［59］［美］罗伯特·托马斯，道格拉斯·C·诺斯. 制度变迁与美国的经济增长. 上海：上海三联出版社，1993.

［60］［英］梅特卡夫. 演化经济学与创造性毁灭. 北京：中国人民大学出版社，2007.

［61］聂辉华，谭松涛，王宇峰. 创新、企业规模和市场竞争——基于中国企业层面面板数据的分析. 中国人民大学经济学院工作论文系列，2007（12）：1-15.

［62］聂鸣，杨大进. 从目标导向到能力导向：我国技术创新政策的演进方向. 科学学与科学技术管理，2003（10）：68-71.

［63］聂永有，李非. 网络外部性与消费者偏好对厂商市场份额的影响分析. 现代管理科学，2007（11）：22-23.

[64] 潘淑清. 技术溢出情况下企业合作创新效率研究. 大连理工大学学报（社会科学版），2004（3）：42-45.

[65] 彭长生，孟令杰. 异质性偏好与集体行动的均衡. 南开经济研究，2007（6）：142-150.

[66] 彭恒文，杜运苏. 网络效应、市场结构及技术进步. 产业经济研究，2010（1）：16-23.

[67] 平新乔，等. 外国直接投资对中国企业的溢出效应分析：来自中国第一次全国经济普查数据的报告. 世界经济，2007（8）：3-13.

[68] [瑞典] 乔根·W·威布尔. 演化博弈论. 上海：上海人民出版社，2006.

[69] ［日］青木昌彦. 比较制度分析. 上海：上海远东出版社，2001.

[70] 邵庆国，李乐涛，等. 构建完整的企业技术创新政策链条. 科学学与科学技术管理，2004（5）：47-51.

[71] 盛昭瀚，高洁. 基于 NW 模型的新熊彼特式产业动态演化模型. 管理科学学报，2007（1）：1-8.

[72] 隋广军，万俊毅，苏启林. 区域产业生成的动力因素. 广东社会科学，2004（1）：51-56.

[73] 汪秀婷. 国外产业创新模式对我产业创新的借鉴. 武汉理工大学学报，2007（8）：29-32.

[74] 王德文，王美艳，陈兰. 中国工业的结构调整、效率与劳动配置. 经济研究，2004（4）：41-49.

[75] 王静. 发挥政府采购导向功能激励企业自主创新. 中国政府采购，2006（3）：23-25.

[76] 王庆东. 专有知识、核心能力与企业的异质性. 南京大学学报（哲学·人文科学·社会科学版），2005（3）：64-68.

[77] 王玉珍. 行业租金、行业协会与行业自我治理. 经济学家，2007（2）：102-109.

[78] 韦森. 再评诺斯的制度变迁理论. 经济学季刊，2009（2）.

[79] 吴福象，周绍东. 企业创新行为与产业集中度的相关性——基于中国工业企业的实证研究. 财经问题研究，2006（12）：29-33.

[80] 吴延兵. 创新、溢出效应与社会福利. 产业经济研究，2005（2）：23-33.

[81] 夏若江. 网络外部型条件下系统穿新的市场失灵与第三方介入. 科研管理，2007 (3)：26-30.

[82] 肖鹏. 技术创新过程的市场失效与财税政策选择. 改革，2006 (10)：43-47.

[83] 肖特. 社会制度的经济理论. 上海：上海财经大学出版社，2003.

[84] [美] 熊彼特. 经济发展理论. 北京：商务印书馆，1996.

[85] [美] 熊彼特. 资本主义、社会主义与民主. 北京：商务印书馆，1999.

[86] 许和连，栾永玉. 出口贸易的技术外溢效应：基于三部门模型的实证研究. 数量经济技术经济研究，2005 (9)：103-111.

[87] 徐焕东. 我国政府采购制度完善若干重点问题探析. 经济管理，2007 (12)：91-96.

[88] 阎秉哲，刘亚非，陈德权，孙萍. 国外机械制造业发展的政策支持体系研究. 科学学与科学技术管理，2004 (12)：118-122.

[89] 杨全发. 中国地区出口贸易的产出效应分析. 经济研究，1998 (7)：22-26.

[90] 杨瑞龙，刘刚. 企业的异质性假设和企业竞争优势的内生性分析. 中国工业经济，2002 (1)：88-95.

[91] 杨小凯. 发展经济学：超边际与边际分析. 北京：社会科学文献出版社，2003.

[92] 姚德明，王桂琴. 装备制造业人力资源现状、问题及对策研究——以上海电气集团为例. 现代管理科学，2007 (12)：22-23.

[93] 姚岳军. 高科技企业研发人才流失的动机与激励. 科技管理研究，2007 (10)：210-211.

[94] 叶金国，张世英. 企业技术创新过程的自组织与演化模型. 科学学与科学技术管理，2002 (12)：75-78.

[95] 易将能，孟卫东，杨秀苔. RIN 对产业创新模式的影响. 重庆大学学报，2005 (3)：121-124.

[96] 尹静，平新乔. 中国地区（制造业行业）间的技术溢出分析. 产业经济研究，2006 (1)：1-10，68.

[97] 余甫功，欧阳建国. 高技术产业发展对工业的带动作用和溢出效应研究——基于两部门模型的省际 Panel Data 的实证检验. 数量经济

技术研究，2007（7）：35-43.

[98]［澳］约翰·福斯特，［英］J·斯坦利·梅特卡夫. 演化经济学前沿：竞争、自组织与创新政策. 北京：高等教育出版社，2005.

[99]［美］约瑟夫·熊彼特. 经济发展理论. 北京：商务印书馆，1990.

[100] 张杰，刘志彪. 需求因素与全球价值链形成——兼论发展中国家的"结构封锁型"障碍与突破. 财贸研究，2007（6）：1-10.

[101] 张静中，曹文红，黄芬. 发达国家政府采购扶持自主创新的经验借鉴. 中国政府采购，2007（9）：50-53.

[102] 张军，吴桂英，张吉鹏. 中国省际物质资本存量估算：1952—2000. 经济研究，2004（10）：35-44.

[103] 张鹏，李惠苑，陈寅非. 浅谈政府采购在促进技术创新中的作用及对我国政府的启示. 科技管理研究，2007（11）：30-32.

[104] 张晓杰. 美国政府采购支持科技创新的体制分析及启示. 中国市场，2007（Z2）：118-119.

[105] 周业安. 制度演化理论的新发展. 教学与研究，2004（4）：64-70.

[106] 朱恒鹏. 企业规模、市场力量与民营企业创新行为. 世界经济，2006（12）：41-53.

[107] Abernathy W. and Utterback J., "Patterns of Industrial Innovation", *Technology Review*, 1978, 80 (7).

[108] Abramovitz M., "Catching Up, Forging Ahead, and Falling Behind", *Journal of Economic History*, 1986 (2)：385-406.

[109] Acemoglu, Doron, Simon Johenson and James A. Robinson, "Reversal of Fortune: Geography and Institutions in the Making of the Modern World Income Distribution", *Quarterly Journal of Economics*, 2002 (118).

[110] Acemoglu, Doron, Simon Johenson and R. James, "Institutions as the Fundamental Cause of Long-Run Growth", NBER Working Paper No. 10481, 2004.

[111] Acs Z. J. and Audretsch, D. B., *Innovation and Small Firns*, Cambridge: MIT Press, 1990.

[112] Adam B. Jaffe, Richard G. Newell and Robert N. Stavins, "A

tale of two market failures: Technology and environmental policy", *Ecological Economics*, 2005, 54: 164-174.

[113] Ades Alberto and Edward Glaeser, "Evidence on Growth, Increasing Returns and the Extent of the Market", *Quarterly Journal of Economics*, 1999, 114 (3): 1025-1045.

[114] Adner R., Levinthal D., "Demand Heterogeneity and Technology Evolution: Implications for Product and Process Innovation", *Management Science*, 2001, 47 (5): 611-628.

[115] Adner R., "When Are Technologies Disruptive? A Demand-based View of the Emergence of Competition", *Strategic Management Journal*, 2002, 23: 667-688.

[116] Agarwal, R. and M, Gort, "The Evolution of Markets and Entry, Exit and the Survival of Firms", *Review of Economics and Statistics*, 1996, 78 (3): 489-498.

[117] Aghion P. and P. Howitt, "A Model of Growth through Creative Destruction", *Econometrica*, 1992 (2): 323-351.

[118] Aghion P. and P. Howitt, *Endogenous Growth Theory*, Cambridge: MIT Press, 1998.

[119] Alchian Armen A., "Uncertainty, Evolution and Economic Theory", *Journal of Political Economy*, 1950, 58 (3): 211-221.

[120] Arrow K., *Economic Welfare and the Allocation of Resources for Invention*, Princeton: Princeton University Press, 1962.

[121] Anthony Breitzman, Diana Hicks, *An Analysis of Small Business Patents by Industry and Firm Size*, SBA Office of Advocacy report.

[122] Archibugi D., "Patenting as an Indicators of Technological Innovation: A Review", *Science and Public Policy*, 1992, 19 (6): 357-468.

[123] Archibugi, D, Pianta, M., "Measuring Technological Change through Patents and Innovation Surveys", *Technovation*, 1996, 19 (9): 451-468.

[124] Arthur W. B., "Competing Technologies, Increasing Returns, and Lock-in by Historical Events", *The Economic Journal*, 1989, 99: 116-131.

[125] Arthur W. B. , *Increasing Returns and Path Dependency in the Economy*, Ann Arbor: University of Michigan Press. 1994.

[126] Aspremont D. C. and A. Jacquemin, "Cooperative and Non-cooperative R&D in Duopoly with Spillovers", *The American Economic Review*, 1988, 78 (5): 1133-1137.

[127] Atallah G. , "Vertical R&D Spillovers, Cooperation, Market Structure, and Innovation", *Economics of Innovation and New Technology*, 2002, 11 (3): 179-209.

[128] Balasubramanian P. and A. K. Tewary, "Design of Supply Chains: Unrealistic Expectations on Collaboration ", *SADHANA*, 2005, 30 (2-3): 463-473.

[129] Barro R. and X. Sala-i-Martin, "Technological diffusion, convergence, and growth", *Journal of Economic Growth*, 1997 (2): 1-26.

[130] Barro R. , *Determinants of Economic Growth : A Cross-Country Empirical Study*, Cambridge: MIT Press, 1998.

[131] Battigalli P. and Fumagallic P. , *Buyers Power and Quality Improvements*, Milan: Bocconi University, 2007: 1-34.

[132] Bernstein J. , "Costs of Production, Intra-and Inter-industry R&D Spillovers: Canadian Evidence", *Canadian Journal of Economics*, 1988, 21: 324-347.

[133] Biondi L. , R. Galli, "Technological Trajectories", *Futures*, 1992, July/August: 580-592.

[134] Blundell, R. , R. Griffith and J. van Reenen, "Market Share, Market Value and Innovation in a Panel of British Manufacturing Firms", *Review of Economic Studies*, 1999, 6 (3): 529-554.

[135] Boivin C. and D. Vencatachellum, "Externalities at Cooperation on Research at Development: Unreconceptualisation", *L' Actualite Economic*, 1998, 74 (4): 633-649.

[136] Bond, Eric W. and Larry Samuelson, "Durable Goods, Market Structure and the Incentives to Innovate", *Economica*, 1987, 54: 57-67.

[137] Borensztein E. J, D. Gregorio, J. W. Lee, "How Does For-

eign Direct Investment Affect Economic Growth?", *Journal of International Economic*, 1998 (45): 115-135.

[138] Braga H. and Willmore L., "Technological Imports and Technological Effort: An Analysis of their Determinants in Brazilian Firms", *Journal of Industrial Economics*, 1991, 39 (4): 421-432.

[139] Bresehi S., F. Malerba and L. Orsenigo, "Technological Regimes and Schumpetrian Patterns of Innovation", *The Eeonomic Journal*, 2000, 110: 388-410.

[140] Brouwer E. and Kleinknecht A., "Firm Size, Small Business Presence and Sales in Innovative Products: A Micro-econometric Analysis", *Small Business Economics*, 1996, 8 (3): 189-201.

[141] Cantwell J., Fai F., "Firms as the Source of Innovation and Growth: The Evolution of Technological Competence", *Journal of Evolutionary Economics*, 1999, 9 (3): 331-366.

[142] Cassiman B. and R. Veugelers, "R&D Cooperation and Spillovers: Some Empirical Evidence", *The American Economic Review*, 2002, 92 (4): 1169-1184.

[143] Cate A, J. Harris, J. Shugars, H. Westling. Technology Procurement as a Market Transformation Tool. *ACEEE Summer Study on Energy-Efficient Buildings*. Asilomar, 1998.

[144] Chen Z. Q., *Monopoly and Product Diversity: The Role of Retailer Countervailing Power*, Carleton: Carleton University, 2004: 1-25.

[145] Christensen C. M., *The Innovator's Dilemma*, Boston: Harvard Business School Press, MA, 1997.

[146] Clerides S., S. Lach, J. Tybout, "Is Learning by Exporting Important? Micro-dynamic Evidence from Colombia, Mexico and Morocco", *Quarterly Journal of Economics*, 1998, 113: 903-948.

[147] Cohen W. M., Klepper S., "Firm Size and the Nature of Innovation Within Industries: The Case of Process and Product R&D ", *Review of Economics and Statistics*, 1996, 78 (2): 232-243.

[148] Connolly R. A. and Hirschey M., "R&D, Market Structure and Profits: A Value-Based Approach", *Review of Economics and Statistics*, 1984, 66 (4): 682-686.

[149] Conrad K. , "Price Competition and Product Differentiation When Goods Have Network Effects", *German Economic Review*, 2006, 7 (3): 339−361.

[150] Cox A. , "Relational Competence and Strategic Procurement Management", *Purchasing Supply Manage*, 1996, 2 (1): 57−70.

[151] Crépon B. , Duguet E. and Mairesse J. , "Research, Innovation, and Productivity: An Econometric Analysis at the Firm Level", NBER Working Papers 6696, 1998.

[152] Dasgupta, P. and Stiglitz, J. , "Industrial Structure and the Nature of Innovative Activity", *Economic Journal*, 1980, 90 (358): 266−293.

[153] David P. A. , "Clio and the Economics of QWERTY", *American Economic Review*, 1985, 75 (2): 332−337.

[154] David P. A. , "Path Dependence and the Quest for Historical Economics: One More Chorus for the Ballad of QWERTY", *Discussion Papers in Economic and Social History*, Number 20, University of Oxford, Oxford, 1997.

[155] Demsetz H. , "Information and Efficiency: Another Viewpoint", *Journal of Law and Economics*, 1969 (12): 1−22.

[156] Demsetz H. , "Industry Structure, Market Rivalry, and Public Policy", *Journal of Law & Economics*, 1973, 16 (1): 1−9.

[157] Donald A. H. , M. O. Daniel. , "Can the Telecom Equipment Industry Afford Accelerating Technical Advance?", *Telecommunications Policy*, 1997, 21 (8): 697−707.

[158] Donald Stokes, *Pasteur's Quadrant: Basic Science and Technological Innovation*, Washington, D. C. : Brookings Institution Press, 1997.

[159] Dosi G. , "Perspectives on Evolutionary Theory", *Science and Public Policy*, 1991, 18 (6): 353−361.

[160] Dosi G. , "Procedures and Microeconomic Effects of Innovation", *Journal of Economic Literature*, 1988, 26 (3): 1120−1171.

[161] Dosi G. , "Technological Paradigms and Technological Trajectories", *Research Policy*, 1982, 11: 147−162.

[162] Dosi G. , C. Freeman, R. Nelson, G. Silverberg and L. Soete, *Technical Change and Economic Theory*, London: France Pinter, 1988.

[163] Dosi G. , S. G. Winter, "Interpreting Economics Change: Evolution, Structure and Games", LEM Papers Series 2000/08, *Laboratory of Economics and Management (LEM), Sant' Anna School of Advanced Studies*, Pisa, Italy, 2000.

[164] Dyer J. , "Specialized Supplier Networks as a Source of Competitive Advantage: Evidence from the Auto Industry", *Strategic Management Journal*, 1996, 17 (4): 271-291.

[165] Egger Peter, "How Corruption Influences Foreign Direct Investment: A Panel Data Study", *Economic Development and Cultural Change*, 2006, 54 (2): 459-486.

[166] European Commission, "Innovation and Public Procurement", *Review of Issues at Stake, Final Report*, 2005.

[167] Farber S. , "Buyer Market Structure and R&D Effort: A Simultaneous Equations Model", *Review of Economics and Statistics*, 1981, 62 (3): 336-345.

[168] Feder G. , "On Export and Economic Growth", *Journal of development economics*, 1982, 12: 59-73.

[169] Feichtinger G. and Kopel M. , "Chaos in Nonlinear Dynamical Systems Exemplified by an R&D Model", *European Journal of Operational Research*, 1993, 68: 145-159.

[170] Feldman, M. P. and D. B. Audretsch, "Innovation in Cities: Science-based Diversity, Specialization and Localized Competition", *European Economic Review*, 1999, 43 (2): 409-429.

[171] Feldman Martha S. , "Organizational Routines as a Source of Continuous Change", *Organization Science*, 2000, 11 (6): 611-629.

[172] Findlay R. , "Relative Backwardness, Direct Foreign Investment and the Transfer of Technology: A Simple Dynamic Model", *Quartely of Journal of Economics*, 1978 (37): 1-16.

[173] Fisher, R. A. , *The Genetical Theory of Natural Selection*, Oxford: Oxford University Press, 1930.

[174] Fitzroy, F. R. and D. Mueller, "Cooperation and Conflict in

Contractual Organization", *Quarterly Review of Economies and Business*, 1984, 24 (2): 24-49.

[175] Foray D. and C. Freeman, *Technology and the Wealth of Nations*, California: Stanford University Press, 1993.

[176] Foster J. , "The Analytical Foundations of Evolutionary Economics: From Biological Analogy to Self-organization", *Structural Change and Economic Dynamics*, 1997.

[177] Foster J. , "Competitive Selection, Self-organization and Joseph A. Schumpeter", *Journal of Evolutionary Economics*, 2000, 10 (3).

[178] Freeman C. , *The Economics of Industrial Innovation*, MA: Cambridge, MIT Press, 1982.

[179] Freeman C. , *Technology Policy and Economic Performance: Lessons from Japan*, London: Pinter, 1987.

[180] Freeman C. , "The Economics of Technical Change", *Cambridge Journal of Economics*, 1994, (18): 463-514.

[181] Freeman C. and Luc Soete, *The Economic of Industrial Innovation (Third Edition)*, London: Pinter, 1997: 18-80.

[182] Fudenberg, D. and J. Tirole, "Capital as a Commitment: Strategic Investment to Deter Mobility", *Journal of Economic Theory*, 1983, 31 (2): 227-256.

[183] Furman. Jeffrey L. , Porter. Michael E. , Stern. Scott, "The Determinants of National Innovative Capacity", *Research Policy*, 2002, 31: 899-933.

[184] Geroski P. A. , "Innovation, Technoloical Opportunity and Market Structure", *Oxford Economic Papers*, New Series, 1990, 42 (3): 586-602.

[185] Geroski P. A. , "Procurement Policy as a Tool of Industrial Policy", *International Review of Applied Economics*, 1990 (2): 182-198.

[186] Geroski P. A. and Walters C. F. , "Innovative Activity over the Business Cycle", *Economic Journal*, 1995, 105 (431): 916-928.

[187] Glaeser E. L. and H. D. Kallal and J. A. Scheinkam and A. Shleifer, "Growth in Cities", *Journal of Political Economy*, 1992,

100 (6): 1126-1152.

[188] Gort, M. and S. Klepper, "Time Paths in the Diffusion of Product Innovation", *The Economic Journal*, 1982, 92 (367): 630 - 653.

[189] Granovetter M. , "Threshold Models of Collective Behavior", *American Journal of Sociology*, 1978, 83: 1420-1443.

[190] Green P. E. , *Wind Y. Multi-Attribute Decisions in Marketing: A Measurement Approach*, The Dryden Press, Hinsdale, IL, 1973.

[191] Greenstein, Shane and Garey Ramey, "Market Structure, Innovation and Vertical Product Differentiation", *International Journal of Industrial Organization*, 1998, 16: 285-311.

[192] Greg M. , Neeraj Arora, James L. , "On the Heterogeneity of Demand", *Journal of Marketing Research*, 1998, 35 (3): 384-389.

[193] Greunz L. , "Industrial Structure and Innovation-Evidence from European Regions", *Journal of Evolutionary Economics*, 2004, 14 (5): 563-592.

[194] Grossman G. M. and E. Helpman, *Innovation and Growth in the Theory*, Cambridge: MIT Press, 1991.

[195] Hall B. , Mairesse J. , Branstetter L. and Crépon B. , "Does Cash Flow Cause Investment and R&D? An Exploration using Panel Data for French, Japanese, and United States Scientific Firms", in Audretsch, D-Thurik, R. , *Innovation, Industry Evolution and Employment*, Cambridge: Cambridge University Press, 1999, 129-156.

[196] Hayek F. A. , *The Sensory Order: An Inquiry into the Foundation of Theoretical Psychology*, Chicago: University of Chicago Press, 1952.

[197] Hayek F. A. , *Studies in Philosophy, Politics and Economics*, Chicago: The University of Chicago Press, 1967.

[198] Henderson R. , A. Jaffe, M. Trajtenberg. , "Universities as a Source of Commercial Technology: A Detailed Analysis of University Patenting, 1965-1988", *Review of Economics and Statistics*, 1998, 80: 119-127.

［199］Hodgson G. M. , "The Evolution of Evolutionary Economics", *Scottish Journal of Political Economy*, 1995, 42 (4): 469-488.

［200］Hodgson G. M. , "Darwinism in Economics: From Analogy to Ontology", *Journal of Evolutionary Economics*, 2002, 12: 259-281.

［201］Hoppe H. C. and I. H. Lee, "Entry Deterrence and Innovation in Durable Goods Monopoly", *Econometric Society World Congress 2000 Contributed Papers*, 2000, No. 0610.

［202］Inderst R. and C. Wey, "Buyer Power and Supplier Incentives", *European Economic Review*, 2007, 51 (3): 647-667.

［203］Inderst R. and C. Wey, *How Strong Buyers Spur Upstream Innovation*, London: London School of Economics, 2005: 1-36.

［204］Jacobs J. , *The Economy of Cities*, New York: Random House, 1969.

［205］Jaffe A. B. , "Technological Opportunity and Spillovers of R&D: Evidence from Firms Patents, Profits, and Market Value", *The American Economic Review*, 1986, 76 (5): 984-1001.

［206］Jaffe A. B. , "Demand and Supply Influences in R&D Intensity and Productivity Growth", *The Review of Economics and Statistics*, 1988, 70 (3): 431-437.

［207］Jaffe A. B. , M. Trajtenberg, R. Henderson. , "Geographic Localization of Knowledge Spillovers as Evidenced by Patent Citations", *Quarterly Journal of Economics*, 1993, 108: 577-598.

［208］Jaffe A. B. , M. Trajtenberg, M. Fogarty. , "Knowledge Spillovers and Patent Citations: Evidence from a Survey of Inventors", *American Economic Review*, 2000, 90: 215-218.

［209］Jaffe A. B. and J. Lerner. , "Reinventing Public R&D: Patent Policy and the Commercialization of National Laboratory Technologies", *The Rand Journal of Economics*, 2001, 32 (1): 167-199.

［210］Jürgen, P. , "Buyer Market Power and Innovative Activities", *Review of Industrial Organization*, 2000, 16 (1): 13-38.

［211］Kamien M. I. and Schwartz N. L. , "Market Structure, Elasticity of Demand and Incentive to Invent", *Journal of Law and Econom-*

*ics*, 1970 (13): 241-252.

[212] Kamien M. I. and E. Muller and I. Zang, "Research Joint Ventures and R&D Cartels", *The American Economic Review*, 1992, 82 (5): 1293-1306.

[213] Kenneth J. Arrow, "The Economic Implications of Learning By Doing", *Review of Economic Studies*, 1962, 29 (3): 155-177.

[214] Keun Lee and Chaisung Lim, "Technological Regimes, Catching - up and Leapfrogging: Findings from the Korean Industries", *Research Policy*, 2001 (30): 459-483.

[215] Kleinknecht A. and Verspagen B. , "Demand and Innovation: Schmookler Re-examined", *Research Policy*, 1990 (19): 387-394.

[216] Klepper, S. and E. Graddy, "The Evolution of New Industries and the Determinants of Market Structure", *RAND Journal of Economics*, 1990, 2 (1): 27-44.

[217] Klepper S. , "Entry, Exit, Growth, and Innovation over the Product Life Cycle", *American Economic Review*, 1996, 86 (3): 562-583.

[218] Koeller C. , "Technological Opportunity and the Relationship between Innovation Output and Market Structure", *Managerial and Decision Economics*, 2005, 26: 209-222.

[219] Koizumi T. and K. J. Kopecky, "Foreign Direct Investment, Technology Transfer and Domestic Employment Effects", *Journal of International Economics*, 1980, 10: 1-20.

[220] Kotler P. , *Marketing Management: Analysis, Planning, Implementation and Control*, New Jersey: Prentice Hall, 1991.

[221] Lapan H. and G. Moscni, "Incomplete Adoption of a Superior Innovation", *Economica*, 2000, 67: 525-542.

[222] Lee D. H. , "The Impact of Research Sponsorship Upon Research Effectiveness", *Technovation*, 1991, 11 (1): 39-57.

[223] Lee, Jeong-dong and Chansoo. Park, "Research and Development Linkages in a National Innovation System: Factors Affecting Success and Failure in Korea", *Technovation*, 2006, 26 (9): 1045-1054.

[224] Leoncini R. , "The Nature of Long-run Technological Change: Innovation, Evolution and Technological Systems", *Research*

Policy，1998，27.

[225] Levin R. C. ，"Technical Change，Barriers to Entry and Market Structure"，*Economica*，1978，45 (11)：347-361.

[226] Levin R. C. and Reiss P. C. ，"Tests of a Schumpeterian Model of R&D and Market Structure"，in Griliches，Z. (ed. )，*R&D，Patents and Productivity*，Chicago：University of Chicago Press，1984.

[227] Liebowitz S. J. ，S. E. Margolis，"The Fable of the Keys"，*Journal of Law and Economics*，1990 (4)：1-26.

[228] Li P，Zhang Q C. ，"The Dynamic Effect of Innovation to Market Structure"，*Review of Industrial Economics*，2007 (2)：50-61.

[229] Llerena P. and V. Oltra，"Diversity of Innovative Strategy as a Source of Technological Performance"，*Structural Change and Economic Dynamics*，2002，13 (2)：179-201.

[230] Lucas R. ，"On the Mechanics of Economic Development"，*Journal of Monetary Economics*，1988，22 (1)：3-42.

[231] Lundvall，*National Systems of Innovation：Towards a Theory of Innovation and Interactive Learning*，London：Pinter Publishers，1992.

[232] Lunn J. ，"R&D，Concentration and Advertising：A Simultaneous Equation Model"，*Managerial and Decision Economics*，1989，10 (2)：101-105.

[233] Lunn，J. ，"An Empirical Analysis of Process and Product Patenting：A Simultaneous Equation Framework"，*Journal of Industrial Economics*，1986，34 (3)：319-330.

[234] Malerba F. ，Nelson R. R. ，Orsenigo L. and Winter S. G. ，"'History-friendly' Models of Industry Evolution：The Computer Industry"，*Industrial and Corporate Change*，1999，8：1-36.

[235] Mantzavinos C. ，D. North，S. Shariq，"Learning，Institutions and Economic Performance"，*Perspectives on Politics*，2004，2 (1)：75-84.

[236] Mariacristina Piva and Marco Vivarelli，"Is Demand-Pulled Innovation Equally Important in Different Groups of Firms"，IZA Discussion Paper No. 1982，Catholic University of Piacenza，2006.

[237] Mark J. Roe，"Chaos and Evolution in Law and Economics"，

*Harvard Law Review* 641, 1996.

[238] Mark J. , F. Steven. , "Trajectories in the Evolution of Technology: A Multi-level Study of Competition in Formula 1 Racing", *Organization Studies*, 2001, 122 (6): 945−969.

[239] Mcfadden D. , "The Choice Theory Approach to Marketing Research", *Marketing Science*, 1986 (5): 275−297.

[240] McMeekin A. , Green K. , Tomlinson M. and Walsh V. (eds. ), *Innovation by Demand: An Interdisciplinary Approach to the Study of Demand and its Role in Innovation*, Manchester and New York: Manchester University Press, 2002.

[241] Mensch G. , *Stalemate in Technology: innovations overcome the depression* Cambridge, Massachusetts: Ballinger Pub. Co. , 1979.

[242] Meyer R. , Johnson E. J. , "Empirical Generalizations in the Modeling of Consumer Choice", *Marketing Science*, 1995, 14 (3): Part 2: G180−G189.

[243] Metcalfe S. and M. Gibbons. , "Technology, Variety and Organization: A Systematic Perspective on the Competitive Process", *Research on Technological Innovation, Management and Policy*, 1989 (4).

[244] Montobbio F. , "An Evolutionary Model of Industrial Growth and Structural Change", *Structure Change and Economic Dynamics*, 2002, 13 (4): 387−414.

[245] Mowery D. , Rosenberg N. , "The Influence of Market Demand upon Innovation: A Critical Review of Some Recent Empirical Studies", *Research Policy*, 1979, 8 (2): 102−153.

[246] Murmann J. P. *Knowledge and Competitive Advantage: The Co-evolution of Firms, Technology, and National Institutions*, Cambridge: Cambridge University Press, 2003.

[247] Myers S, Marquis D. G. , "Successful Industrial Innovations: A Study of Factors Underlying Innovation in Selected Firms", *National Science Foundation Report*, 1969, 69−71.

[248] Nehring K. and C. Puppe, "A Theory of Diversity", *Econometrica*, 2002, 70 (3): 1155−1198.

[249] Nelson R. , *Understanding Technical Change as an Evolutionary Process*, Amsterdam: North Holland, 1987.

[250] Nelson R. and Winter S. , *An Evolutionary Theory of Economic Change*, Cambridge: The Belknap of Harvard University Press, 1982.

[251] Nelson R. and G. Winter, "Evolutionary Theorizing in Economics", *Journal of Economic Perspectives*, 2002, 16 (2): 23-46.

[252] Nelson, R. , "Bringing Institutions into Evolutionary Economics", *Journal of Evolutionary Economics*, 2002, 12 (1).

[253] Nie H. H. , Tan S. T. , Wang Y. F. , "Innovation, Firm Size and Market Competition-An Analysis on Penal Data of Chinese Firms", Working Paper of Department of Economics in Renmin University of China, 2007, 12: 1-15.

[254] Nguyen P. and P. P. Saviotti and M. Trommetter, "Variety and the Evolution of Refinery Processing", *Industrial and Corporate Change*, 2005, 14 (3): 469-500.

[255] Odedokun M. O. , "Alternative Econometric Approaches for Analyzing the Role of the Financial Sector in Economic Growth: Time-series Evidence from LDCs", *Journal of Development Economics*, 1996 (50): 119-146.

[256] OECD, *The Measurement of Scientific and Technological Activities Using Patent Data as Science and Technology Indicators (Patent Manual)*, Paris: OECD, 1994.

[257] OECD, *National Innovation Systems*, 1997.

[258] Paraskevopoulou R. , *Co-evolution of Sectoral Regulation and Technological Innovation in the Detergents Industry in Europe*, *Technical Change: History, Economics and Policy*, A Conference in Honour of Nick von Tunzelmann, 2010.

[259] Pavitt, "Sectoral Patterns of Technical Change: Towards a Taxonomy and a Theory", *Research Policy*, 1984, 13: 343-373.

[260] Penrose E. T. , *The Theory of the Growth of the Firm*, Oxford: Oxford University Press, 1959, 15-18.

[261] Perkins D. H. , " Reforming China's Economic System",

*Journal of Economic Literature*, 1998 (26): 601-645.

[262] Peter J. , "Inter-Industry R&D-spillovers between Vertically Related Industries: Incentives, Strategic Aspects and Consequences", Working Paper, 1995.

[263] Phelps, E. S. and S. Winter, *Micro Economic Foundations of Employment and Inflation Theory*, New York, 1970.

[264] Public Procurement for Research and Innovation, *EXPERT GROUP REPORT*, September 2005.

[265] Ram, "Exports and Economics Growth in Developing Countries Evidence from Time-series and Cross-section Data", *Economics Development and Cultural Change*, 1987, 36 (1): 51-72.

[266] Rhee Y. H. , B. Ross-Larson, G. Pursell, *Korea's Competitive Edge: Managing the Entry Into World Markets*, Baltimore: Johns Hopkins University Press, 1984.

[267] Riccardo Leoncini, "The Nature of Long-run Technological Change: Innovation, Evolution and Technological Systems", *Research policy*, 1998, 27: 75-93.

[268] Roger J. Gagnon and Chwen Sheu, "The Impact of Learning, Forgetting and Capacity Profiles on the Acquisition of Advanced Technology", *Omega*, 2000, 28 (1): 51-76.

[269] Romer P. M. , "Increasing Returns and Long-Run Growth", *Journal of Political Economy*, 1986, 94 (5): 1002-1037.

[270] Romer P. M. , "Endogenous Technological Change", *Journal of Political Economy*, 1990, 5: 71-102.

[271] Rosalinde Klein Woolthuis, Maureen Lankhuizen and Victor Gilsing, "A System Failure Framework for Innovation Policy Design", *Technovation*, 2005, 25: 609-619.

[272] Rosenberg N. , "Science, Invention and Economic Growth", *Economic Journal*, 1974 ( 03): 51-77.

[273] Rothwell R. , Zegveld W. , *Government Regulations and Innovation-Industrial Innovation and Public Policy*, 1981, London.

[274] Roy Rothwell and Walter Zegveld, *Reindustrialization and Technology*. London: Longman Group Limited, 1985.

[275] Ryan S. , Tucker C. , "Heterogeneity and the Dynamics of Technology Adoption", MIT, Working Paper, 2006.

[276] Sahal D. , "Technological Guideposts and Innovation Avenues", *Research Policy*, 1985, 15: 61-82.

[277] Sandberg, "Promoting and Quantifying Non-Energy Benefits-A Method to Achieve Energy Efficiency in Sweden", *Proceedings of the ACEEE Summer Study on Energy Efficiency in Buildings*, 1998.

[278] Samuelson L. , "Evolutionary and Game Theory", *The Journal of Economic Perspectives*, 2002, 16 (2): 47-66.

[279] Saviotti P. , *Technological Evolution, Variety and the Economy*, Cheltenham: Edward Elgar, 1996.

[280] Schamp E. W. , "On the Notion of Co-evolution in Economic Geography", *The Handbook of Evolutionary Economic Geography*, Published by Edward Elgar Publishing Limited, 2010.

[281] Scherer F. M. , "Market Structure and the Employment of Scientists and Engineers", *American Economic Review*, 1967, 57 (3): 524-531.

[282] Scherer, F. M. , "Demand-pull and Technological Invention: Schmookler Revisited", *Journal of Industrial Economics*, 1982, 30 (3): 225-237.

[283] Schmidt, Christian, "Are Evolutionary Games another Way of Thinking about Game Theory? Some Historical Considerations", *Journal of Evolutionary Economics*, 2004, 14 (2): 249-262.

[284] Schmookler J. , *Invention and Economic Growth*, Cambridge: Harvard University Press, 1966.

[285] Scott J. T. , "Firm Versus Industry Variability in R&D Intensity", in Griliches, Z. (ed. ), *R&D, Patents and Productivity*, Chicago: University of Chicago Press, 1984.

[286] Shy O. Z. , "Technology Revolutions in the Presence of Network Externalities", *International Journal of Industrial Organization*, 1996, 14 (6): 785-800.

[287] Silverberg G. and G. Dosi and L. Orsenigo, "Innovation, Diversity and Diffusion: a Self-organisation Model", *The Economic Journal*, 1988, 98 (393), 1032-1054.

[288] Smith K., "Measuring Innovation", in Fagerberg J (ed), *The Oxford Handbook of Innovation*, Oxford: Oxford University Press, 2005.

[289] Spence M., "Cost Reduction, Competition and Industry Performance", *Econometrica*, 1984, 52 (1): 101-122.

[290] Stephen J. Kline, "Innovation is not a Linear Process", *Research Management*, 1985, 28 (2): 36-45.

[291] Steurs G., "Interindustry R&D Spillovers: What Difference Do They Make?", *International Journal of Industrial Organization*, 1995, 13 (2): 249-276.

[292] Stirling, A., "On the Economics and Analysis of Diversity, University of Sussex", SPRU Electronic Working Paper Series, 1998, No. 28.

[293] Stuart Kauffman, "The Origins of Order: Self Organization and Selection in Evolution", *Biology and Philosophy*, 1998, 13 (1).

[294] Suzumura K., "Cooperative and Noncooperative R&D in an Oligopoly with Spillovers", *The American Economic Review*, 1992, 82 (5): 1307-1320.

[295] Tether, B.S. and D.J. Storey, "Smaller Firms and Europe's High Technology Sectors: A Framework for Analysis and Some Statistical Evidence", *Research Policy*, 1998, (26): 947-971.

[296] Veblen T.B., "Why Is Economics Not an Evolutionary Science?", *Cambridge Journal of Economics*, 1898, 22: 403-414.

[297] Vossen R.W., "Market Power, Industrial Concentration and Innovative Activity", *Review of Industrial Organization*, 1999, 15 (4): 367-378.

[298] Wang E.C., "Externalities Between Financial and Real Sectors in the Development Process", *International Advances in Economic Research*, 1999 (5): 149-150.

[299] Wang E.C., "A Dynamic Two-sector Mode for Analyzing the Interrelation Between Financial Development and Industrial Growth", *Internation Review of Economics and Finance*, 2000 (91): 223-241.

[300] Winter S.G. and Y.M. Kaniovski and G. Dosi, "A Baseline

Model of Industry Evolution", *Journal of Evolutionary Economics*, 2003, 13 (4): 355-383.

[301] Witt U. , "Evolutionary Economics: An Interpretative Survey", in: K. Dopfer ( ed. ) *Evolutionary Economics: Program and Scope*, Boston: Kluwer Academic Publisher, 2001, 45-88.

[302] Witt U. ( ed. ) *Escaping Satiation: The Demand Side of Economic Growth*, Berlin: Springer, 2002.

[303] Woerter M. , "Industrial Diversity and Its Impact on the Innovation Performance of Firms", *Journal of Evolutionary Economics*, 2009, 19 (5): 675-700.

[304] Wu F. X. , Zhou S. D. , "The Relations Between Firm Innovation Behavior and Industry Concentration Ratio-Empirical Study Based on Chinese Industrial Firms", *Research on Financial and Economic Issues*, 2006 (12): 29-33.

[305] Young A. , "Invention an Bounded Learning by Doing", *Journal of Political Economy*, 1993 (3): 443-472.

[306] Zhu H. P. , "Firm Size, Market Power and the R&D Behavior of Non-governmental Enterprises", *The Journal of World Economy*, 2006 (12): 41-53.

**图书在版编目（CIP）数据**

技术创新与产业演化：理论及实证/孙晓华　著．—北京：中国人民大学出版社，2012.10

国家社科基金后期资助项目

ISBN 978-7-300-15453-4

Ⅰ．①技…　Ⅱ．①孙…　Ⅲ．①技术革新-研究②产业经济学-研究　Ⅳ．①F062.4 ②F062.9

中国版本图书馆 CIP 数据核字（2012）第 222410 号

国家社科基金后期资助项目

**技术创新与产业演化：理论及实证**

孙晓华　著

Jishuchuangxin yu Chanyeyanhua：Lilun ji Shizheng

| | | | | |
|---|---|---|---|---|
| **出版发行** | 中国人民大学出版社 | | | |
| **社　　址** | 北京中关村大街 31 号 | | **邮政编码** | 100080 |
| **电　　话** | 010－62511242（总编室） | | 010－62511398（质管部） | |
| | 010－82501766（邮购部） | | 010－62514148（门市部） | |
| | 010－62515195（发行公司） | | 010－62515275（盗版举报） | |
| **网　　址** | http://www.crup.com.cn | | | |
| | http://www.ttrnet.com（人大教研网） | | | |
| **经　　销** | 新华书店 | | | |
| **印　　刷** | 涿州市星河印刷有限公司 | | | |
| **规　　格** | 165 mm×238 mm　16 开本 | | **版　　次** | 2012 年 11 月第 1 版 |
| **印　　张** | 14.75 插页 2 | | **印　　次** | 2012 年 11 月第 1 次印刷 |
| **字　　数** | 245 000 | | **定　　价** | 37.00 元 |